Susanne und Alexander Saade

Weltreise mit Kindern

Logbuch eines Sabbatjahres

traveldiary.de Reiseliteratur-Verlag
Hamburg

www. raveldiary.de

© 2007 traveldiary.de Reiseliteratur-Verlag

Jens Freyler, Hamburg

www.traveldiary.de

ISBN 3-937274-42-1

978-3-937274-42-3

Herstellung: Books on Demand GmbH

Inhalt

VORBEREITUNG

Ein Jahr reisen – auch mit Kindern

In meiner Generation hatte eigentlich jeder die Möglichkeit zu reisen. Ich war in jungen Jahren häufig als Tramper mit dem Rucksack in europäischen Ländern unterwegs. Während des Studiums reiste ich dann weiter weg in die Ferne. Als Student war es leicht, einen gut bezahlten Job zu finden. Die lange Studienzeit war mir egal. Ein Flugticket genügte. Fast immer machte ich mich allein auf den Weg.

Wie bei den meisten veränderten sich auch bei mir mit dem Eintritt ins Berufsleben und der Familiengründung die Art des Reisens und die Ziele. Als Lehrer hatten Susanne und ich zwar noch immer vergleichsweise viel Zeit zu reisen, meist gemeinsam mit Freunden und deren Kindern, aber mein Wunsch, weiterhin auch andere Kontinente zu besuchen, blieb erst einmal unerfüllt. In den kürzeren Ferien leisteten wir uns manchmal eine Pauschalreise. Raus aus der Schule, rein ins Flugzeug, ab an den Strand, von dort aus ein paar Ausflüge in die Umgebung und dann wieder nach Hause. Die Sommerferien verbrachten wir zeltend in Europa – wunderschön, aber doch anders als ein Strand in den Tropen. Mit unseren kleinen Kindern nach Afrika oder Asien fliegen – das erschien uns selbst für die Sommerferien zu anstrengend, zu kompliziert, aufgrund der vielen ansteckenden Krankheiten zu gefährlich und auch einfach zu teuer. Unternimmt man nur für kurze Zeit eine Fernreise, dann kosten allein die Flugtickets mehr als eine komplette Fahrt mit dem Auto innerhalb Europas. Lassen sich die Flugkosten jedoch auf einen längeren Zeitraum verrechnen, dann sieht das schon ganz anders aus. Mein Wunsch blieb.

Obwohl viele von der Vorstellung fasziniert sind, ein ganzes Jahr dem Alltagstrott zu entfliehen – es macht fast niemand, schon gar nicht mit Kindern. Häufigste Einwände sind die Kleinen selbst, von denen man nicht so genau wissen kann, ob sie auf Dauer das Nomadendasein einer Reise mögen würden, die unvermeidbaren Kosten und mögliche Krankheiten. Und auch in beruflicher Hinsicht sehen sich viele nicht in der Lage, eine Zeitlang auszusteigen. Im öffentlichen Dienst hatten wir die Möglichkeit, uns für ein Jahr freistellen zu lassen im Rahmen eines so genannten Sabbaticals.

Als Kind reichte mein Horizont bis Österreich. Das weitere Europa lernte ich erst als Heranwachsende kennen per Interrail, als Anhalterin, in Wanderschuhen oder auf dem Fahrrad – Hauptsache nicht allein. Erst nach dem Abitur saß ich erstmals in einem Flugzeug. In Israel arbeitete ich in einem Kib-

buz. Ein halbes Jahr später begann das Studium. Für größere und längere Reisen außerhalb Europas fehlte mir immer die nötige Zeit, das Geld und vielleicht auch einfach der richtige Mumm. Die weite Welt erkunden – das verschob ich auf später. Mit dreißig Jahren traf ich Alexander. Er hatte andere Prioritäten in seinem Leben gesetzt als ich. Statt eine neue Hose zu kaufen, sparte er lieber für ein Flugticket. Unsere erste gemeinsame Reise führte vier Wochen durch den ehemaligen Ostblock bis ans Schwarze Meer. Bald darauf arbeiteten wir gemeinsam ein halbes Jahr in den USA. In dieser Zeit wurde ich schwanger. 1996 kam Jan zur Welt, 1998 Felix. Mit den Kindern wollte ich komfortabler wohnen. Wir bauten im Zentrum Berlins ein Dachgeschoss aus. Das kostete viele Nerven, Zeit und Geld. Alexander beharrte darauf, das Sabbatjahr dürfe nicht der Immobilie zum Opfer fallen. „Ja, ja“, sagte ich immer. Aber insgeheim dachte ich: „Na, mal abwarten.“ Gleich nach dem Umzug kümmerte sich Alexander jedoch um die notwendigen Formalitäten.

Das richtige Schuljahr wurde ermittelt. Es sollte soweit sein, wenn Jan die zweite Klasse absolviert hatte und die Alphabetisierung abgeschlossen war. Felix wiederum war noch gar nicht schulpflichtig. Wir beantragten eine Sabbaticalregelung über sechs Jahre für Alexander und über vier Jahre für mich. Ich musste drei Jahre voll arbeiten, hatte das vierte Jahr frei und bezog während des gesamten Zeitraums drei Viertel des Gehalts. Einige Monate später waren beide Anträge bewilligt. Die Sache war gebongt – denn einmal unterschrieben, kann man nur noch wegen Krankheit oder Tod einen Rückzieher machen. Die Aussicht auf ein ganzes freies Jahr war natürlich schön, andererseits konnte ich mir eine so lange Reise mit der ganzen Familie damals kaum vorstellen. Jan war gerade erst fünf, Felix zwei Jahre alt.

Die Jahre vergingen, die Vollzeitarbeit war mir manches Mal zu viel und ich fragte mich, ob die Weltreise eine derartige Anstrengung auch lohnen werde. Es gab zwar Vorfreude, aber ich hatte auch eine Menge Zweifel – mögliche Krankheiten, das enge Beisammensein, der finanzielle Rahmen. Würde alles gut gehen?

Es ging gut – so gut, dass wir auch andere Paare ermutigen wollen, gemeinsam mit ihren Kindern für kürzere oder längere Zeit die ferne Welt zu erkunden. Für uns alle war es eine einzigartig intensive Erfahrung, von der wir noch lange zehren werden. Das Leben verläuft auf einer langen Reise in anderer Bahn. Man hat schier unendlich viel Zeit, entdeckt gemeinsam Neues und Fremdes und erfährt immer wieder, dass die scheinbare Normalität in Deutschland nur eine von vielen Möglichkeiten darstellt. Anders als bei einer gewöhnlichen Urlaubsreise laufen aber auch Teile des Lebens zuhause unterwegs weiter. Die eigenen Kinder werden die Schüler, die Eltern die Lehrer. Man schlüpft in Rollen, die zuhause andere ausüben.

Als Lehrer hat man es nun besonders leicht, die heimischen Zelte eine Weile abzubrechen. Dennoch trafen wir keinen einzigen deutschen Kollegen, sondern Menschen aus ganz unterschiedlichen Berufsgruppen. Die meisten waren viel jünger als wir, manche aber auch in unserem Alter. Kinder hatte niemand. Anscheinend gilt: Gerne fern und lange reisen, aber nicht mit Kindern. Viele, die wir trafen, fühlten sich durch unser Beispiel jedoch ermutigt, auch mit Nachwuchs auf lange Reisen in die Ferne nicht zu verzichten.

Ziele, Impfschutz und 100 Kilogramm Gepäck

Sehr viel Zeit blieb uns für die Reisevorbereitungen nicht. Wenn beide arbeiten und man Kinder hat, gibt es nur wenige zeitliche Lücken. Wichtig war erst einmal die rechtliche Seite: Wir mussten unseren älteren Sohn von der Schulpflicht befreien lassen. Ich hatte von einigen Fällen gehört, in denen sich die Behörden quer stellten. Bei uns dagegen verlief alles äußerst unproblematisch. Bereits eineinhalb Jahre vor Reisebeginn suchte ich die zuständige Schulrätin auf. Sie war begeistert von unserem Vorhaben und hatte keinerlei Bedenken. Selbstverständlich werde Jan, so versicherte sie, nach unserer Rückkehr in die vierte Klassenstufe aufrücken. Ein Zeugnis für die dritte Klasse werde er dann allerdings nicht erhalten. Und wir sollten bloß nicht zuviel Unterricht machen, gab sie mir als guten Rat mit auf den Weg. Eine Stunde täglich reiche aus. Ein Jahr nach dem Gespräch mit der Schulrätin gab das Amt dann auch formal unserem Antrag auf Jans Beurlaubung vom kommenden Schuljahr statt. Die Direktorin versprach, dass Jan nach unserer Rückkehr in seinen alten Klassenverband aufgenommen werde. Und für Felix hielt sie für den Fall, dass er während der Reise den Stoff der ersten Klasse absolvieren würde, einen Platz in der zweiten Jahrgangsstufe frei. Ich besorgte die Arbeitsmaterialien für die erste und dritte Klasse sowie die entsprechenden Rahmenpläne der Senatsverwaltung und das Thema Schule war abgehakt.

Die andere große Frage war: Wohin sollte es gehen? Wir liehen uns verschiedenste Reiseführer und Bildbände und schauten bei Gelegenheit Reportagen über alle möglichen Länder an. Neben dem Reiz, den ein Land kraft seiner selbst auf uns ausüben konnte, spielte das Klima eine entscheidende Rolle. Es sollte warm sein, schon wegen des Gepäcks. Außerdem strebten wir eine Mixtur von Ländern mit geringem und durchschnittlichem Preisniveau an. Und meine Auswahl war zusätzlich geprägt von der Angst vor exotischen Krankheiten. Malaria, Gelb- und Denguefieber – all diese schrecklichen Bezeich-

nungen schwirrten mir durch den Kopf. Immerhin konnte ich Alexander davon überzeugen, auf Gelbfiebergebiete zu verzichten. Blieb das Malariarisiko. Selbstverständlich dürfen Kinder nicht ein Jahr lang Malariaprophylaxe nehmen, sonst wäre ihre Leber ruiniert. Generell auf alle Malariagebiete zu verzichten, hätte dagegen zu einer geradezu langweiligen Reiseroute geführt. Wir schlossen schließlich jene Länder aus, in denen Erreger der gefährlichsten Variante, der Malaria tropica, existieren. Auf dem afrikanischen Kontinent kamen vor diesem Hintergrund nur die südlichen Länder in Frage, die uns aber ohnehin sehr reizten. Malaria tritt dort nur in wenigen Gebieten auf und außerdem war zu Beginn unserer Reise – im Juli – die kalte Jahreszeit und das Infektionsrisiko in Ermangelung von Mücken ohnehin sehr gering. Schwieriger war die Planung für Asien. Alexander wollte unbedingt nach Indien. Ich war wenig angetan von dieser Idee. Andererseits hatte ich über kein anderes Land dermaßen gegensätzliche Reiseberichte gehört, so dass es mich reizte, mir selbst ein Bild zu verschaffen. Malariatechnisch erschien Indien relativ harmlos, zumal wir erst nach der Regenzeit anreisen und schnell in den normalerweise malariafreien Süden fahren wollten. Myanmar nahmen wir beide ohne Diskussion in unsere Route auf. Die Informationen über dieses Land waren widersprüchlich und wir wussten, es würde dort abenteuerlich werden. In Thailand, so schlug Alexander vor, sollten wir dann richtig lange ausruhen.

Wir erkundigten uns nach Round-the-world-Tickets. Aber unsere Zielländer ließen sich nicht unter einen Hut bringen oder nur, indem wir einige Flüge teuer hätten hinzukaufen müssen. Schließlich kauften wir nur für das erste halbe Jahr die Tickets – bis Bangkok. Mich beruhigte es, dass wir uns vorerst nur für diese Zeitspanne festlegten. Sechs Monate gemeinsam reisen – das konnte ich mir gerade noch vorstellen. Die Flugtickets bezahlten wir von unserem Ersparten. Alle weiteren Reisekosten wollten wir aus dem laufenden Gehalt finanzieren. In Afrika würde das Geld gerade reichen, in Asien wollten wir einen Teil sparen für weitere Flüge. In Bangkok wollten wir dann Bilanz ziehen in punkto Finanzen, aber auch in punkto Stimmung: Die Kinder hätten nach einem halben Jahr vielleicht den Wunsch, an einem festen Platz zu bleiben, oder unser Geld würde vielleicht nur für die billigeren Länder Asiens ausreichen.

Je konkreter die Planungen wurden, desto häufiger sprachen wir mit den Kindern darüber. Als Jan schließlich in der Schule erzählte, er werde eine Weltreise machen, wollte ihm die Lehrerin kaum glauben. Auch für uns behielt das Vorhaben bis zum Abflug etwas Irreales. Ich hatte einen Kloß im Bauch, als wir den Mietvertrag für unsere Wohnung unterzeichneten. Ein Jahr lang sollte sie bald einem Professorenpaar aus den USA gehören. In den Wochen vor dem Abflug wurde mir immer mulmiger zumute. Für alle stand noch ein Besuch beim Zahnarzt an. Die Kinderärztin füllte die Reiseapotheke auf. Im Gegensatz zu Alexander hatte ich frühzeitig begonnen, alle Besorgungen zu erledigen, die Wohnung sukzessive zu leeren und in Schuss zu bringen und das Reisegepäck zu sammeln. Alexander sah keinen Grund zur Eile. Er macht, anders als ich, viele Dinge auf den letzten Drücker oder hält viele Äußerlichkeiten ohnehin für unwichtig. Ständig krachte es zwischen uns und ich fragte mich, auf welches Projekt ich mich da bloß eingelassen hatte. Freunde waren auch skeptisch. So schön es auch sei, eine Familie zu haben – aber ein Jahr in solcher Enge verbringen? Ob wir das gemeinsam aushielten? Würden die Kinder nicht krank werden vor Heimweh? Ständig fiel das Wort „mutig“. Ich sollte es noch öfter hören im Verlauf des Jahres.

Susanne hatte große Panik vor all den Krankheiten, die man sich in der Ferne zuziehen kann. Schon frühzeitig hat sie sich beim Tropenmedizinischen Institut beraten lassen. Sechs Monate vor der Abfahrt begann das Impfprogramm. Sogar gegen Japanische Enzephalitis ließen wir uns auf Empfehlung des Arztes schützen. Einer seiner Kollegen meinte zwar, diese Impfung sei einzig sinnvoll, wenn wir in einigen asiatischen Ländern in der Regenzeit im Reisfeld bei den Schweinen schliefen, aber wir entschieden uns trotzdem nicht dagegen. Auch gegen Tollwut, Hepatitis und Typhus ließen wir uns immunisieren. Jeder Impftermin wurde zum kleinen Familienausflug. Jan und Felix durften bestimmen, in welcher Reihenfolge wir dran waren. Die beiden nahmen die vielen Spritzen erstaunlich gelassen hin. Am Anfang wollten sie sogar genau sehen, wie die Kanüle angelegt wird. Problematisch wurde es nur einmal, als uns eine Ärztin mit den Worten begrüßte: „Oh Gott, Kinder! Kinder spritze ich überhaupt nicht gerne, die weinen immer!“ Glücklicherweise wussten die beiden aber bereits, dass es ganz so schlimm nicht werden würde. Gegen Malaria sollten wir ein Notfallpräparat mit auf die Reise nehmen. Außerdem versicherte ich Susanne, mich und die Kinder in den Tropen mit langer Kleidung und Mückencreme zu schützen. Bloß im Vorfeld Streit vermeiden, so dachte ich mir. Meine Hoffnung war jedoch, dass sich Susannes Ängste durch das Beispiel anderer Reisender vor Ort automatisch verringern würden. Auch ansonsten hoffte ich auf die entspannende Wirkung der Reise. In Verbindung mit der Arbeit an den Schulen hatten uns die Vorbereitungen ziemlich beansprucht. Einige Freunde hatten daher kurz vor unserer Abfahrt weniger Sorge, dass wir von Löwen gefressen würden oder die Reise wegen tropischer Krankheiten abbrechen müssten als vielmehr, dass wir nicht als Paar zurückkämen.

Wenige Tage vor der Abfahrt buchten wir per Internet bei einem lokalen Anbieter in Durban für die gesamten drei Monate ein Auto. Ich wollte lieber vor

Ort ein Auto kaufen und es später wieder verkaufen. Aber Susanne fand viele Argumente dagegen. Auch die erste Unterkunft buchten wir noch einen Tag vor dem Abflug, nachdem wir mit den Kindern im Internet ein paar hübsche Bilder von einem Backpacker-Hostel angeschaut hatten. Es war doch sehr angenehm, eine Vorstellung von unserem allerersten Anlaufpunkt zu haben.

Endlich war es soweit. Rund 100 Kilogramm Gepäck hatten wir in Taschen, Rucksäcken und Koffern verstaut. Allein die Arznei- und Mückenschutzmittel und einige Kosmetik- und Hygieneartikel wogen an die vier Kilogramm. Wir hatten so gepackt, dass wir zu viert einige hundert Meter ohne fremde Hilfe zurücklegen konnten. Jeder trug einen Rucksack und außerdem hatten wir vier Reisetaschen und zwei Koffer auf Rollen. Hinzu kam noch ein Laptop, zu dessen Kauf wir uns kurz vor der Reise entschlossen hatten. In den Rucksäcken der Kinder waren die Spielsachen ihrer Wahl. Auch Ferngläser, Bälle und Schnorchelsachen hatten wir dabei. Schlafsäcke, Moskitonetze und zwei Garnituren Bettwäsche waren ebenfalls im Gepäck. Die Kleidung sollte für sieben bis zehn Tage reichen. Dann mussten wir waschen. In dem kleineren Rollkoffer befanden sich Schulbücher, Arbeitshefte, Reiseführer und andere Literatur – für das erste halbe Jahr. Bei meiner Schwägerin deponierten wir Lektüre für die zweite Jahreshälfte, von der sie uns abhängig vom weiteren Reiseverlauf Teile zuschicken wollte.

Unsere Möbel hatten wir auf Wunsch der Mieter um- und teilweise ausgeräumt. Alles war in bester Ordnung – wieso verließen wir eigentlich einen so gemütlichen Ort? Mit der Familie gab es das vorläufig letzte deutsche Mahl: Rouladen, Klöße und Rotkohl. Nach langer Verabschiedung auf dem Flughafen Tegel hoben wir schließlich ab in ein ungewisses, offenes Jahr.

AFRIKA

Auftakt Südafrika – unser ganz persönlicher Krimi

Via Madrid und Johannesburg erreichten wir Durban erst am nächsten Nachmittag. Ein Angestellter der Autovermietung empfing uns am Flughafen. Zu unserer Überraschung wurden sämtliche Formalitäten gleich auf der Motorhaube erledigt. Per Kreditkarte ging alles, wie wir noch lernen sollten. Wenige Minuten später stiegen wir ein in unseren weißen Opel Astra mit Schaltgetriebe. Felix nahm Platz auf der eigens aus Deutschland mitgebrachten Sitzerhöhung, denn ausleihbare Kinderautositze gab es nicht. Jan hatte ab sofort keinen mehr. Alexander saß nun zu meiner Rechten und dirigierte uns geschickt durch den Linksverkehr, eine Hinterlassenschaft der britischen Kolonialherren. Die Kinder waren begeistert: So einen schicken neuen Wagen hatten wir zuvor noch nie gehabt. Bloß das viele Gepäck passte kaum rein.

Über große Highways fahrend, nahmen wir die ersten Eindrücke von Südafrika auf. Das Leben schien sich draußen abzuspielen. Auch entlang breiter Straßen waren überall Menschen – natürlich alle schwarz. Plötzlich waren wir die Fremden. Einige hielten nur wenig Abstand zu den vorbei rasenden Autos. „Hier sind alle verrückt!", lautete Jans erster Kommentar.

Inmitten eines leicht heruntergekommenen Viertels fanden wir das Hippohide-Backpacker-Hostel. Umgeben von hohen Stacheldrahtzäunen war dies eine kleine Oase. Die weißen Betreiber hatten offensichtlich eine Schwäche für Flusspferde, denn das Hostel war entsprechend dekoriert. Zur Freude der Kinder gab es auf dem Grundstück auch einen tief in Fels gehauenen Pool, in den sie trotz der Kälte hineinsprangen, während die beiden großen Hunde des Hauses aufgeregt und anscheinend besorgt kläfften. Erst in unserem Zimmerchen stellte ich fest, dass wir unseren wichtigsten Koffer vergessen hatten: den kleinen schwarzen mit sämtlichen Schulunterlagen! Wir rasten zurück zum Flughafen, das Schlimmste befürchtend. Ganz allein und unversehrt stand der Koffer in einem verschlossenen Aufbewahrungsraum. Eine Angestellte überreichte ihn uns. Sie habe im Computer festgestellt, wie viele Gepäckstücke wir aufgegeben hatten, bemerkte sie amüsiert. Bei derart vielen Taschen könne man schließlich schnell mal eine vergessen.

Es war zwar Juli, aber in Südafrika Winter. Das Wetter war sonnig und angenehm mild. Drei Tage waren wir in Durban, einer stark indisch geprägten Stadt. Wie überall in Südafrika konnten wir uns auch dort nach Einbruch der Dunkelheit nur an wenigen Orten ohne Gefahr aufhalten. Die Strandprome-

nade gehörte dazu. Bis in den späten Abend hinein war dort etwas los. Am meisten beeindruckten uns die vielen jungen Männer, die aus Sand die schönsten Skulpturen bauten – auf eine kleine Spende hoffend. Schon die nächste Flut spülte ihre Kunstwerke wieder weg. Einen großen öffentlichen Skateboardplatz mit Rampen und Mulden fanden die Kinder besonders cool. Felix erzählte später, da seien zwei schwarze Jungen gewesen, die auch Deutsch sprächen. „Hey boss!", hätten sie zu ihm gesagt, erklärte er stolz.

Im Hippohide konnten wir für drei Monate unseren großen Koffer deponieren. Einige Schulunterlagen, Bücher, Reiseführer und auch Kleidungsstücke sortierte ich aus. Wir waren um 25 Kilogramm erleichtert und das Gepäck ließ sich nun gut im Auto verstauen. Jetzt verließen wir die Enge der Stadt, um erst einmal einige Tage auszuruhen. 40 Kilometer nördlich von Durban bezogen wir nahe des Örtchens Ballito im direkt am Strand gelegenen „Beachbum-Backpackers" ein Zimmer. Die Unterkunft war zwar eher auf junge Traveller ausgerichtet und weniger auf Familien, aber es war dort trotzdem sehr nett. Vor allem gab es einen guten Koch und einen traumhaften Blick auf den Indischen Ozean.

Im Vergleich zu meinen früheren Afrikaaufenthalten als Student war jetzt einiges anders. Nicht nur, weil ich mit Frau und Kindern reiste. Schon Durban erinnerte mich eher an Los Angeles und Miami-Beach als an Benin oder Äthiopien. Überall Wimpy-Buden und Kentucky-Fried-Chicken – Jan und Felix gefiel das, denn zuhause hatten wir bislang selten solche Lokalitäten besucht. Auch die vielen Sicherheitsdienste fielen mir nun auf. Ich traute mich kaum auf die Straße, ohne mich ängstlich umzusehen. Die Paranoia ging beim Schwimmen weiter. Die Einheimischen hielten nur die Füße ins Wasser und an den von Lifeguards bewachten Stränden durfte man sich nur innerhalb eines sehr engen Bereiches aufhalten. Es machte aber trotzdem Spaß, mit den Kindern zu baden. Die Wellen waren hoch und das Wasser des Indischen Ozeans war wärmer als die Luft. Richtig geschwommen bin ich dennoch erstmal nicht, denn viele Schilder warnten vor den Strömungen, und dass zu dieser Jahreszeit die Hainetze eingeholt waren, irritierte mich auch ein wenig. Es zogen gerade Sardinenschwärme nahe der Küste entlang. Dieser leckeren Delikatesse folgen die Delfine, welche sich wiederum in den Hai-Netzen verfangen würden.

Für die Buchung der Unterkünfte war unser Handy häufig in Gebrauch. Das Handbuch, wie man das Handy überhaupt bedient, hatte ich schon zur Hälfte gelesen. Irgendwann wollte ich auch den Laptop, die Digitalkamera und das E-Mail-Programm verstehen. Das Jahr sollte im Grunde zu einem Bildungsjahr werden für all jene Dinge, zu denen ich sonst nicht gekommen war.

Mein persönlicher Wunsch war es, im Verlauf der Reise ab und an tauchen zu gehen. Susanne hatte mir einen Kurs geschenkt, der in den Gewässern rund um Berlin stattfand. Vor Umhlanga erlebte ich nun meinen ersten Tauchgang im offenen Meer. Eine richtige Heldengeschichte konnte ich meiner Familie anschließend leider nicht erzählen: Wir wollten ein Wrack besichtigen. Schon im Schlauchboot hatte ich Probleme mit dem Bleigurt. Einer der Tauchlehrer korrigierte ihn. Beim Abtauchen merkte ich erneut, wie er sich löste. Ich nahm ihn dann in die Hand und machte in einer Tiefe von 26 Metern meinen Tauchpartner auf das Problem aufmerksam. Bei starker Strömung klammerte ich mich wie ein Fähnlein im Wind an das verrostete Wrack und nach zehn Minuten schien der Gurt wieder zu sitzen. Die Fische um mich herum waren beeindruckend, doch bald war die Luft verbraucht und – schwupp – hatte ich auch schon wieder den Bleigurt in der Hand. Der zweite Tauchgang sollte dann besser werden. Leider bekam ich nun bereits bei einer Tiefe von fünf Metern starke Kopfschmerzen. Irgendein Schleimpfropfen hatte sich wohl an die falsche Stelle gesetzt. Alle Versuche, weiter abzutauchen, misslangen. Wieder über Wasser, war das Boot weg. Es war bereits dort, wo die anderen ihren Tauchgang beenden wollten. Ich wurde dann aber doch noch bemerkt. An Bord hörten zwar die Kopfschmerzen auf, dafür wurde mir speiübel. Viel gegessen hatte ich nicht, die Fische bekamen nur wenig Futter.

Ich nahm mir ein Beispiel an den Südafrikanern und sprang nicht in jede Meereswelle. Während Alexander und die Kinder vom Wasser selten genug bekamen, saß ich eingemummelt am nahezu menschenleeren Strand, ließ mir den frischen Wind um die Nase wehen und lauschte den Wellen. Die Einheimischen blieben auf dem Parkplatz lieber in ihren Autos sitzen und schauten sich das Meer durch die Windschutzscheiben an.

Jan und Felix fragten, wo denn nun die vielen Tiere seien. Noch nicht einmal einem Affen waren wir bislang begegnet. Auch von den Delfinen war an der verlockend klingenden Dolphincoast nichts zu sehen. Ebenso wenig von den Sardinen, die im Winter in großen Schwärmen entlang der Küste wandern und von den Haien, die die Sardinen so lieben. Auch von den Walen, deren Wege gerade die Ostküste Südafrikas streifen, keine Spur. „It's a morning thing", meinte ein Einheimischer. Also schauten Jan und ich pünktlich zur Dämmerung dick bekleidet von einer hoch gelegenen Terrasse aufs Meer. Für mich blieb der prächtige Sonnenaufgang unvergesslich, Jan aber war enttäuscht: Außer einigen zwitschernden Vögeln hatten wir keine Tiere entdeckt.

Obwohl die Sommerferien noch lange nicht vorbei waren, nahmen wir schon in Ballito das Schulprogramm auf. Jan absolvierte weniger aus Interesse als eher aus Einsicht in die Notwendigkeit seine Aufgaben, Felix aber war ganz heiß auf „Schule machen". Die Buchstaben, die Zahlen – alles war ihm recht. Für den Fall, dass er während des Reisejahres den Stoff der ersten Klasse absolvieren wollte, hatten wir alle entsprechenden Arbeitsbücher und -hefte im Gepäck. Die Entscheidung stand Felix jedoch frei, denn er wurde erst nach unserer Rückkehr schulpflichtig. Er hatte allerdings vor der Reise bereits die Vorschule besucht und seine Freunde wurden während unserer Abwesenheit schon richtige Schulkinder. Außerdem vollzog sich in Berlin gerade eine Gesetzesänderung, die das Einschulungsalter auf fünf Jahre senkte. Felix wäre demzufolge einer der Ältesten seiner Klassenstufe gewesen, was wir für weniger gut hielten. Daher bestärkten wir Felix in seinem Ehrgeiz, den Anschluss an die Lerninhalte der ersten Klasse zu schaffen mit dem Ziel, nach der Rückkehr mit seinen alten Freunden die zweite Klasse zu besuchen. Zwischenzeitlich war er natürlich etwas unsicher, ob er den Anforderungen wohl genügen würde. Ganz nehmen konnten wir ihm diese Ängste bis zum Schluss nicht, denn es fehlte der Vergleich mit anderen Kindern seines Alters.

Nach sechs Tagen kehrten wir dem Indischen Ozean vorerst den Rücken zu und fuhren ins Landesinnere. In der hügeligen Gegend wirkten die Menschen deutlich ärmer. Frauen und Kinder trugen Wasserbehälter zu ihren stromlosen kleinen Hütten. Gleichzeitig hatten wir das Gefühl, nun in das wirkliche Afrika zu gelangen. Am Straßenrand entdeckten wir auch endlich die ersten wilden Tiere: Pavianaffen. Im Städtchen Eshowe hatten wir in einem Backpacker-Hostel zwei Nächte vorgebucht. Die Empfangsdame des George Hotels, auf dessen Gelände auch das Hostel lag, führte uns zunächst durch gepflegte Hallen und einen hübschen Garten mit Pool, dann aber hinter eine Art Verschlag in einen Bereich, der an einen Gefängnishof erinnerte. So war auch der Raum, den sie öffnete: wie eine Zelle. Es empfingen uns eisige Kälte, Muff und Dunkelheit. Das Inventar bestand aus zwei metallenen Doppelstockbetten, die bestimmt schon fünfzig Jahre auf dem Buckel hatten. Mit Schrecken sah ich der Dunkelheit des Abends entgegen. Fast ohne Dämmerung beginnt er im südafrikanischen Winter schon um 17:30 Uhr. Ein Ort des familiären Rückzugs konnte dieser Gefrierschrank sicher nicht werden.

Erst einmal besuchten wir – der Tag war ja noch einige Stunden lang – den ersten kleinen Nationalpark. Dort im Dlinza Forest führte uns ein Canopy-Walk in einer Höhe von bis zu 20 Metern in die Wipfel der Bäume. Wir sahen schöne bunte Vögel und ein netter Ranger zeigte uns, wieder unten, eine giftige Spinne, eine kleine Antilope und eine Zwergmanguste – die richtige Dosis für den Einstieg in die große afrikanische Tierwelt.

Was blieb, war die Abneigung gegen die Unterkunft, die die Kinder und mich weit stärker plagte als Alexander. So forcierte ich die Suche nach einer Alter-

native. Schon der zweite Anlauf bescherte uns bei einem freundlichen Ehepaar einen sauberen, gemütlichen Raum mit eigenem Bad und großzügigem Frühstück – günstiger als im Hostel. Dort hatte man Verständnis für unseren Sinneswandel und ließ uns ohne Probleme wieder auschecken. Unsere neue Vermieterin stellte uns ihren kleinen fröhlichen Jungen vor: weiße Eltern – schwarzes Kind. Die Frau hatte das Kind als schreienden Säugling vor einem Supermarkt in einem Müllbeutel gefunden und später adoptiert.

Eshowe liegt im Land der Zulus. Hier herrschte und lebte Shaka, der afrikanische Napoleon. Für mehrere Spielfilme wurde in den 80er Jahren ein traditionelles Dorf nachgebaut. Nach Beendigung der Aufnahmen ließ man die Kulissen stehen. Nun können sich dort zahlungskräftige Touristen über die Zulukultur informieren. So abschreckend dies klingen mag – die Menschen präsentierten sich in einer angenehm lockeren Art und der Besuch hat uns allen sehr gefallen.

Während der Autofahrt nach Eshowe durften Jan und Felix mit ihren Gameboys spielen – das gab Streit. Zwar hatte jeder ein eigenes Gerät, beide wollten aber mit demselben Spiel spielen. Ich hatte mich schon zu der Drohung hinreißen lassen, die Dinger gleich aus dem Auto zu werfen. Blödes elektronisches Spielzeug!

Noch am selben Abend sollte ich bei sehr lauter Musik, trotz Kapuzenpullis leicht frierend, mit bis zu 160 km/h nach Durban zurückfahren. Hätten wir doch bloß nach dem Zuludorf das alte britische Fort besucht! Wir aber hatten uns für den Mdipane-Wasserfall entschieden. Auf dem Parkplatz war weder ein anderes Auto noch ein Wächter. In der Ferne hörten wir schon das Rauschen des Wassers. Konnten wir aussteigen oder sollten wir besser umkehren? Es werde schon nichts passieren, dachten wir. Schließlich war dort sowieso kein Mensch. Ein kleiner Pfad führte durch üppige Vegetation. Am Wasser angekommen, heftete sich ein mutterloses Gänseküken an unsere Fersen, um das sich die ganze Familie große Sorgen machte, zumal es uns noch eine Weile verfolgte. Eine dreiviertel Stunde später erreichten wir wieder den Parkplatz, die Kinder fröhlich voran. Die Wahrscheinlichkeit, dass doch etwas passiert war, schätzten wir scherzhaft auf 1:99. Das eine Mal war leider eingetreten: beide vorderen Seitenfenster eingeschlagen, Pullover, Jacken, na, und die beiden Gameboys inklusive aller Spiele und Akkubatterien gestohlen. Ich griff schnell den Zuluspeer, welchen Jan sich am Vormittag gekauft hatte, den Hintern rauf auf die Glasscherben und dann ab durch die Mitte. Im Kofferraum hatten wir noch 2.400 €, den Laptop und auch fast alle Gepäckstücke. Wahrscheinlich waren die Räuber weiß. Uns wurde nämlich gesagt, alle Schwarzen seien Fußballfans. Zur Zeit des Diebstahls lief gerade ein wichtiges

Spiel und als ich bei der Polizei Anzeige erstatten wollte, konnte ich davon noch einiges sehen. Alle sechs Polizisten konnten ihren Blick kaum vom Fernseher lösen. Die Autovermietung entschuldigte sich dafür, dass sie keinen Fahrer hatte, um den Wagen auszutauschen. So fuhr ich selbst nach Durban zurück. Eine kühle Fahrt – spät, schnell, ohne Fensterscheiben und bei lauter Musik, da ich ohne meine lärmempfindliche Susanne unterwegs war. Ein passender Ersatzwagen war nicht frei. Nun bekamen wir einen Nissan Almera Automatik. Der lag zwei Preisklassen höher und war schneller, geräumiger und nagelneu. Aufschlag mussten wir nicht zahlen.

Wir waren alle erst einmal ziemlich geschockt. Ich steigerte mich aber schon wegen Jan und Felix nicht in ein Wäre-Hätte-Wenn hinein, weil ich mir sagte, dass Kinder vor allem in Ausnahmesituationen ihr eigenes Verhalten an dem der Eltern orientieren. Tatsächlich war uns ja nicht so viel geschehen. Einen realen Verlust hatten in erster Linie Jan und Felix hinzunehmen. An jenem Abend begannen dann auch erstmals die mitgenommenen Stofftiere die Rolle von Freunden zu übernehmen. Beim Packen in Berlin waren die Kinder zögerlich gewesen, ob sie überhaupt welche mitnehmen sollten. Zwar gab es in ihrem Zimmer eine stattliche Sammlung, eine besondere Bedeutung hatte jedoch keines. Felix hatte in jüngeren Jahren eher mal ein paar Autos mit ins Bett genommen als ein Kuscheltier. Jan legte dann aber den kleinen Tiger, den er von seinem besten Freund als Talisman geschenkt bekommen hatte, ins Gepäck. Und auf meinen Vorschlag hin wählte er auch noch einen Biber aus. Auch Felix entschied sich daraufhin für ein Tierchen: einen kleinen Affen. Nach dem traumatischen Erlebnis wurden die bedeutungslosen Stofftiere plötzlich zu Bibs, Yum-Yum und Affi, denen Jan und Felix, schon im Bett liegend, in allen Einzelheiten ihre Gedanken und Empfindungen schilderten. Dies nahm ihnen offensichtlich einen Teil der Spannung, aber wirklich beruhigt waren die beiden erst, als Alexander spätabends wieder aus Durban zurückgekehrt war. Als sie sich wieder richtig von ihrem Schrecken erholt hatten, entwickelten sie die Hypothese, dass wir die Diebe wegen der Gameboys bestellt hätten. Die Idee lag nahe, denn Alexander und ich freuten uns durchaus darüber, dass es nun während der Fahrt auf der Rückbank keinen Streit mehr gab um ein spezielles Spiel und Jan und Felix stattdessen Tiere, Landschaften und die Einheimischen beobachteten.

Am nächsten Tag konnten wir unsere Fahrt wie geplant fortsetzen. Zum Glück, denn die beiden Folgenächte waren bereits bezahlt. Frühmorgens machten wir uns auf den Weg zum Imfolozi-Hluhluwe-Nationalpark, der schon 1897 in den ehemaligen Jagdgründen der Zulus errichtet wurde. Via Ulundi steuerten wir auf den westlichen Parkeingang zu. In kargem, unfruchtbarem Gebiet erstreckten sich schachbrettartig angeordnete Siedlungen. Die kleinen

16

Hütten sahen alle gleich aus und auf den unbefestigten Straßen gab es keinen einzigen Baum. Dies mussten die Homelands sein, in die man unter der Apartheid die schwarze Bevölkerung gezwungen hatte. Auch zehn Jahre nach dem Ende dieser Politik wirkten die Siedlungen trostlos und isoliert. Autos sahen wir kaum, die meisten Menschen gingen zu Fuß. Einer Frau boten wir an, sie mitzunehmen. Dankend stieg sie ein. Unterhalten konnten wir uns aber nicht, denn es fehlte eine gemeinsame Sprache.

Schließlich erreichten wir das Cengeni Gate. In einer reizvollen hügeligen Landschaft, durchzogen von üppiger Vegetation, bekamen wir schnell die ersten Tiere zu Gesicht: Antilopen, Giraffen, Nashörner, Warzen- und Buschschweine. Mit der neuen Digitalkamera auf Fotosafari – wir hatten schon nach kurzer Zeit eine Menge geknipst. Auch die Kinder schossen ohne Einschränkung drauf los. Was nichts wurde, konnte später gelöscht werden – eine sehr praktische Errungenschaft. Abends schauten wir uns die Schnappschüsse auf dem Laptop an. Die Kinder meinten, das sei genau so gut wie Fernsehen. Zwei Nächte schliefen wir im Park. Im Dunkeln kamen die Tiere bis an unsere Hütte heran. Eine Hyäne streifte umher. Und im Mondlicht blitzten die gelben Augen der Antilopen auf, die im Dickicht der Bäume geräuschvoll Blätter fraßen. Am nächsten Morgen graste direkt vor unserer Tür ein mächtiges Warzenschwein. Von Jan ließ es sich dabei nicht stören.

Nach zwei Tagen ging es auf meinen Wunsch zurück an den Indischen Ozean. Die Sodwana-Bay sollte ähnlich schöne Tauchreviere haben wie das Great-Barrier-Reef. Im Laufe des Jahres konnte ich es selbst vergleichen. Auf dem Weg zum Meer via Mkuze und Mbazwana sahen wir entlang der Straßen, wie schon so oft, wieder viele Menschen ihres Wegs gehen. Jan und Felix winkten und sie winkten fröhlich zurück. Manchmal sahen wir aber auch bettelnde Kinder, die sich die Hände auf ihre Bäuche schlugen. Einige Menschen warteten auf eine Mitfahrgelegenheit. Wir waren mehrfach gewarnt worden, Tramper mitzunehmen. Dies erschien uns in dieser Absolutheit aber falsch. In jungen Jahren waren Susanne und vor allem ich auch oft getrampt. Und auch in Deutschland hatte es Warnungen gegeben, man solle niemanden mitnehmen. Es verkehrten private Minibusse, die auf ein Handzeichen anhielten. Reguläre Linienbusse gab es kaum. Kam kein Minibus oder fehlte das nötige Geld, liefen die Menschen. Und es liefen viele. Als wir hielten, um einen Mann mitzunehmen, lehnte es dieser jedoch ab, bei uns einzusteigen. Vermutlich war ihm das Angebot einfach zu suspekt.

An der Sodwana-Bay war alles völlig überteuert. Für viel Geld schliefen wir in mickrigen Hütten. Das Tauchrevier ließ man sich gut bezahlen, aber die Tauchgänge waren wirklich super. Diesmal nicht so tief, circa 12 Meter, aber entlang toller Riffe in einer fantastischen Unterwasserwelt. Haie waren wieder nicht dabei, aber beim Auftauchen war ich plötzlich von fünf Delfinen umringt – wunderbar. Auch Schleimpfropfen und Übelkeit quälten mich diesmal nicht.

Während Alexander abtauchte, erlebten die Kinder und ich die Dreistigkeit an Menschen gewöhnter Pavianaffen. Sie liefen überall auf dem Gelände herum und lauerten auf Essbares. Kaum hatten wir unseren Frühstückstisch einen Moment lang unbewacht gelassen, da war auch schon das ganze Toastbrot in den Bäumen. Einige Male gingen wir an den kilometerweiten Strand der geschwungenen Bucht. Immerhin zählt die Sodwana-Bay mit ihren großen bewachsenen Dünen zum UNESCO Weltnaturerbe. Die Kinder und ich hatten diesen malerischen Flecken Erde aber nahezu für uns alleine. Die meisten Gäste fuhren als Taucher mit dem Boot hinaus aufs Meer. Wo jedoch blieben die vielen Schwarzen, durch deren Dörfer wir im nahen Hinterland gefahren waren? Nur vereinzelt sah man einige als Angestellte der Tauchstationen. Ansonsten bewegten wir uns wieder in einer weißen Welt. Die schwarzen Kinder tobten nicht im Wasser der Sodwana-Bay, denn der Eintrittspreis von 1,20 € pro Person war für sie unerschwinglich. Der Schutz, den ein Nationalpark der Natur gewährt, war in diesem Falle gleichbedeutend mit der Ausgrenzung derjenigen, die dort einmal zuhause gewesen waren.

Swasiland – Entspannen im Nationalpark

Die Grenze zu Swasiland war nur bis 16 Uhr passierbar. Gezwungenermaßen legten wir in Piet Retief einen Übernachtungsstopp ein. Gut so, denn im Licht des nächsten Tages wurde klar, dass wir die gebuchte Unterkunft im Milwane-Nationalpark über die wenig beschilderten und unwegsamen Straßen bei Dunkelheit unmöglich hätten finden können. Wir wohnten innerhalb des Schutzgebietes im Sondzela Backpackers – einem der „most scenic hostel settings in Southern Africa", wie es die Backpacker-Bibel „Coast to Coast" beschrieb. Die Kulisse inmitten des Nationalparks war tatsächlich atemberaubend. Um unser Rondavel – eine runde, geräumige, mit Stroh gedeckte Lehmhütte – streunten Rotten von Buschwildschweinen und einzelne Vogelsträuße. In der Mitte des Rondavels stand das Bett. Von dort aus fiel der Blick durch die vielen Fenster auf sanfte Hügel, inmitten derer wir Zebras und Antilopen ausmachen konnten – am allerschönsten gegen den späten Nachmittag, wenn die untergehende Sonne die Landschaft in ein glühendes Farbbad tauchte.

Mit den vielen Tieren als direkte Nachbarn und der wundervollen Aussicht konnten wir uns fünf Tage lang richtig erholen. Zu Fuß, per Auto und Susanne und Jan auch einmal hoch zu Ross erkundeten wir den Nationalpark. Jan und Felix nahmen ihr Schulprogramm wieder auf. Nur, wenn wir länger als eine Nacht an einem Ort blieben, wollten wir die Bücher auspacken, sonst fehlte die nötige Ruhe und Zeit. Den Rahmenplan wandelten wir etwas ab. Lesen, Schreiben, Rechnen und Englisch hatten die Kinder bei Susanne, Sportunterricht mit den Schwerpunkten Handball, Fußball und Schwimmen bei mir.

Zwei Jahre zuvor hatte in Swasiland nach einer dreijährigen Dürreperiode große Hungersnot geherrscht. Während unseres Aufenthalts regnete es zum Glück oft. Swasiland gehört zu den Ländern mit der höchsten Aidsrate der Welt. 36 Prozent der Bevölkerung gelten als infiziert. Aber die Kranken sind in der Öffentlichkeit nicht sichtbar. Sie sterben in ihren Hütten. Dass in Swasiland noch ein König regiert, macht das Land auch nicht sympathisch. Und trotzdem – aus unserer sehr subjektiven und touristischen Sicht erschien das Wenige in Swasiland besser verteilt zu sein. Außerdem blieb es das einzige Land, das wir im Süden Afrikas bereisten, das anscheinend den Schwarzen gehört. Im Backpacker-Hostel fiel auf, dass kein weißer Chef auftauchte, um die Abrechnung zu machen. Auch die Bosse sind in Swasiland schwarz.

Eines Tages, als ich für die Schulstunde auf Schatten unter einem bestimmten Baum wartete, stellte ich fest, dass die Sonne dort unten in Südafrika wohl anders gehen muss. Der alte Lernspruch „Im Norden ist sie nie zu sehen" traf offenbar nicht zu. Eine tolle Erkenntnis – und so schlicht. Oder war ich doch auf dem Holzweg? Alexander konnte mir trotz seiner großen Erfahrung nicht weiterhelfen. Er war zwar schon oft in der südlichen Hemisphäre, hatte aber mehr die Kneipen als den Sonnenlauf studiert.

Essenstechnisch waren wir weit besser versorgt als erwartet. Allabendlich servierten Swasimänner und -frauen aus großen gusseisernen Töpfen Antilope, Reis, gekochten Kürbis und dazu Kartoffelsalat und Rohkost, zubereitet über dem Lagerfeuer und sehr lecker, auch für die Kinder. Impalagulasch wurde zwischenzeitlich Jans Lieblingsgericht. In der Feuersglut wurden am späten Abend Brötchen gebacken und am Morgen darauf diente die letzte Hitze der Zubereitung des Frühstücks: Spiegeleier, Toasts und Maisbrei. Unsere Kinder aßen dennoch lieber Cornflakes.

Auf dem tollen, sicheren Gelände zogen Jan und Felix auch endlich mal ein halbes Stündchen alleine los, sammelten Stöcke oder spielten mit einem der Angestellten Fußball. Auch bewältigten sie ihren ersten englischsprachigen Einkauf und kamen stolz mit einigen Süßigkeiten zurück. Unsere Probleme als

Paar konnten wir in dieser kurzen Zeit allerdings nicht beheben. Wie schon zuhause ging die Stimmung hoch und runter. Vor den Kindern ließen sich die Spannungen und erst recht die Streitereien nur schwer verbergen. Sie hatten den Eindruck, wir stritten viel häufiger als in Berlin, aber das rührte natürlich daher, dass sie uns durch Hort, Kindergarten und Verabredungen viel weniger sahen als nun in unserem reisebedingten Mikrokosmos. Typische Frage war: „Müsst ihr immer streiten?", typische Aussage: „Jetzt streitet ihr schon wieder!". Auf einer Skala von 1-10 siedelten sie die Häufigkeit des Streitens an manchen Tagen bei 9 oder 10 an. Wir schafften es aber auch schon mal auf 1, dann jedoch zischelte es subtil, wofür die Antenne der Kinder vielleicht noch nicht gar so ausgeprägt war.

Abends am Lagerfeuer fühlte ich mich aber doch sehr glücklich, als ich mit Alexander in die heißen Flammen starrte, während Jan und Felix mit der Glut kokelten. Später, als die Kinder schliefen, führten wir erstmals auf der Reise ein Gespräch über uns und die vielen kleinen Unzufriedenheiten, mit denen wir nun auf engstem Raum klar kommen mussten. Wieder einmal wurde deutlich, wie jeder sein müsste, damit der andere zufrieden wäre.

Ich rasiere mich regelmäßig, schmatze beim Essen nicht und benutze eine Serviette. Die behalte ich am besten gleich in der Hand, damit ich mir sofort jeden entstehenden Schweißtropfen vom Gesicht entfernen kann. Ich esse nur eine geringe Anzahl von Haribos gleichzeitig und trinke – wenn überhaupt – am Abend nicht mehr als zwei Biere. Und obwohl ich der Meinung bin, dass Susanne fortlaufend meine Sachen versteckt, finde ich immer ohne ihre Hilfe, was ich brauche. Nach Gebrauch räume ich dies ebenso schnell wieder weg, selbst wenn ich es gleich wieder benötigen sollte. Anstatt irgendeine langweilige Zeitung zu lesen, küsse ich Susanne zärtlich, umarme sie und vermittle ihr das Gefühl von Liebe und Begehren, auch wenn sie mir gerade klar gemacht hat, welch eine überhebliche Pfeife ich doch eigentlich bin.

Ich hingegen rede alleine mit den Kindern, wenn Alexander in vielfältigen Situationen des familiären Beisammenseins in seiner eigenen gedanklichen Welt versinkt. Sollte er sich aber doch in die Konversation einschalten wollen, so überlasse ich ihm liebevoll das Wort. Wenn er Gespräche, die wir wiederholt geführt haben, vergisst, so sehe ich ihm dies nach und wenn er schmutzige Wäsche liegen lässt, räume ich sie einfach weg. Dagegen trage ich ihm ohne Murren gutmütig all jene Sachen hinterher, die er regelmäßig sucht. Wenn er den Kindern falsche Reime beibringt, kümmert mich das nicht weiter. Und wenn er sich nicht rasiert, seine Socken zerlöchert, die Hosen zerschlissen sind und die Haare in alle Richtungen abstehen, so belasse ich ihn, wie er sich wohl fühlt. Auf Komplimente verzichte ich und ansonsten lächele ich möglichst oft.

Nun, die Sache war ganz einfach – war sie das? Eine Ehe brauche viel Geduld und guten Willen, hatte ich gerade mal wieder in einem Roman gelesen. Wir hatten keine Wahl, im vor uns liegenden Jahr mussten wir beides stärker entwickeln denn je.

Ein schönes Erlebnis war ein Lauf mit Susanne im Park. Wir waren selten mal ein Stündchen zu zweit. Etwas mulmig war uns aber schon zumute, als wir am Flussufer an dem Warnhinweis „Danger Crocodiles" vorbeiliefen. Die Chancen, dass Susanne und ich doch als Paar wieder nach Hause zurückkehren würden, hielt ich trotz unserer Probleme für gar nicht so schlecht. Immer häufiger konnte ich wieder dieses Lächeln sehen, welches ich so sehr an ihr liebe. Bei den großen Fragen, zum Beispiel die Erziehung von Jan und Felix betreffend, oder auch bei den Reiseplänen waren wir meist gleicher Meinung oder kamen unproblematisch zu einer Einigung. In manchen Punkten, wie zum Beispiel dem späteren Abreisetermin oder der Länge des Aufenthaltes in Afrika, war ich mittlerweile froh, dass sich Susanne mit ihren Vorstellungen durchgesetzt hatte.

War es die Ruhe der Natur oder die Erkenntnis, dass der Andere bei allem Zoff doch wirklich gut über die eigene Seele Bescheid wusste? War es einfach das Verbindende der vielen neuen Eindrücke? Weshalb auch immer – unsere Stimmung hatte sich während der Zeit in Swasiland entspannt und meine Vorfreude auf all das, was noch kommen sollte, war nun viel größer. In Swasiland gefiel es uns allen so gut, dass wir durchaus noch hätten bleiben mögen. Aber die Aussicht auf die nächsten Stationen war auch sehr verlockend. Wie meinten Felix und Jan? Sie wollten sich in der Mitte durchschneiden, eine Hälfte bliebe und die andere lerne etwas Neues kennen.

Südafrikas Nordosten: Wilde Tiere, heiße Quellen

Wir verließen das wie eine Insel in Südafrika liegende Swasiland im Norden und erreichten Komatipoort am südlichen Eingang des Krüger-Nationalparks. In einem Hostel bekamen wir ein etwas ranziges Zimmer. Die anderen Gäste waren britische Studenten, die in verschiedenen Township-Schulen ehrenamtlich arbeiteten. Am Abend spielte der junge Wirt Gitarre. Endlich konnte ich mal einen geselligen Abend an der Hausbar verbringen. Mit meinen früheren Afrikaaufenthalten ließ sich die Reise ansonsten weiterhin wenig vergleichen. Der Tag begann früh. Wenn wir auf Safari gingen, standen wir um halb sechs auf und abends fielen mir spätestens um 22 Uhr die Augen zu. Während der Zeit, in der ich jetzt schlief, war ich früher in den verwegensten Kaschemmen unterwegs gewesen.

In nun wunderbar entspannter Stimmung durchquerten wir den Krügerpark vier Tage lang von der Crocodile Bridge im Südosten bis zum Pafuri Gate im Nordwesten – ein Areal, das so groß ist wie Rheinland-Pfalz. Die Übernachtungen buchten wir erst bei unserer Ankunft im Nationalpark. Zwei Nächte verbrachten wir innerhalb des Parks, für die dritte mussten wir seine Grenzen kurz verlassen. Von den so genannten Big Five – Elefant, Büffel, Nashorn, Löwe und Leopard – fehlten uns anschließend nur noch die Leoparden. Meist ließen sich die Tiere durch die Autos mit den glotzenden Menschen nicht stören und wir konnten sie aus nächster Nähe beobachten. Amüsant fand ich, wie unterschiedlich Susanne und ich potentielle Gefahren einschätzten, die von den Tieren ausgingen. Wegen der möglichen Übertragung von Malaria hatte sie vor jedem Moskito großen Respekt – ich weniger. Nun aber gab es eine kleine Auseinandersetzung, weil ich es im Gegensatz zu Susanne für fahrlässig hielt, inmitten einer Pavianhorde die Autofenster herunterzukurbeln. Auch sollte ich möglichst nah an die Elefanten heranfahren und den Motor ausschalten, um die Tiere nicht zu stören. Als sich dann aber doch ein Elefantenbulle verärgert fühlte und energisch auf uns zu lief, war ich sehr froh, dass der Wagen lief und wir uns mit Vollgas im Rückwärtsgang schnell von dem niedlichen Tier entfernen konnten. Nach dieser Erfahrung waren Jan und Felix erstaunlicherweise sogar vorsichtiger als ich, als uns erneut ein einsamer Elefantenbulle auf einer Sandpiste entgegenkam. Vielleicht lag dies daran, dass Susanne mittlerweile Einiges vorgelesen hatte über den Abschuss von Elefantenherden im Norden des Krügerparks, der bei einigen Tieren ungewöhnlich aggressive Verhaltensweisen bewirkt haben sollte. Jedenfalls verlangten die Kinder, ich solle den Wagen wenden, obwohl wir von dem Tier auch für meine Begriffe noch weit entfernt waren. „Ich hab Angst!", jammerten beide. „Manno, der ist aggressiv!", „Der trampelt uns tot!". Als Jan schließlich drohte: „Wir steigen aus!", hatte ich ein Erbarmen und drehte um. Susanne machte von der ganzen Szene belustigt eine Videosequenz, über die wir später noch oft lachen mussten.

Wir hantierten mit Ferngläsern und Bestimmungsbüchern. Einige Tiere kannten wir nur aus dem Zoo, manche hatten wir selbst dort noch nie gesehen. Jan und Felix kreuzten in ihren Büchern alle Arten an, von denen wir Vertreter in freier Wildbahn entdeckten: Streifengnus, Nyalas, Impalas, Klippspringer, Flusspferde, Tschakma-Paviane, eine Grünmeerkatze, eine Falbkatze, Kudus, Büffel, Wasser-, Ried- und Buschböcke, verschiedene Mangusten, eine Fleckenhyäne, Krokodile – die Aufzählung bleibt unvollständig. Jetzt sahen wir

auch Elefanten in großer Zahl. Und die vielen Vogelarten! Besonders erfreu-
ten uns die bunt gefiederten Gabelracken, die so häufig auf den Bäumen ent-
lang der Straßen saßen. Überrascht waren wir, als wir hunderte von Krokodi-
len praktisch auf einem Haufen antrafen. Auf den Flussinseln des Limpopos
an der Grenze zu Mosambik lagen sie reglos in der Sonne. Und sogar zwei
Löwen dösten neben der Straße im Gebüsch! Hätten nicht bereits mehrere
Autos an dieser Stelle geparkt, wären wir vermutlich ahnungslos an den
Raubkatzen vorbei gefahren. Gleichzeitig lasen wir viel über das Verhalten
der Tiere und ihre zoologische Zuordnung. Nun konnten wir Breit- und Spitz-
maul-Nashörner voneinander unterscheiden, beschäftigten uns mit den Eigen-
arten der Elefanten und erfuhren, dass wir Flusspferden nicht den Weg zur
Wasserstelle abschneiden dürfen und ein am Baum hängendes Tier die Beute
eines Leoparden ist. Jan und Felix lernten auch ohne Stundenplan bestimmt
nicht zu wenig.

Trotz der aufregenden Beobachtungen waren die Strecken lang, wir kamen
auf den Pisten nicht schnell voran und es gab natürlich nicht ununterbrochen
etwas zu sehen. Wurde es regnerisch, zogen sich viele Tiere ins Dickicht zu-
rück. Jan und Felix nölten. Und das im engen Auto – schrecklich! Da sahen
wir in einem der wenigen Vehikel, denen wir im Norden des Parks begegne-
ten, auf dem Schoß des Fahrers ein Kind sitzen und lenken. Schwups, die letz-
ten Zweifel waren beseitigt und Alexander sorgte für vergnüglichen Zeitver-
treib. Abwechselnd ab auf Papas Schoß, der gibt Gas, das Kind lenkt. Kein
Problem in der Einsamkeit und mit Automatikwagen. Der Spaß war groß und
Autofahren wieder halb so schlimm.

Gleich hinter den Grenzen des Krügerparks auf der Fahrt durch die Provinz
Limpopo fühlten wir uns wieder im wirklichen Afrika. Vereinzelt sahen wir
Baobabs – die mächtigen Affenbrotbäume. In der abgeschiedenen Gegend lebt
das Volk der VhaVenda auf sehr traditionelle und einfache Art. Der Weg führ-
te durch kleine Ortschaften und wieder säumten viele Menschen die Straßen.
Wir hielten bei einem jungen Paar mit zwei Kindern. Der Familienvater war-
tete auf eine Mitfahrgelegenheit, denn er musste in das hundert Kilometer
entfernte Städtchen Messina zu seiner Arbeitsstelle. Frau und Kinder winkten
ihm nach und verschwanden im Dickicht der Straßenböschung. Der Mann
sprach ein paar Brocken Englisch. Er war so klein und zierlich, dass ich ihm
das Alter von dreißig Jahren kaum glauben konnte. Ich reichte eine Packung
Kekse herum. Jeder würde sich einige nehmen, dachte ich. Er nahm die ganze
Packung. Das Gleiche erlebten wir später auch mit einigen weiteren Anhal-
tern. Jan und Felix waren natürlich irritiert, zumal sie doch ganz andere Ver-
haltensweisen von uns eingetrichtert bekommen hatten. Auch ich war verwun-

dert, vermutete aber, dass die Gäste in unserem Auto lediglich auf ihre Weise höflich sein wollten, indem sie ein Geschenk nicht ablehnten.

Nach den aufregenden Tagen im Krügerpark war uns nach einer Pause zumute. Nicht weit entfernt sollte es heiße Quellen geben: ein Kurort in Südafrika – das verblüffte uns. Tshipise fand sich zwar auf allen Straßenkarten, jedoch erwartete uns dort lediglich eine Ferienanlage, die in den 30er Jahren wegen der Heilquellen entstanden war. Es gab einen angenehm temperierten großen Swimmingpool, einen Minigolfplatz, Trampoline und wieder einen gemütlichen Rondavel – also fast alles, was unsere Familie für eine entspannte Auszeit brauchte. Zur Unterkunft gehörte nicht nur eine gut ausgestattete Küche, sondern auch, wie in Südafrika üblich, ein Grillplatz. Der Südafrikaner liebt seinen „Braii". Wie in alten Zeiten, als die weißen Siedler das Land durchstreiften und sich in der Wildnis das Abendbrot schossen, legt er auch heute noch gerne ein Stück Fleisch über das Feuer. Alexander und die Jungen taten es allabendlich den Nachbarn gleich.

In Tshipise konnten wir uns gut erholen, verbunden mit Schulunterricht und Sport. Felix stand kurz davor, die Anforderungen für das Seepferdchen zu erfüllen. Jan schwamm mit Flossen schon fast so schnell wie ich. Es war schön auf dem großen Gelände, das an einen Naturpark grenzt. Unbehelligt konnte Susanne dort sogar mal wieder joggen, denn der Komplex war streng bewacht. Sicherheitsleute saßen mit einer Pump-Gun am Eingang. In Tshipise befanden wir uns ebenso wie in den Nationalparks und in den Restaurants in einer künstlichen Welt. Waren im realen Leben auf den Straßen fast alle Menschen schwarz und in den Supermärkten immerhin noch die Hälfte, so waren nun bis auf wenige Ausnahmen alle Gäste weiß, umgeben von schwarzen Menschen, die sie bedienten. Südafrika hatte zwar schon einige Jahre einen schwarzen Präsidenten, aber trotz Beendigung der Apartheid unterschieden sich die Lebenswelten und Besitzverhältnisse der weißen und schwarzen Bevölkerung sehr stark voneinander. Als Vater von zwei Kindern bewegte ich mich nun ebenfalls weit vorsichtiger als zehn Jahre zuvor als Alleinreisender. Vielleicht war dies übertrieben, auch damals war nichts Schwerwiegendes passiert. Dennoch: Die Sorge, bestohlen oder in einen Überfall verwickelt zu werden, schwang jetzt immer mit.

Fünf Tage blieben wir in Tshipise. Als wir anschließend Südafrika verließen und die Grenze nach Simbabwe überschritten, endeten zuhause die Sommerferien. Erst jetzt begann das eigentliche Sabbatjahr!

Abstecher nach Simbabwe

Die Viktoriafälle gehören zu Sambia und Simbabwe. Ursprünglich wollte ich sie über Botswana auf der sambischen Seite erreichen, denn Simbabwe hatte ich wegen der erhöhten Malariagefahr und natürlich wegen der Diktatur Mugabes als Reiseziel kategorisch ausgeschlossen. Nun, beinahe vor Ort, sah manches anders aus. Auch das machte unsere Reise für mich sehr lehrreich. Mücken gab es im Winter des südlichen Afrikas ohnehin kaum, auch nicht in den Malariagebieten. Und außerdem hatten wir uns mittlerweile mit mehr Muße durch die Reiselektüre gearbeitet und viele Argumente gegen eine Fahrt durch Botswana gefunden. Es wäre dort zu teuer geworden, wir hätten mit unserem normalen Pkw die meisten Straßen nicht befahren können und schließlich war der Weg zu den Viktoriafällen von Tshipise aus kommend durch Simbabwe vergleichsweise viel kürzer. Mehrfach hörten wir von der gut ausgebauten Strecke und man versicherte uns, dass dort keine Gefahr drohe. Allerdings sollten wir bei jeder Gelegenheit tanken, so hieß es, und uns bei der Einreise auf langwierige Grenzformalitäten einstellen.

Tatsächlich mussten wir in verschiedenen Schlangen auf diverse wichtige Dokumente warten. Die Durchschriften landeten auf einem riesigen Haufen Papier. Als wir nach zweieinhalb Stunden die Beit Bridge überqueren durften, waren wir um 100 € ärmer, dafür aber sogar für den Fall versichert, dass wir einen Esel anfahren. Vielleicht gar nicht schlecht, denn in der Tat liefen viele Esel, Ziegen und Rinder auf den Straßen herum. Bloß hätten wir für ein totes Tier vermutlich weniger zahlen müssen als für die Versicherung. Die Police erfüllte dennoch ihren Zweck. Auf der 300 Kilometer langen Strecke nach Bulawayo gab es praktisch nichts außer Polizeikontrollen. Viermal mussten wir den Versicherungsnachweis vorzeigen. Ein Polizist ergänzte seine guten Wünsche für die Weiterfahrt mit den Worten: „You´re going to one of the most wonderful places of the world. And no one of us has ever been there." Und mit einem Lächeln fügte der Mann hinzu: „We´re all ignorants." Sicher ist es aber wohl eher das fehlende Geld, das die meisten Menschen in Simbabwe an einer solchen Reise hindert. Wir begegneten nur wenigen fahrenden Autos. Stattdessen sahen wir viele liegen gebliebene Fahrzeuge am Straßenrand. Scharen von Menschen warteten im Schatten der Bäume gefügig auf einen neuen Autoreifen, damit die Fahrt im Omnibus weitergehen konnte. In einem Land, in dem die Menschen kaum genug zu essen haben, gibt es aber erst recht keine Ersatzteile für die alten Wagen. So sahen wir wieder zahllose Menschen die Straßen entlang gehen. Weit und breit erstreckte sich häufig bloß ein endloses Nichts, so dass sich die Frage stellte, wohin der Weg sie eigentlich führte. Wenn wir dann sahen, dass in einen Fünfsitzer locker zehn und in einen Neunsitzer zwanzig Personen passten, fühlten wir uns zu viert in unserem Auto

besonders dekadent. Besser war es, als eine junge Frau und deren halbwüch-
siger Sohn mit uns fuhren. Die Frau sprach einige Brocken Englisch und lach-
te viel, vor allem, als ich versuchte, ihren Namen nachzusprechen. Es wollte
mir einfach nicht gelingen, die vielen Schnalzlaute hervorzubringen.

Mugabes marodierende Kriegsveteranen belästigten uns in Simbabwe zum
Glück nicht. Die schwarze Schuhcreme zum Schutz vor Rassisten konnten wir
auch stecken lassen. Sogar mit dem Benzin kamen wir hin. Manche Tankstel-
len waren zwar geöffnet, hatten aber keinen Tropfen Treibstoff. Bleifreies
Benzin war schon gar nicht erhältlich. Einmal bekamen wir zusätzlich zum
Sprit ein Fläschchen mit einer Lösung, die, so sagte der Tankwart, auch die
Leute aus der Hauptstadt Harare in ihre Autos kippen würden.

Bei Lupane verkaufte ein Holzschnitzer neben einer Tankstelle seine Produkte. Wir hatten schon viele solche Souvenirs gesehen, aber diese fanden wir
besonders gelungen und sie kosteten unglaublich wenig. Ähnliche Produkte
aus Simbabwe sahen wir später in Kapstadt zum zwanzigfachen Preis. Wir
kauften eine große Giraffe und die Kinder suchten sich zwei kleinere Tiere
aus: einen Leoparden und einen Pavianaffen. Der verlangte Preis, umgerechnet knapp 8 €, erschien uns einzig aus der Not geboren. Auf das übliche Feilschen verzichteten wir und legten stattdessen die Hälfte des Betrages drauf.
Außerdem zahlten wir in Euro. An der Reaktion des Verkäufers glaubten wir
zu sehen, dass wir richtig handelten. Die Inflationsrate lag in Simbabwe zu
diesem Zeitpunkt bei 500 Prozent. Die Simbabwe-Dollar waren nur noch ein
Fetzen Papier. Mugabes Politik war schon lange vollkommen gescheitert, auch
wenn es auf den ersten Blick nur gerecht erschien, die verhältnismäßig wenigen weißen Farmer zu enteignen und das Land unter der Bevölkerung aufzu-
teilen. Einst hatten es sich deren Vorfahren schließlich auch zu Unrecht ange-
eignet. Aber auch fünfzig Jahre nach Beendigung der Kolonialherrschaft
konnte kaum jemand das Land gewinnbringend bewirtschaften. Auch der
Tramper Hardlife – so die Übersetzung seines Namens ins Englische – fragte
sich, wie er in ein Stück enteigneten Landes investieren solle, wenn ihm jedes
Agrarwissen fehle und er außerdem noch nicht einmal das Geld habe, sich ein
paar Schuhe zu kaufen. Hardlife hatte für ein bis zwei Wochen Frau und Baby
verlassen und war auf dem Weg nach Namibia, wo er einige Musikkassetten
verkaufen wollte, die er in einer kleinen Tasche bei sich trug.

Was wir im südafrikanischen Shakaland bei den Zulus künstlich im Freilicht-
museum gesehen hatten, war in Simbabwe Realität. Längs der Straße erblick-
ten wir kleine Ansiedlungen von acht bis zwölf Rundhütten, zu denen eine
zentrale Feuerstelle ebenso gehörte wie eine kleine Hütte auf Stelzen, dem

Speicher für das von Hand gedroschene Getreide. In einer Umzäunung, dem „Kraal", war das Vieh.

Andere Touristen sahen wir auf dem Weg durch Simbabwe vorerst nicht. Die meisten Unterkünfte waren geschlossen. Schließlich fanden wir in der Universitätsstadt Bulawayo ein Backpacker-Hostel, in dem noch zwei weitere Gäste waren. Der Nachtwächter besorgte uns einheimisches Geld, welches trotz der Inflation das übliche Zahlungsmittel geblieben war. Am Abend gingen wir essen. Die zugezogenen Vorhänge des gut besuchten Restaurants ließen mich stutzen. Es gab doch keine bessere Werbung als viele Gäste. Wichtiger war aber offenbar, dass man den Blick von draußen auf die vielen speisenden Menschen verhinderte – sie waren alle weiß.

Die Kinder waren begeistert von der Idee, am nächsten Tag einen Abstecher zu einer Leopardenschutzstation zu machen. Am Vormittag kamen wir jedoch erst spät los, so dass wir mit diesem Umweg die Viktoriafälle nicht mehr bei Tageslicht erreicht hätten. Alexander fand es zu riskant, bei Dunkelheit über Land zu fahren. Und nachdem wir Jan und Felix etwas ausführlicher die Probleme in Simbabwe geschildert hatten, verzichteten auch sie ohne weiteres Murren auf die Leoparden und wollten auf direktem Wege an unser Ziel. In Vic Falls, dem Ort an den Wasserfällen, waren außer uns auch noch einige andere Touristen. Wir hatten telefonisch ein großes Zimmer im Victoria Falls Backpackers reserviert. Der üppige Garten beherbergte einen Pool und sogar einige Spielgeräte. Von einem Hochstand aus sahen wir in der Ferne eine weiße dichte Wolke über der Erdoberfläche. Ein schwaches Rauschen lag in der Luft. Das ganze Hostel war liebevoll und mit vielen lustigen Details eingerichtet. Eingefasst war es von einer hohen Mauer und viel Stacheldraht. Mit Einbruch der Dunkelheit kam der Nachtwächter. Der Chef des Hostels war weiß und in Simbabwe geboren. Das Land war auch seine Heimat. Wir konnten kaum glauben, dass er auf seine Einnahmen 90 Prozent Steuern zu leisten hatte.

Der Anblick und auch das Rauschen und Tosen der Viktoriafälle war schier überwältigend. Tage und Wochen waren wir durch trockene Gebiete gefahren und nun taten sich solche Wassermassen vor uns auf! Nur aus der Luft hätten wir sie als Ganzes betrachten können, denn die sprudelnden Wasser des Sambesi stürzen in fünf verschiedenen Flussarmen auf einer Breite von 1.700 Metern über 100 Meter tief in eine Schlucht. Ein wahres Wunder der Natur! Auf der gegenüberliegenden Seite der Fallkanten liefen wir parallel zum Abgrund einen Pfad entlang und waren dem Schauspiel ganz nah. Die aufspritzende Gischt stieg zuerst in die Höhe und fiel anschließend als Regen wieder auf uns hinab. An manchen Abschnitten war der Niederschlag so stark, dass selbst Jan und Felix ihre Regenjacken anzogen.

Wir wunderten uns, trotz der radikalen Politik in Simbabwe noch immer eine große Statue von David Livingstone im Park zu sehen, dem britischen „Entdecker" der Viktoriafälle. Als wären die Einheimischen blind gewesen. Wir waren an einem Sonntag im Nationalpark. Es war recht voll und es war das erste Mal, dass wir einen Ort, an dem wir 50 US-Dollar Eintritt zahlen mussten, mit größtenteils schwarzen Besuchern teilten. Dies lag sicherlich an den gestaffelten Preisen, aufgrund derer Einheimische nur fünf Prozent der Summe zahlten, die für Ausländer galt – wenigstens ein positiver Aspekt der Landespolitik.

Nach drei Tagen fuhren wir weiter nach Westen zur Grenze nach Botswana. Bevor wir in das Land durften, fuhr Alexander das Auto durch eine Desinfektionslösung. Außerdem mussten wir unsere Schuhsohlen an einer getränkten Schaumstoffmatte abstreifen. Endlich mal eine lustige Grenzkontrolle, fanden die Kinder. Auch alle anderen Schuhe mussten wir aus unserem Gepäck hervorkramen und über die Matte streifen. Vielleicht ließ sich ja so tatsächlich ein erneuter Ausbruch der Maul- und Klauenseuche verhindern. Beim Grenzposten fiel mir das einzige Mal während unserer drei Monate in Afrika ein offensiver Umgang mit dem Thema Aids auf. In einer Box standen kostenlos Präservative zur Verfügung.

Gerne wären wir in Botswana in das Okavango-Delta gefahren, aber mit unserem normalen Pkw hätten wir einen sehr großen Umweg machen müssen. So passierten wir lediglich die 100 Kilometer lange Transitstrecke nach Namibia. Immerhin bekamen wir auf diesem stark befahrenen Highway eine kleine Vorstellung von der größten Elefantenpopulation der Welt. Eine Herde überquerte die Straße und wurde von den Fahrern der herannahenden Jeeps nur als lästiges Hindernis betrachtet. Sie scheuchten die Kolosse mit ihren Fahrzeugen von der Bahn wie unsereins ein paar phlegmatische Tauben. Nur das Größenverhältnis war ein anderes. Der Tramper, der gerade bei uns mitfuhr, wunderte sich, weshalb ich diesen für ihn gewöhnlichen Vorfall filmte. Er war überrascht, als er hörte, dass es in Europa keine Elefanten gibt.

Namibia - Wildnis, Wüste, deutsche Wurst

Im Nordosten Namibias fuhren wir über den Caprivistrip bis zum Okavango. Blieb uns sein wundersames Binnendelta in Botswana auch vorenthalten, so bekamen wir nun wenigstens vom oberen Lauf dieses Flusses einen kleinen

Eindruck. Die Fahrt zum Ngepi-Camp führte uns am Ufer des Okavangos über eine kilometerlange Sandpiste. Nur mühsam kamen wir voran, immer in Sorge, stecken zu bleiben. Aber wir taten gut daran, uns in solche Gedanken nicht hineinzusteigern, zumal Jan und Felix ihre Haltung stark an der unsrigen orientierten. Verhielten Alexander und ich uns gelassen, so blieben sie es in der Regel auch. Erst im Dunkeln erreichten wir unbeschadet das Camp. Die Nacht verbrachten wir direkt am Fluss in einer luftigen Hütte aus Stroh, im Ohr ein gigantisches Konzert der Natur, das uns Hippos, Frösche und andere Flussbewohner gaben.

Mit mehreren anderen Besuchern unternahmen wir eine organisierte Kanutour. Ein geländegängiger Lkw brachte uns über holprige Feldwege flussaufwärts. Am Ufer des Okavangos luden wir die Kanus ab. Alle bekamen Schwimmwesten. Am Fluss standen schwarze Frauen mit vielen Kindern. Sie wuschen Wäsche. Welten trafen aufeinander. Aber man war den Anblick von Touristen in dieser Gegend wohl schon gewohnt. Susanne und ich teilten zu zweit ein Kanu. Jan und Felix nahm der Guide in sein Boot. Nach Wochen waren sie erstmals wieder in der Obhut eines anderen Menschen. Der Mann benannte jede Menge Vogelarten, die sich am Ufer und in der Luft tummelten. Aber er war vor allem auf der Hut vor den Flusspferden und erzählte uns einige Schauergeschichten über die ungeschlachten Tiere. Flusspferde seien zwar Pflanzenfresser, aber wenn sie sich bedroht fühlten, griffen sie auch Menschen an. Urplötzlich tauchten sie unter den leicht gebauten Booten auf, die im schlimmsten Falle kenterten. Susannes Auffassung vom Grad der Gefahr unterschied sich abermals von meiner eigenen. Diesmal allerdings war ich der Ansicht, dass sie ziemlich dramatisiert wurde. Susanne dagegen gefiel es ganz und gar nicht, als der Guide vorneweg mit unseren Kindern den Hippos recht nahe kam. Jan und Felix schauten ebenfalls etwas irritiert, fanden die Situation aber durchaus spannend. Wirkliche Angst hatten sie wohl nicht, wie sie uns später erzählten. Auf jeden Fall mussten wir alle kräftig paddeln: Hippos links am Ufer, schnell rüber auf die rechte Seite. Dort gleich wieder Flusspferde – also zügig den Wasserlauf kreuzen und zurück an sein linkes Ufer. Es ging alles gut. Kein Boot wurde attackiert und alle verließen unversehrt das Wasser.

Am Abend statteten die Familien des benachbarten Dorfes dem Camp einen Besuch ab, um ihr Einkommen ein wenig aufzubessern. Zu den mitreißenden Trommelklängen der Männer zeigten die Frauen und einige Kinder traditionelle Tänze, deren Rhythmus und Dynamik verzaubernd wirkten. Nach zwei Nächten verließen wir dennoch das Camp. In der Sandpiste steckte ein ähnlicher Wagen fest wie wir ihn fuhren. Es war erst das zweite Mal, dass wir auf unserer Reise Deutsche trafen. Auch mit unserer Hilfe rührte sich das Auto der beiden Frauen nicht vom Fleck. Erst als vier Mann Verstärkung aus dem Camp anrückten, kamen sie weiter. Wir alle waren froh, als wir wieder festen Boden unter den Rädern hatten.

Auf Wunsch von Susanne verließen wir Richtung Westen die Hauptstraße erneut und fuhren über eine staubige Nebenstrecke längs der Grenze zu Angola. Wir sahen Ochsenkarren und ärmliche Hütten. Eine alte Frau winkte uns zu. Als wir hielten, rief sie eine jüngere Frau mit Baby ans Auto. Wir sollten sie mitnehmen in den nächsten Ort. Ziemlich verstört nahm sie Platz. Englisch sprach sie nicht. Normalerweise mochten es Jan und Felix nicht besonders, wenn wir Anhalter mitnahmen. Die fremden Gerüche und die Enge auf der Rückbank passten ihnen nicht. Jan musste Felix auf den Schoß nehmen, denn auf dem fünften Sitzplatz transportierten wir eine große Tasche. Die Kinder verstanden noch nicht viel Englisch und außerdem unterhielten sich die Mitfahrer meist sowieso nur mit uns. Gegen den Wunsch unserer Kinder nahmen wir aber weiterhin ab und zu Anhalter mit. Als wir die Mutter mit ihrem Kind absetzten, winkte uns von einem Gebäude her eine andere Frau zu. Sie war fröhlich und gesprächig. Das Gebäude war eine Schule. Die Frau war Lehrerin und auf dem Weg in einen größeren Ort zu ihrem Vorgesetzten. Sie blieb die einzige Tramperin, für die sich auch Jan und Felix erwärmen konnten. Sie interessierte sich für ihre Bestimmungsbücher und ließ sich Tiernamen auf Deutsch sagen. Nebenbei erzählte sie auch ein wenig von den Problemen in der Gegend, durch die wir fuhren. Die Leute würden ihren selbst gebrannten Alkohol trinken und sich nicht um ihre Kinder kümmern. Viele kämen nicht zur Schule. Am Ende der Fahrt wollte sie uns sogar Geld geben – so wie unter den Einheimischen üblich.

Auf dem Weg nach Tsumeb sahen wir an einer Tankstelle die ersten und einzigen schwarzen Frauen in jenen seltsamen viktorianischen Trachten, die aussehen wie ein Karnevalskostüm. Susanne versuchte, sie zu fotografieren, aber wie so oft in Afrika herrschte eine große Distanz zwischen den Menschen, vor allem zwischen Schwarz und Weiß, so dass uns beiden der Griff zur Kamera eher peinlich war. Später bestätigte sich, dass wir in Afrika in erster Linie Tiere fotografiert hatten, in Asien dagegen hauptsächlich Menschen.

Ein kleiner Abstecher auf das Gelände der Hoba-Farm nahe des Städtchens Grootfontein bescherte nicht bloß den Kindern eine beeindruckende Lektion in Erdgeschichte. Auf der Farm liegt der bislang größte auf der Erde gefundene Meteorit. Vor 80.000 Jahren stieß der mehr als 50 Tonnen schwere, neun Kubikmeter große Brocken hinunter. Und wir standen nun in der Einöde und stellten uns vor, wie es gewesen sein musste, als der Koloss vom Himmel fiel.

Das Wirken der Deutschen im Namibia der Kolonialzeit ist regelmäßig Thema meines Geschichtsunterrichts. Dass es bis heute starke deutsche Einflüsse gibt, war mir bekannt. Aber so groß hatte ich mir das Ausmaß dennoch nicht vorgestellt. Bei unserer Ankunft in dem Bergbaustädtchen Tsumeb lief im Minen-Hotel auf einem Großbildschirm das ZDF-Olympiastudio. Am folgenden Tag schaute ich mir mit Jan und Felix und Teilen der „deutschen Gemeinde" die Sportschau an. Die Gäste wetteten auf die Bundesligaergebnisse. Die Betreiber des Hotels leben in Namibia schon in der dritten Generation. Sie sprachen uns gegenüber ein sehr gewähltes Deutsch, waren außerordentlich hilfsbereit und sorgten für eine angenehme Atmosphäre. Auch einzelne Schwarze waren im Minen-Hotel zu Gast. Im Ort wurde ich in manchen Geschäften, ohne meine Herkunft geoutet zu haben, sofort auf Deutsch angesprochen. Und durch das Autoradio merkte ich erst, wie vielfältig das deutsche Liedgut ist. Die Kinder dagegen freuten sich über die vertraute Stimme von Bibi Blocksberg.

Im Minen-Hotel konnten wir günstig unsere Wäscheberge säubern lassen und endlich mal wieder die Kinder unterrichten. Im schattigen Biergarten holten wir die Schulbücher heraus. Das hatten wir letztmalig in Tshipise bei den heißen Quellen getan. Seither war jeder Tag voller Unternehmungen gewesen. Hätten wir uns nach dem Frühstück auch noch ein bis zwei Stunden zum Unterrichten hingesetzt, so wäre bis zum Einbruch der Dunkelheit kaum Zeit geblieben. Schreiben, Lesen, Rechnen trainierten wir daher kaum, aber, so beruhigten wir uns, Jan und Felix lernten ja jede Menge in Erdkunde, Biologie, Geschichte und Englisch!

In Namibia sprang uns die deutsche Kolonialgeschichte förmlich an. Circa 25.000 der 1,8 Millionen Einwohner sprechen unsere Sprache – eine kleine, ökonomisch starke Minderheit. Auch viele Schwarze sprechen neben Englisch, Afrikaans und gegebenenfalls ihrer Stammessprache etwas Deutsch. Im Straßenverkehr fuhren wir zwar links, aber das automatisierte „How are you doing?" zur Begrüßung, wie es bei den Briten üblich ist, hatte man in Namibia anders als in den Nachbarstaaten anscheinend wieder abgelegt. Viele Schilder waren auf Deutsch beschriftet – sehr günstig für Felix' erste Leseübungen im Alltag. Im Supermarkt kauften wir Fleischwurst und Vollkornbrot. Im Restaurant bestellten wir Hering nach Hausfrauenart, Kasslerbraten und Rollmops und Alexander außerdem sein heiß geliebtes, nach deutschem Reinheitsgebot gebrautes Fassbier. Ab und an lasen wir die „Allgemeine Zeitung". Es jährte sich gerade zum hundertsten Mal der Hereroaufstand gegen die deutsche Kolonialmacht, bei dem an die 100.000 Stammesangehörige ermordet wurden. Auch Heidemarie Wieczorek-Zeul nahm an den Gedenkfeierlichkeiten teil. „Germaniens Regierung" habe, so kommentierte die Zeitung, „ganz offensichtlich eine gute Entscheidung getroffen mit der Entsendung der

Entwicklungsministerin mit dem unaussprechlichen Nachnamen, womit sie ihren Hererogastgebern schon einmal ebenbürtig ist."

Da wir unsere Route nicht schon Wochen vorher auf den Tag genau festlegen wollten, riefen wir im Etoscha-Nationalpark erst recht kurzfristig an. Ausgebucht! Glücklicherweise hatte der Wirt des Minen-Hotels Freunde, die über ihr Reisebüro an die Quartierskontingente großer Veranstalter kamen. Zwei Nächte im Halali-Camp reservierte er für uns. Das letzte Mal suchten wir gezielt die große afrikanische Tierwelt auf. Die Kinder nahmen wieder die Bestimmungsbücher zur Hand und ergänzten noch manches Kreuz, wenn wir ein Tier erspähten, das wir zuvor noch nicht in freier Wildbahn gesehen hatten. Viele der großen Tiere stillten ihren Durst an den Wasserstellen. Aber auch für die weniger spektakulären Arten nahmen wir uns viel Zeit. Als wir einige kecke Erdhörnchen beobachteten, las ich vor, dass die niedlichen Tierchen ihren Schwanz als Sonnenschutz aufstellen. Felix meinte prompt: „Ja, damit sie sich nicht einschmieren müssen." Denn so sehr die Kinder die Wärme und die luftige Kleidung auch genossen, das Eincremen mit Sonnenmilch war dennoch äußerst unbeliebt.

Im Etoscha-Park ging die Tierbeobachtung sogar nach Sonnenuntergang weiter, denn in den Übernachtungscamps lockten als besonderer Anziehungspunkt beleuchtete Wasserlöcher. Im Halbdunkel beobachteten wir im Laufe des Abends an die 100 Elefanten. Viele Geräusche gingen von den staatlichen Tieren nicht aus. Nur das mächtige Trompeten eines kleinen frechen Jungbullen erschütterte die warme Luft, als er zum wiederholten Male die Hyänen von der Wasserstelle vertrieb, die ebenfalls versuchten, ihren Durst zu stillen. Auch ein Spitzmaulnashorn und dessen Baby scheuchte der kleine Dickhäuter respektlos fort. Zwischendurch schlichen sich noch einige Schabrackenschakale erfolgreich ans Wasser. Und schließlich versuchte ein Elefantenbulle wiederholt eine der Damen zu begatten, wurde daran aber immer wieder von einer anderen gehindert. Irgendwo müssen sie sich ja treffen, die Elefanten, denn eine Herde, so lernten wir, besteht immer nur aus Weibchen, die sich alleine um die Aufzucht der Jungen kümmern. Kontakt zu Bullen haben die Damen nur für das Eine. Ihre Töchter bleiben später bei der Herde, ihre Söhne dagegen verlassen sie mit der Geschlechtsreife, meist in kleinen Gruppen. Ältere Elefantenbullen sieht man dann nur noch ganz alleine durch den Busch streifen.

Glücklicherweise konnten wir noch zwei weitere Nächte im Etoscha-Park buchen, eine im Halali-Camp, die andere im Okakujewo-Camp. Uns blieb noch viel Zeit, die Savanne und die Buschwälder zu durchstreifen. Immer wieder stießen wir an das landschaftliche Herz des Parks: den 5.000 Quadratki-

lometer „*großen weißen Platz von trockenem Wasser*", denn genau das bedeutet Etoscha. *Auf einer weiten, flachen Ebene erstreckte sich die in der Sonne schimmernde weiße Oberfläche dieses uralten, nun schon lange trockenen
Salzsees.*

Gut, dass wir den Etoscha-Park als letzten besuchten, denn er gefiel mir am
besten. Allein die trockene Landschaft mit ihren vielen Luftspiegelungen ist
beeindruckend und fremd. Und dann noch die vielen Tiere. Nur auf Geparden
und Leoparden trafen wir bis zum Schluss nicht. Jan schrieb später einen kleinen Aufsatz: Der Löwe am Wasserloch. „Wir waren auf unserer Weltreise im
Etoscha-Nationalpark an einem Wasserloch. Ein Elefant hat sich gerade eine
Dusche gegeben! Und es waren auch eine Oryx-Antilopenherde, eine Zebra-
herde und eine Straußenherde da. Auf einmal guckten alle in eine Richtung.
Sie guckten alle so, als ob der König kommt! Ein Löwe kam, bloß der Elefant
hat geruhsam weiter getrunken. Die Tiere wurden immer angespannter, weil
der Löwe immer näher kam. Er wollte aber nicht fressen, sondern trinken.
Dann ist er wieder gegangen. Man hat ihn noch weggehen sehen. Dann sind
wieder alle Tiere zum Wasserloch gegangen."

Vier Tage intensiv nach Tieren Ausschau halten – das strengt auch an. Dennoch verließen wir alle etwas wehmütig den Park. Ein wenig Trost spendete
auf der Weiterfahrt in Richtung Südwesten die Bäckerei von Outjo. Dort gab
es besten Kuchen nach deutschem Rezept. Reste eines 300 Millionen Jahre
alten versteinerten Waldes waren die nächste Attraktion. Die Kinder fanden
weit spannender, was unser Führer über die giftigen Pflanzen der Savanne
wusste. Auf ein unscheinbares Gestrüpp deutend, erklärte er, dass nur wenige
Tropfen Saft den schnellen Tod brächten. Mit neuem Gefahrenbewusstsein
führte unser Weg weiter durch trockenes Flachland entlang von Tafelbergen
und Einzelfelsen über Khorixas in das Wüstencamp Xaragu. Im dortigen
Restaurant wurden wir als einzige Gäste köstlich bewirtet. Draußen empfing
uns eine kalte, sternklare Nacht. Unsere beiden Zwei-Bett-Zelte standen einige
Meter voneinander entfernt. Den Kindern war unheimlich zumute. Susanne
teilte mit Felix, ich mit Jan ein Quartier.

*Am nächsten Morgen war die Kälte der Nacht wie weggefegt. In sengender
Hitze ließen wir uns auf einer kleinen Wanderung die Bedeutung 4.000 –
6.000 Jahre alter Malereien erklären: Löwen, Giraffen und andere Tiere.
Einst hatten sie die die nomadisierenden San, bekannter als Buschmänner,
wohl zu Kommunikationszwecken in die roten Felsen geritzt.*

Im Krüger Nationalpark, Südafrika

Highway in Botswana

34

Im Etosha-Nationalpark, Namibia

Skeleton Coast, Namibia

Ein Köcherbaum in Namibia

Am Strand von Simon's Town, Südafrika

Cape Agulhas, Südafrika

Schularbeiten

Anschließend fuhren wir noch tiefer hinein in die Wüste Namib: das Atemberaubende des Nichts, eine stundenlange Fahrt, kein anderes Auto, nur noch Sand. Vereinzelt erhoben sich Springböcke, Vogelsträuße und Oryxantilopen aus der Ebene. Wovon lebten sie, diese kräftigen Tiere? Mehrfache Sinnestäuschungen: War dort das Meer? Und schließlich am Horizont tatsächlich der Atlantik. Viele Schiffe sind über die Jahrhunderte der starken Dünungsbrandung, dem Nebel und den vielen Strömungen erlegen – daher der Name Skeleton-Coast. Aber auch die Schiffsbrüchigen, die dem Wasser entkommen konnten, zählten nur kurz zu den Glücklichen. Auf der hoffnungslosen Suche nach Trinkwasser verendeten sie kurze Zeit später in der sengenden Hitze der Wüste. Trotz der Öde war die Fahrt auch für Jan und Felix keine Sekunde langweilig. Wir verspürten alle den gleichen Nervenkitzel. Gegen Ende des Tages verließen wir die Skeleton-Coast bis in die letzte Ritze verstaubt, aber ohne Autoschaden. Kein einziges anderes Fahrzeug war uns begegnet.

Am nächsten Tag erreichten wir Swakopmund. Die kleine Wüstenstadt am Meer liegt ebenso wie die gesamte Küstenlinie häufig im Nebel, verursacht durch das Zusammentreffen der durch den Benguelastrom sehr kühlen Luft vom Meer und der heißen Luft der Wüste. Jetzt spürten wir tatsächlich den afrikanischen Winter, der mich an die Nordsee im Herbst erinnerte. 13° Celsius sind für ein Bad im Atlantik natürlich zu kalt. Aber im Hallenbad von Swakopmund gab es auf der einzigen 50-Meter-Bahn Namibias ein paar Sportstunden beim Papa. Nun hatte Felix die Anforderungen für das Seepferdchen erfüllt.

In einer kommunalen Feriensiedlung mieteten wir ein kleines Häuschen. Auch in diesem war es recht feucht. Aber wir hatten mal wieder zwei separate Schlafzimmer. Meistens schliefen wir aus Kostengründen in einem Raum. Erstmals seit dem Aufenthalt im Minenhotel nahmen wir den Unterricht wieder auf. Die Dreckwäsche kam in einen Münzautomaten, das Auto zu einem Waschdienst. Schon nach kurzer Wüstenfahrt war der Wagen außen wie innen völlig versandet. Über Susanne wunderte ich mich, da sie dies gar nicht so übermäßig störte. Sie wiederum wunderte sich über mich, da ich das Auto so schnell wie möglich einer Komplettreinigung unterziehen wollte. Wir schienen uns auf unserer Reise in vielerlei Hinsicht ähnlicher zu werden.

Swakopmund gilt als deutscheste Stadt Namibias. In der Buchhandlung kauften Jan und Felix die neusten deutschen Micky-Maus- und Benjamin-Blümchen-Hefte und im Brauhaus gab es deutsche Hausmannskost. In einer Kneipe sah ich mit Jan und Felix die spannende Verlängerung des Handball-Viertelfinalspiels der Olympischen Spiele, Deutschland gegen Spanien. Dabei musste ich feststellen, dass die deutschstämmigen Namibier die sportliche

Weiterentwicklung ihrer ursprünglichen Heimat in den letzten hundert Jahren doch nicht ganz mitverfolgen konnten. Nein, klärte ich sie auf, Handball habe nicht viele Gemeinsamkeiten mit Volleyball.

Die Orientierung in der kleinen Wüstenstadt am Meer war nicht immer leicht. Einige der Straßennamen aus der deutschen Kaiserzeit waren mittlerweile entfernt worden. Aus gutem Grund, denn die Träger der Namen waren auch die Verantwortlichen für die Ausrottung großer Teile der Hereros und Namas. Aber für die neuen Straßenschilder fehlte das Geld. Auch in den Straßenkarten herrschte ein Durcheinander. Suchten wir nach einer Straße und fragten Einheimische, so blieb es im Sprachgebrauch vorerst bei den deutschen Offiziersnamen. Aber irgendwann wird sich der Name von Präsident Sam Nujoma bestimmt noch gegen die Kaiser-Wilhelm-Straße durchsetzen.

Bevor wir Swakopmund nach vier Tagen wieder verließen, schickten wir mit einem ersten Paket die Andenken aus Simbabwe und anderen Ballast nach Hause. Die Kinder trennten sich von einigen Spielsachen, Souvenirs, gesammelten Muscheln und Steinchen – kein Problem, in Berlin sollten sie diese Dinge schließlich wieder sehen. Zu guter Letzt schlossen wir noch einmal den Laptop in einem Internetcafé ans Netz und sendeten und empfingen die aktuellen E-Mails. Es war eine für uns neuartige und überraschend angenehme Art, mit den Freunden und Verwandten Kontakt zu halten. Auch Jan schrieb im Laufe der Zeit seinen Freunden ein paar Zeilen oder diktierte uns längere Texte. Selbst Felix machte davon manchmal Gebrauch. Nach dem Besuch im Internetcafé legten wir den Computer obenauf in den voll beladenen Kofferraum und die Fahrt ging los. Kaum hatten wir Swakopmund verlassen, waren wir schon wieder in der Wüste. Wie eine Fata Morgana hob sich beim Blick zurück die drittgrößte Stadt Namibias aus dem Wüstensand. Im Nu war es wieder sehr heiß. Wir hielten an, holten leichtere Kleidung aus dem Kofferraum und ließen die Stille der mondähnlichen Landschaft auf uns wirken. Schon nach weiteren zehn Kilometern Fahrt wollte Susanne glücklicherweise die Reste eines liegen gebliebenen britischen Panzers aus dem Ersten Weltkrieg fotografieren und ich stoppte erneut. Ein Schrei – und Susanne kann ziemlich laut schreien: Die Kofferraumklappe war noch offen und der Laptop weg. Mit Vollgas raste ich die Piste zurück. Da lag er in einigem Abstand neben der Straße! Und er funktionierte noch! Auch der Ordner mit den wichtigsten Unterlagen war vollständig. Ein paar lose Kleidungsstücke lasen wir entlang der Straße auf, den letzten Schuh reichte uns eine Südafrikanerin aus ihrem Auto.

Weiter ging unsere Fahrt über Sand- oder Schotterpisten. Die Geschwindigkeit lag wie meist in Namibia bei höchstens 40 km/h, daher brauchten wir für die Strecken weit mehr Zeit als angenommen. Auch waren wir am Ende eines

Tages immer mehr Kilometer gefahren als zuvor gedacht. Zwischen einzelnen Ortschaften liegen in Namibia nicht selten mehrere hundert Kilometer. Es gibt sogar Orte, die sich auf einer Karte des afrikanischen Kontinents finden, zum Beispiel Toscanini an der Skeleton-Coast, jedoch wohnt dort keine Menschenseele.

Spätestens in Namibia bekam ich ein vollkommen neuartiges Verhältnis zu Distanzen. Auf einer mehr als doppelt so großen Fläche wie Deutschland leben nur halb so viele Menschen wie in Berlin – zwei pro Quadratkilometer! Wir mussten den Spritverbrauch gut kalkulieren und fuhren stundenlang durch unbesiedeltes Gebiet. Ein kleiner Abstecher zu einem besonders großen Exemplar der endemischen Welwitschia-Pflanze war mal eben 80 Kilometer lang. Die schier endlosen Wege durch die Wüste blieben eine besonders intensive Erfahrung. So öd und doch nicht ganz ohne Leben. Vermeintlicher Schmutz auf Steinen entpuppte sich als eine Ansammlung von Flechten. Die Kinder beträufelten sie mit einigen Wassertropfen und beobachteten daraufhin eine rege Aktivität dieser winzigen Pflanzen. Schon in der halbwüsten Übergangszone entdeckten wir am Rande einer gewöhnlichen Schotterstraße ein paar Löffelhunde und kurz darauf einen Erdwolf. Die afrikanische Tierwelt lag also auch außerhalb der großen Nationalparks noch längst nicht hinter uns.

Auf der Gästefarm Niedersachsen bekamen wir einen Eindruck von dieser landestypischen Unterkunftsart, wo man sich um eine familiäre Atmosphäre bemüht, gemeinsam speist, viel miteinander redet und die Gäste stärker am eigenen Leben teilhaben lässt als dies normalerweise üblich ist. Mit drei weiteren deutschen Touristen saßen wir in dem nur wenig an Afrika erinnernden rustikalen Haus. Das Farmerehepaar legte Wert auf traditionelle deutsche Tugenden. Schon bei der Begrüßung war die Wirtin etwas pikiert, als Felix ihr nur die linke, nicht die gute rechte Hand gab. Sie servierte Kartoffeln, Rotkohl und Oryxantilope. Ihr Mann meinte: „Essen Sie viel Fleisch, die Kartoffeln sind teuer!" Bei Tisch bekamen wir mal wieder so einiges über die Verhältnisse im Lande aus weiß-deutscher Sicht zu hören. Das Sinnieren über das gemeinsame Leben von Schwarz und Weiß war schon längst ständiger Begleiter geworden. Mittlerweile hatten wir schon so manches interessante Gespräch geführt. Die extrem unterschiedlichen Standpunkte waren vor dem Hintergrund der jeweiligen persönlichen Lebensbedingungen und Wertvorstellungen durchaus nachvollziehbar. Bloß, wie man Kompromisse finden kann, blieb eine Frage ohne Antwort.

Der Vater der Wirtin hatte in Holzminden das gleiche Gymnasium besucht wie ich. Das Leben auf der Farm spielte sich natürlich nach deutscher Uhrzeit ab: eine Stunde zurück. Die Gäste schauten ebenso wie die Wirtsleute etwas verständnislos, als wir meinten, dies sei unser allererster Aufenthalt auf einer Gästefarm. Leider verpassten wir es klarzustellen, dass unser Geldbeutel häufigere Stopps auf solchen Farmen gar nicht zuließ. Auch konnten sich alle Anwesenden nur schwer ein anderes lohnendes Reiseziel als Namibia vorstellen. Als wir unsere geplante Route skizzierten, ernteten wir eher Mitleid.

Ebenso wie die anderen Weißen, mit denen ich schon gesprochen hatte, empfand ich auch die Wirtsleute der Niedersachsenfarm nicht als rassistisch, als überheblich gegenüber der schwarzen Bevölkerung aber schon. Die lange Zeit, die Europäer im südlichen Afrika leben, hat die unterschiedlichen Kulturen einander nicht viel näher gebracht. Die Weißen interessieren sich nur wenig für das Leben der Schwarzen. Diese wiederum wollen in erster Linie am Reichtum teilhaben. Auch in Namibia blieben Weiße und Schwarze nach dem Ende der Apartheidpolitik durch das südafrikanische Protektorat weiterhin voneinander getrennt. Statt „Schwarze" und „Weiße" könnte man meist auch „sehr Arme" und „Reiche" sagen. Und die bewegen sich immer in völlig verschiedenen Lebenswelten. „Gut, dass kein Schwarzer die Piste entlanggefahren ist", kommentierte der Niedersachsen-Wirt, als wir die Geschichte vom Laptop erzählten, „sonst wäre das Ding weg gewesen." Wahrscheinlich hatte er sogar Recht – bei den Einkommensunterschieden. Die Versuchung zuzugreifen wäre unabhängig von der Hautfarbe sehr groß gewesen, wenn da ein Gegenstand auf der Straße liegt, dessen Wert einem Jahresgehalt entspricht. Nun ging es natürlich nicht nur um Fundgegenstände. Die Kriminalitätsrate war in den Vorjahren auch in Namibia stark angestiegen. Aber verglichen mit Südafrika wurden noch immer wenige Gewaltdelikte verzeichnet und zum Schutz reichte noch immer ein Wachmann ohne Pump-Gun und mit den Händen in den Hosentaschen. Namibias Präsident Nujoma hatte sich in einigen Punkten ein Beispiel an der Politik Simbabwes genommen. Auch er enteignete in zunehmendem Maße weiße Farmer, die wiederum von reiner Neidpolitik sprachen, da Namibia mit seiner geringen Bevölkerung trotz der großen Wüstenanteile gar kein Landproblem habe. Es fehlten eher die Menschen, die es vernünftig bewirtschaften könnten. „Alle Weißen raus" sei, nachdem diese im südlichen Afrika schon seit Generationen lebten, auch Rassismus und keine Lösung für die großen Probleme.

Die beiden Kinder der Farmarbeiter hatten Schulferien. Schon vor dem Frühstück nahmen sie Jan und Felix mit auf die Schafweide. Später spazierten wir gemeinsam über das Gelände. Als ich einige Fotos von der Landschaft machte, wollten auch Stanley und Sean fotografiert werden. Kichernd sahen sie sich auf dem Display die Ergebnisse an. Stanley sprach etwas Englisch. Er wollte uns zu seiner Schwester bringen. Der Weg führte über karge steinige

Hügel. Wir wunderten uns, wo sie wohl sei. Schließlich deutete er auf einen kleinen Friedhof. Die Schwester war im Frühling gestorben, kaum ein Jahr alt. Stanley war fröhlich und wollte sich am Grab fotografieren lassen. Keine Spur von Trauer wie bei uns, wenn es um den Tod geht. Später erzählten wir dem Wirt von dieser Begegnung. Er meinte, dies sei einer der vielen Beweise, dass er mit seinen christlichen Wertvorstellungen nicht weit gekommen sei. Das kleine Baby hatte eine Beule an der Fontanelle. Er habe, so erzählte der Wirt, den Eltern auf seine Kosten eine Untersuchung im Krankenhaus angeboten. Diese aber suchten eine Heilerin auf, die vermutlich gesagt habe, das Kind müsse sterben. Die Eltern ließen es dann offenbar verdursten. Seinen Namen bekam das Mädchen, weil die Schwiegertochter der Wirtsleute kurz vor der Geburt zu Gast war: Ingrid.

Wir kauften vom Farmer noch einige Liter Benzin und fuhren wieder tiefer hinein in die älteste Wüste der Welt, nach Sossusvlei. Unsere persönlichen Fotos von den meistfotografierten, höchsten wandernden Sanddünen der Welt können zwar nicht mit denen zahlreicher Bildbände konkurrieren, aber wir sogen den bezaubernden Anblick in uns auf. Außerdem war es für uns alle ein großer Spaß, die großen, weichen Sandberge hinunterzukullern. Anders als allseits empfohlen, waren wir jedoch nicht in der Morgen- oder Abenddämmerung dort, wenn sich die Dünen von ihrer schönsten Seite zeigen, sondern bloß über die Mittagszeit. Im Umkreis von 100 Kilometern lagen die Übernachtungspreise nämlich dermaßen hoch, dass wir auf den optimalen Lichteinfall verzichteten. In dieser Gegend Namibias fiel mir besonders stark auf, in welch wahnsinnigem Luxus sich einige Touristen bewegen, zum Beispiel auf einer „Fly-in-Safari". Aber auch ohne Rundflüge verlief das Reisen im südlichen Afrika weit komfortabler als ich es erwartet hatte, denn in der Vergangenheit hat die – weiße – Bevölkerung für eine touristische Infrastruktur gesorgt, die mit Hilfe einer Vielzahl schwarzer Angestellter gut funktioniert: Je höher der Preis, desto größer der Betreuungsschlüssel und desto perfekter die Technik.

Gut, dass wir die Sanddünen relativ frühzeitig verließen, so hatten wir für die erste und letzte Reifenpanne – man hatte uns weit mehr prophezeit – optimale Bedingungen: Es war noch hell, wir standen auf gerader Strecke, genügend Wasser hatten wir auch und der Wagenheber funktionierte. Im nächsten Ort, Maltahöhe, gab es nur ein Hotel. Bei der Wirtin mit deutschen Vorfahren gab es zur Freude der Kinder mal wieder Leberkäse und Bratkartoffeln. Am Tresen wurden eine Menge Geschichten erzählt. Als die South-West Africa People's Organisation 1989 die Macht übernahm, hätten Revolutionäre das örtliche Krankenhaus gestürmt und sämtliche Mittel zur Schwangerschaftsverhütung verbrannt. Die schwarze Bevölkerung sei damals der festen Überzeugung gewesen, dass die weißen Rassisten sie mit diesen Mitteln ausrotten wollte.

Die Aidsproblematik sei dagegen komplett verkannt worden. Heute ist die Krankheit die häufigste Todesursache in Namibia.

Am nächsten Tag führte unser Weg durch eine beeindruckende Halbwüstenlandschaft. Immer wieder musste ich anhalten, damit Susanne ihre neuen Lieblinge, die Köcherbäume, fotografieren konnte. Seine hohlen Äste benutzen die San zur Aufbewahrung ihrer Pfeile. Zum zweiten Mal steuerten wir heiße Quellen an – wer hätte das gedacht auf einer Afrikareise? Als es bereits dämmerte, legten wir einen kurzen Stopp am Rande des Fishriver-Canyons ein und blickten in einen kleinen Ausschnitt dieser zweitgrößten Schlucht der Welt. Erst in der Dunkelheit erreichten wir an ihrem südlichen Ende Ai-Ais, was in der Sprache der Nama kochendes Wasser bedeutet. Jan und Felix drängten schon längere Zeit auf einen mehrtägigen Stopp ohne große Unternehmungen. Sie wollten nicht mehr Auto fahren und in Ruhe ihre Spiellandschaften aufbauen. Auch Susanne und ich brauchten eine Pause. In Ai-Ais waren die Bedingungen ideal. Zu unserem 2-Zimmer-Apartment gehörte eine sonnengeschützte Terrasse mit einem Kamin und Blick auf die Berge, auf der Jan und Felix gut ihre Schularbeiten erledigen konnten. Auch die Mahlzeiten nahmen wir dort ein. Im Canyon lebte eine große Pavianhorde. Einige wagten sich vor bis zu den Häusern der Menschen. Gleich am ersten Morgen sprang ein stämmiges Männchen auf unseren gedeckten Frühstückstisch. Jan erschrak mächtig, als es blitzschnell eine Tüte Cornflakes klaute. Fortan mussten die Kinder Wache schieben, sobald Lebensmittel auf dem Tisch waren. Die größte Attraktion in Ai-Ais erreichten wir über den Hinterausgang des Apartments. Dort gelangten wir direkt in das Hallenbad. Tag und Nacht konnten wir uns in die warmen Becken und den Whirlpool legen. Die Badelandschaft hatten wir ebenso wie die Außenanlagen fast für uns allein. Da auch Felix mittlerweile schon recht gut schwimmen konnte, mussten wir nicht mehr ständig auf ihn aufpassen und beide Kinder verschwanden nun regelmäßig zum Baden durch den Hinterausgang. – Fünf Tage bewegten wir das Auto nicht vom Fleck. Dann ging die Fahrt gut erholt weiter.

Via Kapstadt nach Durban: Zwischen Politik und Pinguinen

Als wir den Orange River überquerten und ein drittes Mal nach Südafrika einreisten, kamen wir genau zum richtigen Zeitpunkt. Nach den kräftigen Regenfällen des Winters tauchte die Frühlingsblüte der Wildblumen die hügeligen Felder des fruchtbaren Landes in ein orange-rot-gelbes Farbbad. Über zweitausend Arten bilden einen riesigen Blütenteppich. Ein Fest für unsere Augen, vor allem nach der Kargheit der Wüste. Bei näherer Betrachtung entdeckten wir so manche Pflanze, die wir als exklusive Schnittblume vom Floris-

ten kannten oder als Miniaturausgabe aus dem Blumenkasten. Hunderttausende von Kallas, Proteen, Margeriten und viele andere Spezies wurden in den nächsten Wochen am Wegesrand unsere ständigen Begleiter.

In Kapstadt war es im September mit Temperaturen um die 25° Celsius schon angenehm warm. Wir mieteten eine Zwei-Zimmer-Wohnung, in der erstmals eine intensive Unterrichtsperiode stattfand. Anders als ich mir dies vor Reiseantritt vorgestellt hatte, holten wir nur während längerer Aufenthalte die Schulsachen heraus. Mittlerweile plagte mich ein schlechtes Gewissen, denn der Tatsache, dass Alexander und ich in der neuen Verantwortung standen, in vollem Umfang für den Lernzuwachs unserer Kinder zu sorgen, waren wir für meine Begriffe bislang nicht gerecht geworden. Jan sollte nach und nach dieselben Materialien durcharbeiten wie die Kinder seiner Klasse. Eine Postkarte oder eine E-Mail schreiben akzeptierten wir aber ebenfalls als Arbeitsprogramm. Und wenn Felix am Strand mit einem Stock seine ersten Worte in den nassen Sand schrieb, war auch dies eine wunderbare Übung. Immer wieder klangen mir die beruhigenden Worte der Schulrätin im Ohr: „Machen Sie bloß nicht zuviel." Allerdings erinnerte ich mich gleichermaßen an ihre Einschränkung, dass eine Beurlaubung bis zur fünften Klasse von der formalen Seite her immer unproblematisch sei. Welcher Leistungsstand aber letztlich dabei herauskommen werde, würden wir ja dann in der sechsten Klasse im Zuge des Wechsels an die Oberschule sehen.

Felix war weiterhin sehr motiviert, den Stoff der ersten Klasse zu erarbeiten. Für mich war die Grundschule insgesamt und vor allem die Alphabetisierung ein vollkommen neues Aufgabenfeld. Die Rahmenpläne halfen mir zwar bei der inhaltlichen und methodischen Orientierung, aber ich blieb dennoch unsicher, wie der Stoff adäquat an die Kinder heranzutragen war. Immerhin profitierte ich von Jans ersten beiden Schuljahren, die mir den Alphabetisierungsprozess schon etwas näher gebracht hatten. Auf das Buchstaben- und Zahlenschreiben hatte Felix noch keine Lust, sein Interesse galt zunächst vor allem dem Lesen und Kopfrechnen. Das entsprechende Training hatte mittlerweile hauptsächlich Alexander übernommen, währenddessen ich mich Jan widmete. Die Tatsache, dass sein kleiner Bruder grundsätzlich am Unterrichtsprogramm teilnahm, erwies sich schnell als großes Glück, denn die gegenseitige Orientierung aneinander wurde bei beiden Kindern im Laufe der Reise immer stärker, so dass es Jan wohl über alle Maßen frustriert hätte, wenn Felix während der Schulzeit hätte spielen oder sich anderweitig amüsieren dürfen. Jan hatte ohnehin kein gesteigertes Interesse am Arbeiten und am schwersten tat er sich dementsprechend mit dem Üben jener Dinge, die er weniger gut beherrschte. An dieser Stelle gab es dann leider häufig Reibereien. Jan maulte, *schmiss seine Aufgaben hin und bemitleidete sich selbst, derweil ich Mühe hatte, die geringe Anstrengungsbereitschaft meines Sohnes zu akzeptieren.*

Unsere gemütliche Ferienwohnung gehörte zu einem kleinen Wohnkomplex, den Fawlty Towers, betrieben von zwei skurrilen Gesellen, die am Tage in ihrer Garage ein Segelflugzeug zusammenbastelten und am Abend die Hausbar öffneten. Zu den bekannten Ausflugszielen hatten wir es nicht weit. Jan und Felix zog es immer wieder zur nahe gelegenen Waterfront, wo sich im Hafenbecken viele Seerobben tummelten. Nach dem Unterricht stand meist eine große Sehenswürdigkeit auf dem Programm. Wir waren auf Robben Island, der Gefängnisinsel, auf der Nelson Mandela einen großen Teil seiner 27-jährigen Haft abgesessen hat. Auch das Two-Ocean-Aquarium besuchten wir. In großzügigen Anlagen beobachteten wir eine Vielzahl der Lebewesen des Atlantischen sowie Indischen Ozeans: Pinguine, Meeresschildkröten, Rochen, Haie und etliche andere Fische. Es bestand sogar die Möglichkeit, zu den Haien ins Wasser zu steigen. Obwohl wir uns doch mittlerweile so gut verstanden, drängte mich Susanne, dies zu tun. Ich weigerte mich aber standhaft. Einen Tag verbrachte ich mit den Kindern am herrlichen, aber kalten Atlantik. Für die fünfminütige Fahrt mit der Seilbahn auf den berühmten Tafelberg mussten wir auf einen wolkenfreien Tag warten. Vom Gipfel hatten wir einen sensationellen Blick auf den bergigen Grat der Kaphalbinsel und die Bucht bis über Robben Island hinaus. Susanne interessierte sich für die vielen Exemplare der südafrikanischen Nationalblume, die Protea, die die Hänge des Tafelberges zierten. Felix und Jan dagegen faszinierten die braunen Klippschleifer, die in großen Kolonien die Felsen bevölkerten. Den steilen Rückweg bewältigten wir zu Fuß – nicht ohne Muskelkater bei Susanne und mir.

In Kapstadt schnappten wir etwas mehr auf von dem, was in Südafrika unter der Apartheid und seit 1990 passiert war. Über die zum Weltkulturerbe zählende Robben Island führte uns ein ehemaliger Gefangener, der dort fünf Jahre inhaftiert war. Sehr differenziert und scheinbar ohne Groll, immer optimistisch auf Gegenwart und Zukunft weisend, beschrieb er die Haftbedingungen und die früheren politischen Verhältnisse. Für Jan und Felix war der Inselbesuch ein großes Zugeständnis an uns. Sie fanden es bereits ziemlich blöd, wenn wir uns mit anderen auf Englisch unterhielten und sie nichts verstanden. Solch eine geführte Tour wie auf Robben Island war in ihren Augen aber noch weit schlimmer. Es wurde viel erzählt, dem auch wir erst einmal zuhören mussten, bevor wir dann zwischendurch Teile dessen für die Kinder übersetzen konnten.

Einen Tag verbrachte ich ohne die Familie und nahm an einer Townhip-Tour teil. Brian, der Guide, hatte die meiste Zeit seines Lebens unter dem System der Apartheid verbracht. Seine mütterlichen Vorfahren waren khoikhoi – bei uns bekannter unter dem abfälligen Begriff Hottentotten. Der Großvater kam aus Glasgow und ein anderer Vorfahre aus Indien. Ein typischer Coloured sei er, wie es ihn in Kapstadt häufig gebe. Als Kind lebte Brian mit den Eltern und dem Bruder im District six – einem ärmlichen Viertel, in dem das Leben geprägt war durch verschiedene Ethnien und durch den Jazz. Den weißen Machthabern war dieser zentrumsnahe Stadtteil ein Dorn im Auge. 1968 begann der Abriss. Die Bewohner wurden, nach Rassen getrennt, in die Cape Flats umgesiedelt: sandiges, unfruchtbares, stets dem Wind ausgesetztes Flachland im Osten der Stadt. Brians Mutter kam dem Räumungsbefehl zuvor. Durch den frühzeitigen Umzug lebte die Familie daher „nur" acht Kilometer vom Zentrum und den Arbeitsstellen entfernt, später waren es bis zu fünfundzwanzig.

Noch immer leben zwei der gut drei Millionen Kapstädter in den so genannten Townships. Täglich werden es mehr. Vor allem viele Xhosa verlassen ihre Heimat an der Südostküste, um ihr Glück in Kapstadt zu suchen. Fährt man die sechzehn Kilometer über den Highway ins Zentrum der Stadt, erstrecken sich rechts und links nichts als Wellblechhütten. In diese Viertel als Fremder ohne Begleitung zu gehen, ist ein absolutes Tabu. Noch zehn Jahre zuvor war selbst mit einem Einheimischen ein solcher Besuch lebensgefährlich. Jetzt herrschte dagegen eine unglaublich positive Aufbruchstimmung. Alle Wellblechhütten sollten binnen zehn Jahren durch steinerne Häuschen mit Strom- und Wasseranschluss ersetzt werden. Und tatsächlich sahen wir vielerorts Steine, Holz und Zement am Straßenrand – vom Staat kostenlos zur Verfügung gestelltes Baumaterial. Dennoch schien es ein kühner Plan zu sein, denn nicht nur in Kapstadt warteten hunderttausende Wellblechhütten, sondern im ganzen Land Millionen. „We've got freedom and democracy", so Brian, "but freedom and democracy can't feed you and can't give you a job".

Im District-Six-Museum schickte uns Brian noch mal zur Toilette, denn anschließend besuchten wir im Township Langa die Chris Hani School. Als einzige sanitäre Anlage gab es dort einen Brunnen. In dem Selbsthilfeprojekt wurde Kindern arbeits- und mittelloser Zuwanderer der Weg in das öffentliche Schulsystem geebnet. Dreihundert Kinder lernten in fünf kleinen, stickigen Wellblechcontainern Englisch, die Stammessprache Xhosa, Mathematik, Naturwissenschaften und Landbau. Nicht alle hatten Sitzplätze. Als unsere kleine Besuchergruppe eintrat, begrüßten die Kinder enthusiastisch die Schulleiterin und sangen uns ein fröhliches Lied. Es handelte von Mandela und Mbeki und dem Vertrauen in eine noch bessere Zukunft. Bei uns geradezu ein Irrwitz – in der Schule ein Loblied auf Schröder oder Merkel singen!

46

Die Hautfarbe machte in Südafrika theoretisch keinen Unterschied mehr, aber praktisch eben doch. Meist waren es die Menschen mit ganz dunkler Hautfarbe, die am Straßenrand um etwas Geld baten. Und meist stand an der Spitze einer Firmenhierarchie ein Weißer. Dennoch gibt es in Südafrika, verglichen mit den meisten anderen afrikanischen Staaten, eine starke schwarze Mittelschicht, die die Etablierung einer dauerhaften Demokratie aktiv unterstützt. Scheinbar ist auch die Gefahr der Korruption im Vergleich geringer. Aber es gibt natürlich kein gewachsenes soziales Netz und so sahen wir täglich viele Gestrandete, deren persönliche Lage die veränderten politischen Verhältnisse nicht verbessern konnten. Unsere Kinder passten sich den Außenbedingungen ganz pragmatisch an. Seit die Fenster des Wagens eingeschmissen worden waren, ließen sie Vorsicht walten, ohne dabei ängstlich zu wirken. Häufig fragten sie nun: „Hast du auch abgeschlossen?", „Ist der Parkplatz bewacht?" oder in anderen Situationen „Hast du der Frau / dem Mann schon Geld gegeben?". Vermutlich spiegelte sich aber auch in diesem Punkt unsere eigene Haltung als Erwachsene im Verhalten der Kinder wider.

Auf den meisten Parkplätzen trafen wir selbst ernannte Wächter. Viele Südafrikaner sehen in ihnen ein notwendiges Übel, ich empfand diese Menschen seit unserer schlechten Erfahrung zu Beginn der Reise als beruhigende Hilfe. Gab es keinen, fuhren wir schon mal weiter. Bei den Trinkgeldern sparten wir nicht. Gegenüber den vielen Bettlern versuchten wir, großzügig zu sein. Bettelnden Kindern gaben wir, falls möglich, etwas zu essen. In mancher Seitenstraße ließ ich das Portemonnaie aber vorsichtshalber in der Tasche.

Neun Tage blieben wir in Kapstadt – der längste Stopp in Afrika. Zweimal gingen Susanne und ich sogar zusammen am Abend aus. Das war vollkommen neuartig für unsere Kinder. In Berlin hatten wir sie abends noch nie alleine gelassen. Eine Freundin mit gleichaltrigen Kindern schrieb, dass sie seit kurzem regelmäßig mit ihrem Mann weggehe. Als wir dies Jan und Felix erzählten, wollten sie auch so selbstständig sein. Uns tat es gut, mal nicht nur in der Rolle als Papa und Mama unter anderen Menschen zu sein. Auf dem Nachhauseweg zeigte mir ein Bettler sein Taschenmesser und sagte, ich solle ihm Geld geben, sonst müsse er Dinge tun, die er nicht tun möchte. Wir liefen gerade an einem Supermarkt vorbei. Dort stand ein Sicherheitsmann vor der Tür, der glücklicherweise zu uns trat. Daraufhin lief der Mann weg. Es nervte mich schon sehr, mich als „reicher Weißer" nach Einbruch der Dunkelheit nicht mehr frei bewegen zu können.

Der Typ, der Alexander das Messer zeigte, war dermaßen fertig, dass er kaum gerade gehen konnte. Ich empfand ihn nicht als ernstzunehmende Gefahr. Auch ansonsten fühlte ich mich in unserem südafrikanischen Alltag nicht be-

droht. Allerdings war aber die Bewegungsfreiheit schon allein dadurch deutlich eingeschränkt, dass wir bestimmte Gegenden mieden. Andererseits lag unsere Wohnung in Kapstadt sogar parterre und war nur durch ein schwaches Schloss versperrt. Eine Alarmanlage gab es auch nicht und der Wagen stand ebenfalls unbewacht vor der Tür. Es passierte trotzdem nichts.

Vor der Weiterreise besuchten wir noch die deutsche Buchhandlung der Stadt, in der sich Jan wie schon in Swakopmund mit neuen Micky-Maus-Heften eindecken konnte. Felix suchte außerdem ein neues Vorlesebuch aus, denn unser Vorrat war erschöpft. Er wollte auch unbedingt etwas von seinem Taschengeld kaufen, das wir im Zuge der Reise auf dieselbe Summe erhöht hatten, die Jan erhielt, denn die Orientierung aneinander war auch in diesem Punkt stärker denn je. Felix verprasste sein gesamtes Vermögen für ein Kuscheltier. Trilu taufte er den Leoparden, der den mitreisenden Kreis der Ersatzfreunde erweiterte.

Am Kap der Guten Hoffnung erspähten wir hoch oben von den Klippen erstmals drei Wale. Auch zahlreiche Robben und Kormorane sahen wir, als wir an einer Bootsfahrt nach Duiker Island teilnahmen. Die raue Witterung sorgte für eine turbulente Fahrt, bei der wir alle ordentlich nass wurden. Auf dem Rückweg nach Kapstadt hielten wir in Boulders, dem Strand von Simon´s Town. Dort gibt es eine der beiden größten Kolonien Afrikanischer Pinguine – zu Deutsch Brillenpinguine. Von uns gaffenden Menschen ließen sie sich nicht besonders beeindrucken. Dem Treiben dieser niedlichen Tiere zuzuschauen, war ein riesiges Erlebnis. Auf Wunsch der Kinder fuhren wir nach der Zeit in Kapstadt noch ein weiteres Mal in das beschauliche Simon´s Town. Dort an der Ostseite der Kapinsel war das Wasser mit 17° Celsius im Vergleich zur Westseite warm. Am Strand verbrachten wir in einer kleinen, von Felsen durchsetzten Badebucht einen herrlichen Sonnentag zusammen mit mehreren Pinguinen und einigen Klippschleifern. Die Tiere hielten zwar Abstand, liefen aber auch schon mal über unsere Badehandtücher.

Gut, dass wir mit Kindern reisten und sie uns auf so manches stießen, was unvergesslich bleibt. Wir sahen zwar noch öfter Pinguine, aber die Erlebnisse in Boulders blieben einzigartig. Hunderte dieser putzigen Gesellen konnten wir dabei beobachten, wie sie es sich im Dickicht, in Sandkuhlen oder auf den Felsen gemütlich machten. Wie drollig es aussah, als sie sich gruppenweise zur Fischjagd aufmachten und zum Wasser watschelten! Am Abend sahen wir einige unternehmungslustige Pinguine in Richtung Stadt spazieren. Manchmal, so hieß es, gingen sie auch in die Gärten und hopsten in den einen oder anderen Swimmingpool.

Am Strand ergab sich erstmals ein kleiner Kontakt zu anderen Kindern. Eine Frau aus Pretoria verbrachte dort mit ihren beiden Töchtern den Tag. Die Mädchen waren zwar im Alter von Jan und Felix, interessierten sich aber leider überhaupt nicht für deren Sandburgen. Unsere Jungen bemühten sich dennoch um irgendeine Art von Kontakt zu den beiden Mädchen, die sie zuhause vermutlich kalt gelassen hätten. Diese kleine Begegnung machte sehr deutlich, wie stark Felix und insbesondere Jan die Freunde vermissten. Noch am selben Abend schrieben sie plötzlich die Namen all jener in den Sand, die ihnen etwas bedeuteten. Natürlich ermunterten wir sie auch, zuhause anzurufen. Aber ein Telefonat kann keinen persönlichen Kontakt ersetzen – schon gar nicht, wenn sich zwei wortkarge Jungen miteinander unterhalten.

Im Simon´s Town Backpackers lernten wir wieder ein paar interessante Südafrikaner kennen. Längere Gespräche landeten immer bei der Politik. Präsident Mbeki wurde ebenso wie Nelson Mandela auch von der weißen Bevölkerung stets anerkannt. Die Chancen auf eine bessere Zukunft wurden in Südafrika als recht groß eingeschätzt: Die relativ gut funktionierende Wirtschaft, die Bodenschätze, die Bildungsprogramme, mit denen man die schwarze Mittelschicht zu vergrößern begann, sprachen dafür. Große Firmen und Staatsbetriebe stellten seit einiger Zeit aufgrund einer Gesetzesorder, so wurde uns berichtet, überwiegend Schwarze ein. Die Weißen machten sich daher zunehmend in Kleinbetrieben selbstständig, wo sie die vielen neuen Regelungen nicht betrafen. Ohne Ausnahme wurde diese Politik jedoch auch von unseren weißen Gesprächspartnern befürwortet und auch alle anderen Probleme wie die Kriminalitätsrate, die Korruption, Aids und die riesige Lücke zwischen Arm und Reich minderten nicht den optimistischen Blick in die Zukunft. Und die Fußball-WM 2010 im eigenen Land blieb sowieso das Allerwichtigste!

Keiner scheint genau zu wissen, wo sie beginnt und wo sie endet, was sie eigentlich bezeichnen und zum Ausdruck bringen will. Der Name „Gardenroute" ist ein reines Kunstprodukt der Tourismusbranche und klingt ja auch gut. Wir tangierten von der Kaphalbinsel ostwärts fahrend dieses Gebiet und fuhren durch einige hübsche Orte und die malerische Küstenlinie entlang. Auch für die Kinder gab es auf der Fahrt ein kleines Highlight, denn urplötzlich wich Alexander einer Puffotter aus, die sich über die Straße geschlängelt hatte. Hermanus war unser Ziel. Dort sollten sich an der Kapküste im September die Buckelwale tummeln, denn sie suchen während dieser Jahreszeit die wärmeren Küstengewässer auf, um ihre Jungen zu gebären. Wenige hundert Meter von unserem Backpacker-Hostel entfernt lag die Steilküste. Zu verschiedenen Tageszeiten beobachteten wir von hoch oben das Treiben der Wale in der Bucht. Bisweilen sprangen sie ganz aus dem Wasser heraus und das gleich viele Male hintereinander. Zwischendurch stießen sie in meterhohen Fontänen ihre Atemluft aus und gaben dröhnende Töne von sich, die an das Horn eines Ozeandampfers erinnerten. Ein grandioses Schauspiel!

Zum krönenden Abschluss gönnten wir uns eine Wale-Watching-Tour. Beim ersten Versuch musste das Boot wieder abdrehen, denn das Wetter war so stürmisch, dass man weder Wale sah noch sich in dem heftig auf die Wellen klatschenden Boot darauf hätte konzentrieren können. Der zweite Anlauf klappte. Es war sonnig und mild. Wale sind neugierige Tiere, einige kamen direkt an die Bootswand heran und einen kurzen Moment lang konnte ich einem direkt ins Auge schauen.

Auf der Weiterfahrt machten wir einen längeren Abstecher zum Cape Agulhas. Susanne und ich wollten den südlichsten Zipfel Afrikas betreten und gleichzeitig den Punkt, der geographisch den Indischen vom Atlantischen Ozean trennt. Er liegt nicht etwa am Kap der Guten Hoffnung, wie man es hin und wieder lesen kann und wie auch wir zuvor glaubten. Jan und Felix hatten allerdings wenig Verständnis dafür, dass uns dieser ansonsten eher unspektakuläre Ort einen so langen Umweg wert war.

Nach einer Übernachtung in der schicken Lagunenstadt Knysna erreichten wir den Tsitsikamma-Nationalpark, ein 80 Kilometer langer Streifen Urwald am Meer. Dort lebten wir drei Tage in einer kleinen Blockhütte und wanderten die zerklüftete Küste entlang, an der zahlreiche Wasserläufe in den Ozean münden. Den wilden Storms River überquerten wir über eine lange Hängebrücke. Wieder sahen wir Wale. Einmal liefen uns sogar zwei Kapottern über den Weg. Im Wald lauschten wir dem Gezwitscher der buntesten Vögel und Jan entdeckte ein Chamäleon. Unter den vielen Tierbeobachtungen, die wir häufig machen konnten, war sein Farbspiel ein besonders schönes Erlebnis.

Tsitsikamma ist auf Xhosa der Platz, an dem es sehr nass ist. Dort führt der legendäre Ottertrail am Meer entlang. Als eine Wandergruppe mit Kochausrüstung, Fressalien und allem anderen, was sie für fünf Tage brauchte, bei strömendem Regen und eiskaltem Wind an uns vorbeiächzte, war ich jedoch froh, mit meiner Familie auf diese Tour verzichtet zu haben. Auch von unserer Basis aus unternahmen wir schöne Wanderungen – ohne viel Gepäck. Das Getose des Meeres war im Tsitsikamma-Park ganz besonders intensiv, aber kaum im Urwald stehend, war es wie verschluckt.

Ich freute mich auf erholsames Nichtstun an den Stränden der Wild Coast. Sie liegt am Eastern Cape, der ehemaligen Transkei, die unter der Apartheid ein Homeland war. Auch Nelson Mandela, dessen Biographie wir mit großer Spannung lasen, wuchs in dieser hügeligen Gegend auf.

Unser Aufenthalt in Cintsa war zwar sehr schön, aber ganz anders als ich ihn mir vorgestellt hatte. Buccaneers-Backpacker war so etwas wie ein Club Méditerranée für Ärmere. Jeden Tag gab es kostenlose Gruppenaktivitäten. Kanus, Boogyboards, Tischtenniskellen standen zur freien Verfügung. Der Strand lag in einer malerischen Bucht und Jan und Felix entdeckten ihre Freude an den Wellen und dem Surfen auf den Boogyboards. Die Betreiber der Anlage unterstützen eine nahe gelegene Schule. Einmal wöchentlich veranstaltete die Schule einen großen Gesangsvortrag. Sogar Drafi Deutschers „Marmor, Stein und Eisen bricht" wurde gesungen. Mit den Spenden der Touristen wurde das Mittagessen für die Schüler, die Stromversorgung und das Arbeitsmaterial finanziert. Mit großem Temperament hüpften die Schulleiterin und eine der Lehrerinnen während der Gesänge durch den Klassenraum. Auch Jan und insbesondere Felix waren sichtlich berührt, in einem afrikanischen Klassenzimmer zu sitzen. Für Felix war dies sogar das allererste Mal, dass er überhaupt irgendwo die Schulbank drückte.

Port St. Johns entsprach schon eher meinen Vorstellungen vom Leben an der Wild Coast. Leider war unsere Unterkunft bei einem Alt-Hippie eine der schlechtesten – teuer und ziemlich verdreckt. Auch mit dem Wetter hatten wir etwas Pech. Es war kühl und bewölkt. Mir war es zum Baden zu kalt. Jan und Felix waren da abgehärteter. Am Strand bekamen wir auch endlich Kontakt zu einheimischen Kindern. Eine Schulklasse hatte Wandertag. Rund zwanzig Jungen warfen Orangen ins Meer, Jan und Felix schwammen hinterher und schmissen sie zurück. Später folgte ein fetziges Fußballspiel. Nicht nur einmal spielten mir die jungen Afrikaner den Ball durch die Beine, aber vorm Tor zeigten sie dann erstaunliche Schwächen. Bis zur Weltmeisterschaft im eigenen Land mussten sie wohl noch etwas üben. Mit Port St. Johns verbinde ich auch den riesigsten und leckersten Hummer der ganzen Reise. Und außerdem traf ich dort im „Green Mile" endlich mal auf gemischtfarbiges Publikum. Die Bar war der erste Ort, an dem ich Schwarz und Weiß unverklemmt und gleichwertig miteinander umgehen sah. Der Besitzer der Kneipe sprach Xhosa. Alle anderen weißen Afrikaner, die ich traf, konnten höchstens ein paar Worte einer Stammessprache der Schwarzen. Die Musik bestand aus afrikanischen Liedern und bekannten Hippie-Songs. Die weißen Gäste waren Alt-Hippies, mittlerweile ein bisschen in die Jahre gekommen. Sie lebten schon in dieser Gegend, als die Transkei noch ein Homeland war. Bis jetzt schien sich noch immer niemand für ihren Marihuanaanbau und -konsum zu interessieren.

Den Tipp, uns im „Ikaya" eine Unterkunft zu reservieren, hatten wir bereits in Simon's Town erhalten. Eine Schweizerin schwärmte von diesem Ort, wo sie die beiden ersten Monate nach der Entbindung ihres Babys verbracht hatte. Für mich war es eine gruselige Vorstellung, dort mit einem Neugeborenen zu hausen. Ich war froh, als wir vorzeitig wieder abfuhren und genoss auf dem Weg in die Drakensberge die Sauberkeit und Frische eines Bed & Breakfast in Kokstad.

Am nächsten Tag fuhren wir durch eine verregnete Nebelküche. Die baumlosen Siedlungen mit den schachbrettartig angeordneten einheitlichen Häuschen wirkten auf diese Weise besonders trostlos. Erst in höheren Lagen hellte der Himmel langsam wieder auf. Unser Ziel war eine Pferdefarm in der Nähe von Underberg. Wiederholt zeigte sich deutscher Einfluss. Auch an einem Ort namens Berlin kamen wir vorbei.

Mit den Pferden von Kothso Horse Trails kam ich so richtig auf meine Kosten. Zu meiner besonderen Freude ließen sich auch die Jungen fürs Reiten begeistern. Jan hatte vor unserer Reise einige Tage auf einem Reiterhof verbracht und ganz offensichtlich eine Menge gelernt. Nun bekam er Gelegenheit zum Traben und Galoppieren. Auch Felix war interessiert. Bei einem dreistündigen Ausritt, an dem die ganze Familie teilnahm, saß er bei der Reitlehrerin mit im Sattel, auch im Galopp. Krönender Abschluss des Aufenthaltes war für mich ein temporeicher Ausritt mit Jan.

Ich ritt auf einem Pferd, welches die Farm erst nicht verlassen wollte. Auf dem Rückweg war es aber kaum zu bremsen. Glücklicherweise hatte das stolze Tier, im flotten Trab, die Kobra nicht gesehen, die sich neben uns Furcht erregend aufrichtete. Ich dachte, besser das Pferd als ich, und schwang mein Bein auf den Kopf des Tieres. Aber die Situation war so schnell vorbei wie sie gekommen war.

Die Abende verbrachten wir mit anderen Reisenden am Kamin der Farm. Mit unserem Sabbatjahr waren wir mal wieder nichts Besonderes. Nur die Gastgeber und ein französisches Pärchen waren nicht auf einer Weltreise, alle anderen schon. Bloß, dass wir mit Kindern reisten, unterschied uns von ihnen.

Wir drangen tiefer ein in das gewaltige Gebirgspanorama der südlichen Drakensberge. In der Sani Pass Lodge mieteten wir ein gemütliches kleines Haus mit zwei separaten Schlafzimmern. Im Nachhinein stellte ich fest, dass wir zwei Drittel der Zeit in Afrika gemeinsam in einem Zimmer schliefen. Die Kinder fanden das toll. Sie liebten unsere ständige Nähe. Natürlich war es auch gut, dass wir auf diese Weise nicht zu viel Geld ausgaben. Aber mir wurde es, von der eingeschränkten Zweisamkeit einmal ganz abgesehen, regelmäßig zu eng. So viel mir meine Kinder auch bedeuteten – bis zum eigenen Einschlummern ihre Stimmchen hören und morgens mit dem ersten Aufwachen gleich wieder – das war mir manchmal ein bisschen zu viel.

Vom Wandern waren die Kinder begeisterter denn je. Immer gab es die Chance, wilde Tiere zu sehen. In den Drakensbergen trafen wir wiederholt auf große Herden der mächtigen, aber scheuen Elandantilopen. Nachts wurde es dort oben empfindlich kühl. Jan und Felix sammelten am Tage Holz und beheizten am Abend kräftig den Kamin. Später kuschelten wir uns in die extra dicken Daunendecken.

Ein Ausflug führte uns über den Sani Pass ins Königreich Lesotho. Da der Weg nur mit einem Geländewagen passierbar war, schlossen wir uns einer kleinen geführten Tour an. Die holprige Strecke schraubte sich in steilen Serpentinen bis auf 2.874 Meter Höhe hinauf und öffnete immer wieder neue atemberaubende Ausblicke auf die zerklüftete Hochgebirgslandschaft. Einige Tage vor unserer Ankunft hatte es dort oben noch geschneit und die Kinder freuten sich nun über eine Schneeballschlacht. Unser Reiseleiter führte uns in eine der kleinen, nur sehr spärlich eingerichteten Rundhütten der Basuto und vermittelte uns einen Einblick in das harte Leben, das die Bewohner dieser schönen, aber kargen, kalten Bergwelt führen. Zum Abschluss kehrten wir im Sani Top Chalet in die höchst gelegene Kneipe Afrikas ein. Obwohl in Lesotho gelegen, bewirtschaftete das Lokal ein weißer Südafrikaner. Die Inneneinrichtung erinnerte an eine Schweizer Berghütte – ein krasser Kontrast zu dem Leben vor der Eingangstür.

Aus den kühlen Drakensbergen fuhren wir zurück an die warme Küste KwaZulu-Natals, nach Umkomaas. Der spaßige Besitzer unseres Hotels führte uns durch das Haus. Im Fernsehraum meinte er, wir seien doch Deutsche, dann könnten wir ja gleich unsere Badehandtücher auf die Sessel legen. Umkomaas ist einer der bekanntesten Tauchorte der Welt. In aller Frühe zwängte ich mich in den Anzug. Die versammelten Tauchlehrer verschiedener Nationen befanden dann jedoch, meine Qualifikation reiche nicht aus, um bei dem hohen Wellengang und der starken Strömung an dem Ausflug teilnehmen zu dürfen. Am nächsten Morgen stand ich schon um fünf Uhr bereit. Diesmal waren andere, ebenfalls erfahrene Taucher gnädiger mit mir. Sie veränderten das Ziel und so durfte ich mit. Vom Schlauchboot aus musste ich schnell in die Tiefe, um von der Gruppe nicht abzutreiben. Unten angekommen, ließ ich mich von der Strömung durch die Wasserwelt treiben. Die erwarteten Haie sah ich leider nicht, auch nicht beim nächsten Tauchgang am Mittag. Zwar hatten alle anderen einen zwei Meter langen Hai beobachtet, wie ich später erfuhr, bloß ich hatte wohl gerade auf etwas anderes geachtet. Auf der Rückfahrt wurde mir wieder schlecht. Von sechs Tauchgängen in Südafrika hatten drei mit massiver Übelkeit geendet. Ich hoffte auf eine ruhigere See in Asien.

Nach Durban zurückkehren war beinahe wie nach Hause kommen. Wir wurden in unserer alten Unterkunft herzlich begrüßt und auch der zurückgelassene Koffer war unversehrt. Für die Weiterfahrt, dann ohne Mietwagen, reduzierte Susanne das Gepäck. Manches verschenkten wir, anderes schickten wir mit einem zweiten Paket auf dem Seeweg nach Hause. Die Kinder freuten sich derweil wieder über die beiden Hunde des Hauses und sprangen in den altbekannten Pool.

Drei Monate waren vergangen. Jan schrieb eine Karte: „Hallo, liebe Klasse 3a! Wir haben schon viele Tiere gesehen, auch die auf der Karte (Anmerkung: Wasserbüffel, Nashörner, Elefanten, Löwen) außer den Leoparden. Wir waren schon in Swasiland, Simbabwe, Namibia und jetzt sind wir noch in Südafrika. In zwei Tagen fliegen wir nach Indien. Die Reise macht mir sehr viel Spaß. Ich hoffe, euch geht es gut. Euer Jan." Auch uns erklärte Jan ebenso wie Felix dies tat, er hätte noch sehr viel Lust aufs Weiterreisen. Die vielen Ortswechsel störten ihn ebenso wenig wie Felix. Meist entdeckten die beiden recht schnell etwas in der Umgebung unserer Aufenthaltsorte, das ihnen gefiel. Und glücklicherweise konnten sie auch miteinander eine Menge anfangen. Hätten wir nur ein Kind gehabt, dann wäre die Lage vermutlich eine ganz andere gewesen. Für mein Empfinden schmorten wir dennoch von Zeit zu Zeit zu sehr im eigenen Saft. In Indien, so vermutete Alexander, würde sich dies ändern, da er annahm, dort auf andere Langzeitreisende mit Kindern zu treffen.

In Simbabwe und in den Drakensbergen hatten wir zwei nette Familien aus Durban kennen gelernt, denen unser Autokennzeichen ihrer Stadt aufgefallen war. Nun luden sie uns in ihre Häuser ein. Eines lag in einer schicken Siedlung, deren großzügige Häuser an die in der Toskana erinnerten. Innerhalb der Anlage gab es keine Zäune, außen herum umso mehr. Der ganze Komplex war von Sicherheitspersonal bewacht – ein seltsames Leben. Dennoch blieb mir Südafrika sehr positiv in Erinnerung, vor allem durch den Optimismus, der von den Menschen ausging. Unser netter Hotelier in Umkomaas drückte diese Stimmung sinngemäß so aus: „Wir sind die Regenbogennation. Wir wollen nicht alle gleich sein wie die Menschen in den USA. Wir sind uns unserer unterschiedlichen Kulturen, Religionen und Vorstellungen bewusst, aber wir haben die gleichen Rechte und wir akzeptieren uns. Das Problem der Kriminalität bekommen wir in den Griff. Es wird ein kurzfristiges sein, bedingt durch die jetzigen enormen Einkommensunterschiede. Kommt in zehn Jahren wieder. Dann sieht vieles anders aus." Hoffentlich behält er Recht.

ASIEN

Kulturschock Indien oder Ehestress im Palmenparadies

„Bloß weg!", war mein erster Impuls, als wir nach Mitternacht den Flughafen von Mumbai, dem ehemaligen Bombay, betraten. Ein Gebräu aus Schwüle und Abgasen, scheinbar ohne jeden Sauerstoff, lag schwer in der Luft. Auf den 30 Kilometern zum Hotel wehte zwar ein lauer Fahrtwind ins Taxi, aber der war durchsetzt vom Geruch nach Kloake. Im Hotel durfte ich sogar die Klimaanlage anschalten, obwohl die trockene Luft Alexander schnell Halsweh beschert. Das Gerät war jedoch dermaßen alt und ohrenbetäubend laut, dass ich dankend verzichtete. Immerhin - wir hatten ein Zimmer. Ein großer Luxus in Mumbai, wie bereits die nächtliche Fahrt durch den größten Slum Asiens sehr eindrücklich gezeigt hatte. Ein Drittel der 18 Millionen Einwohner lebt und schläft auf der Straße. Überall lagen Menschen: in Häusernischen, auf Karren, auf den Gehsteigen. Aber das hatte ich natürlich vorher gewusst.

Die hindunationalistische Partei hatte viele Namen geändert. Auf unserer Reise durch Indien fragte man uns manches Mal, wo wir bereits gewesen seien. Nannten wir Mumbai, mussten wir uns über ein Stirnrunzeln nicht wundern. Erst wenn der Name Bombay fiel, wusste jeder Bescheid. Susannes erste Reaktion auf Indien war blankes Entsetzen. Ich fühlte mich verantwortlich, da ich es gewesen war, der Indien in die Reiseroute aufnehmen wollte. Sofort weiterfliegen – dafür war sie aber auch nicht. Stattdessen kauften wir für den nächsten Morgen Zugtickets nach Goa. Die zweite Tageshälfte blieb für die Sehenswürdigkeiten der Stadt. Mit gutem Englisch drängte sich uns gleich am Bahnhof einer der vielen Taxifahrer auf, ein Sikh, wie sich am Turban und Rauschebart erkennen ließ. Er wusste genau, was weiße Touristen wünschen und verschaffte uns zunächst für die zweite Nacht ein besseres und billigeres Hotel. Anschließend fuhr er uns mit seinem Taxi kreuz und quer durch Mumbai, während er von den früheren blutigen Auseinandersetzungen zwischen seiner kleinen Religionsgemeinschaft und den Hindus erzählte. Nach einigen Stunden ließ er sich von seinem Vater ablösen. Wir besuchten das Ghandhi Museum, das Gateway of India, einen Tempel der Jainisten und das Viertel Dhobi Ghat, wo hunderte schmächtiger Männer die Dreckwäsche der Stadt unter freiem Himmel schrubbten. Über dem Malabar Hill inmitten der Stadt hatten noch wenige Jahre zuvor die Geier gekreist. Da diese unterdessen jedoch fast ausgestorben waren, sahen wir bloß noch unzählige ebenfalls Aas fressende Krähen. Vermutlich lag ein Leichnam im grünen Dickicht der Hanging Gardens, der dort oben von den wenigen Parsen der Stadt bestattet worden war. Jan und Felix staunten natürlich, als sie hörten, dass die Parsen, da ihnen Feuer, Wasser, Erde und Luft heilig sind, ihre Toten in den unzugänglichen Türmen des Schweigens auf Roste legen und sie dort oben von den Vögeln verzehren lassen.

Stadtbesichtigungen fanden unsere Kinder in der Regel schnell ermüdend, aber die Taxifahrt durch Mumbai konnte auch sie ganz offensichtlich sehr beeindrucken. Natürlich würden wir uns in Paris oder New York niemals einen halben Tag lang mit einem Taxi durch die Gegend kutschieren lassen und zwischendurch auch noch essen gehen, während der Fahrer vor der Tür wartet. In Mumbai taten wir dies. Für die Reichen ist so etwas normal und zu denen gehörten wir nun. Mir persönlich waren weniger die Sehenswürdigkeiten wichtig, als vielmehr die Möglichkeit, aus der Distanz einen ersten Eindruck von der unglaublichen Betriebsamkeit zu bekommen, von all den Buden und Ständen und den Bemühungen der Menschen, sich irgendwie ein Obdach zu verschaffen. Ebenso wie ich schwankten auch Jan und Felix zwischen Faszination und Bestürzung. Einmal verlor sich die Distanz zum Trubel und Elend, als der kleine schwarze Maruti an einer Ampel hielt und zwei kahl geschorene Kinder ihre hohlen Hände durch die offenen Fenster schoben. Im Nu war die Szene aber wieder vorbei und der Fahrer knatterte schon weiter durch die vollen Straßen, während durch die Fenster ein leichter Wind die stickige Luft belebte. Der äußerst turbulente Straßenverkehr in Mumbai war beispielhaft für das, was uns überall in Indien erwartete. In diesem Punkt waren Jan und Felix total begeistert. Sie fühlten sich wie auf einem Rummelplatz. Lästige Sicherheitsgurte und andere Schutzvorkehrungen gehörten vorerst der Vergangenheit an. Rückblickend grenzt es nahezu an ein Wunder, dass wir bis zum Schluss unseres Aufenthaltes kein einziges Mal Tote oder Verletzte sahen und auch selbst unversehrt blieben.

Am frühen Morgen des nächsten Tages klingelte der Wecker zu spät. Es ließ sich nicht mehr rekonstruieren, wer da etwas falsch gemacht hatte. Abgehetzt erreichten wir pünktlich den Bahnsteig – überflüssigerweise, denn der Zug hatte zwei Stunden Verspätung. Schließlich kam er. Unsere reservierten Plätze waren für uns unverständlich markiert. Wir hatten Mühe, das Gepäck unter all den Menschen und den fremden Schriftzeichen an den richtigen Ort zu bringen. Die Stimmung zwischen Susanne und mir war ohnehin angespannt. In der Hektik waren wir uns nun nicht einig, wie wir was tun sollten. Wir wurden laut, den Kindern kamen die Tränen. Und die Einheimischen schauten irritiert. Irgendwann waren wir endlich im richtigen Zweite-Klasse-Abteil. Wir hatten Sitzplätze und viel Bewegungsfreiheit. Jan und Felix freundeten sich trotz der Verständigungsschwierigkeiten mit zwei indischen Jungen an und tobten mit ihnen stundenlang am Gestänge der Bänke herum. Ich versank in meinem Buch.

Ich war froh, als Mumbai endlich hinter uns lag. Es blieb mir unbegreiflich, wie dieser Moloch zu den sehenswertesten Flecken Indiens zählen konnte. Mir lag es fern, auf die besondere Architektur einer verdreckten Bahnhofshalle zu achten, während wir umgeben waren von Bein- und Armlosen, die ein Almosen benötigten, und uns den Weg bahnten vorbei an zahllosen Menschen, die auf dem Boden dieses besonderen Bauwerks die Nacht verbracht hatten. So viel Elend – aber dennoch ist das Land nicht arm. In Indien leben weit mehr Dollar-Millionäre als in ganz Deutschland. Die Grundstückspreise in Mumbai gehören zu den höchsten der Welt – unglaublich bei all dem Schmutz und Verfall.

Die grünen Reisfelder, die uns nach einigen Stunden umgaben, und die frische Luft ließen mich aufatmen. Auch Jan und Felix entspannten sich spürbar. Ich merkte, wie sich meine Abwehrhaltung auf die beiden übertragen hatte und nahm mir vor, mich um mehr Offenheit gegenüber dem so andersartigen Land zu bemühen. Aber auch im Zug fühlte ich mich extrem fremd. Schon auf dem Bahnsteig hatten uns die vielen Leute angestarrt, die in großen Gruppen wie wir den Boden belagerten. Noch weit anstrengender waren zuvor die Dienstleistenden gewesen, die wie immer an Schnittstellen wie Bahnhofseingängen oder Taxiplätzen scharenweise zu vollkommen überhöhten Preisen uns ihre vermeintliche Hilfe aufdrängten. Im Zug wurden wir nun lediglich beäugt, aber die Leute ließen uns in Ruhe. Dennoch fehlte mir noch oft das Gefühl, einfach bloß eine unter vielen zu sein. In Indien blieben wir in unserer Andersartigkeit unweigerlich exponiert.

Im Zug gab es eine warme Mahlzeit: ein scharfes Currygericht. Alexander mundete es. Ich bemühte mich, meinem neuen Vorsatz folgend, das Essen nicht schlecht zu machen. Jan und Felix aßen zumindest den Reis. Das Essen wurde in Aluminiumschalen serviert. Den Müll sammelten wir brav unter unseren Sitzen, bis wir feststellten, dass alle Mitreisenden ihn auf die Gleise warfen. Jan und Felix waren ziemlich irritiert. Da ermahnte sie die Mutter zu Ordnung und Sauberkeit und nun dies! Auch in Sachen Essmanieren hatte ich in Indien schlechte Karten. Da wurde geschmatzt, gerülpst, gefurzt – auch feinere Leute sind in dieser Hinsicht vollkommen ungeniert. Andere Länder, andere Sitten.

Zwischen Alexander und mir lief es in Indien nicht mehr rund. Rückblickend wurde mir deutlich, dass wir in Afrika für den Reisealltag eine gewisse Routine gefunden hatten. Um Stress zu vermeiden, überließ ich ihm von vornherein die Fahrerei und machte den Rest. Auch beim ständigen Ein- und Ausräumen, Einkaufen, Kochen und Versorgen hatten wir uns eingespielt. In Indien reisten wir nun plötzlich wieder ganz anders. Alexander fuhr nicht mehr Auto, ver-

*sank aber dafür in seiner eigenen Welt. Wieso reagierte er nicht, wenn die
Kinder ihn ansprachen? Wieso musste immer ich alles Mögliche aus den vielen Taschen heraussuchen? Hinzu kam, dass er sich, weil er zwanzig Jahre
zuvor schon im Lande war, nun als Indienexperte fühlte. Wehe, ich schenkte
dem Reiseführer mehr Glauben als ihm. Entsprechend schwer war es, sich auf
eine Unterkunft in Calangute zu einigen. Ich zitierte den Reiseführer. Er erzählte mir, wie es früher dort war.*

Durch die Regenfälle des vorangegangenen Monsuns waren viele Abschnitte
der Bahnstrecke beschädigt. Die Fahrzeit für die nur 600 Kilometer lange
Strecke erhöhte sich von zwölf auf siebzehn Stunden. Spätabends kamen wir
im Bundesstaat Goa an. Ein Geschäftsmann, den wir im Zug kennen gelernt
hatten, vermittelte uns einen Taxifahrer seines Vertrauens. Zum ortsüblichen
Preis brachte uns dieser nach Calangute. Zwanzig Jahren zuvor hatte ich dort
bei einer Fischerfamilie gewohnt. Abgesehen vom Strand erkannte ich nun
kaum etwas wieder. Viele Hotels waren in der Zwischenzeit entstanden, die
nun auch viele einheimische Touristen bewohnten. Noch war Vorsaison, aber
überall wurde gehämmert und gewerkelt, denn schon wenige Wochen später
wurden täglich die Chartermaschinen aus den europäischen Großstädten in
Goa erwartet. Von den alten Hippiezeiten war kaum etwas übrig geblieben.
Reisebusunternehmen, die Inder aus dem ganzen Land nach Goa gebracht
hatten, um ihnen dort die verrückten nackten Europäer zu zeigen, gab es nun
nicht mehr. Und auch die „Pig-Toilets", in denen früher hungrige Schweine
direkt beim Verrichten des Geschäfts auf die Fäkalien gewartet hatten, sah ich
kein einziges Mal. Sie waren Spülklosetts gewichen, die sogar häufig einen
Klodeckel hatten. Nur an Papier mussten wir selbst denken. Es wurde – verhältnismäßig teuer – an beinahe jeder Straßenecke verkauft. Wären die Lebensverhältnisse noch so gewesen, wie ich sie von früher her kannte – Susanne wäre vermutlich auf der Stelle wahnsinnig geworden. Jan und Felix dagegen waren ein wenig enttäuscht, dass sie nicht eine der von mir häufig beschriebenen Schweinetoiletten zu Gesicht bekamen. Dafür freuten sie sich
aber über die heiligen Kühe, die an den absonderlichsten Orten zu sehen waren, manchmal sogar am Strand.

Wir mieteten zunächst ein Apartment mit Swimmingpool in einer auf Pauschalurlauber ausgerichteten Anlage. Nach zwei Übernachtungen zogen wir
für weitere sieben Tage in das kleine Guesthouse einer Fischerfamilie. Das
war zwar ohne Pool, „aber dafür mit ganz vielen kleinen Babyhunden", wie
Jan später an seine Freunde schrieb. In Berlin hatten wir kein Haustier, so
freuten sich Jan und Felix in Indien ganz besonders über die vielen Hunde, die
uns häufig umgaben. Aus unseren zwei Zimmern im Guesthouse hatten wir

einen schönen Blick aufs Meer. Auf dem Balkon begann auch endlich wieder eine Periode fast täglichen Schulunterrichts.

Flip-Flops wurden in Asien für die Kinder zum Standardschuhwerk. Nicht nur vor dem Betreten von Tempelanlagen, auch am Eingang vieler Geschäfte und Restaurants hieß es: Schuhe aus. Badelatschen ohne lästige Schnallen waren für diesen Zweck unschlagbar. Für eine weitere Veränderung unseres Alltags sorgten in Goa die vielen Mücken. Ich machte mir Sorgen wegen der im Süden Indiens nicht vollständig auszuschließenden Möglichkeit, an Malaria zu erkranken. Also imprägnierte ich lange Hosen und langärmlige Pullis mit dem Spezialmittel vom Berliner Tropeninstitut. Jedoch blieb es auch am Abend heiß und stickig und Jan und Felix fanden es unerträglich, lange Kleidung zu tragen. Auch die Mückenschutzlotion lehnten sie kategorisch ab, da diese ein brennendes Gefühl auf der Haut hinterließ. Ohnehin musste ich feststellen, dass unsere teuren Präparate die indischen Mücken ganz und gar nicht beeindrucken konnten. Sie stachen trotzdem zu. Ich gab die Idee mit der langen Kleidung auf, imprägnierte auch nichts mehr und wir schmierten die Kinder pünktlich zur Abenddämmerung ganzflächig mit einheimischen Produkten ein.

Von Calangute aus klapperten wir die Umgebung ab. Jan und Felix freuten sich, als sie nun endlich selbst Platz nehmen durften in einem der dreirädrigen Tuk-Tuks, die sie schon häufig im Straßenverkehr beobachtet hatten. Auch per Bus waren wir unterwegs. Und drei Tage lang mieteten wir ein Privatauto. Alexander ließ sich zu meiner Überraschung auf das superstressige Unterfangen ein, es mit den indischen Verkehrschaoten aufzunehmen. Nur eine Felge war am Ende etwas verbogen, weil er in einer Kurve doch vorsichtshalber einem entgegenkommenden Bus ausgewichen war und linkerhand einige Felsbrocken anfuhr. Eine gute Bilanz, wie ich fand.

Die Kinder blieben zum Glück auch in Indien begeisterte Traveller. Sie nahmen die Lebensverhältnisse erstaunlich anpassungsfähig und positiv auf. Sie verglichen die Armut in Indien mit der Armut, der wir in Afrika begegnet waren. Aber sie bemerkten auch, dass wir uns nun wieder viel sicherer bewegten. Wir konnten durch alle Straßen und am Strand entlang spazieren, auch bei Dunkelheit. Wir mussten uns nicht ständig vor potentiellen Dieben oder Überfällen in Acht nehmen. Keine Hotelanlage, kein Restaurant war besonders stark gesichert. Trotz der vielen armen Menschen ist die Kriminalitätsrate in Indien gering – so stark muss also der Einfluss der Religion beziehungsweise des Glaubens sein, so groß die Ehrfurcht vor dem, was im nächsten Leben kommen mag und im letzten gewesen ist. Die Armen wirkten mit dem wenigen, das ihnen gegeben war, unglaublich genügsam, würdevoll, freundlich und friedlich. Die Reichen stellten ihren Wohlstand ganz offenkundig zur Schau.

Ein schlechtes Gewissen schien sie nicht zu quälen – als Hinduisten haben sie sich ihren Platz im vorherigen Leben schließlich redlich verdient. Die ganze indische Gesellschaft wirkte auf eine Art und Weise religiös durchdrungen, die mir unbegreiflich blieb. Der Hinduismus, dem ja immerhin 85 Prozent der Inder anhängen, war ohnehin schwer durchschaubar. Wie sollte man da auch durchblicken bei den Tausenden von Gottheiten? Die grundsätzliche Idee einer göttlich gegebenen Gesellschaftshierarchie blieb mir jedenfalls extrem fremd.

In Afrika hatte ich das Autofahren als recht angenehm empfunden. Das Fahren in Goa aber war die Hölle. Sämtliche mir bekannte Regeln waren außer Kraft gesetzt. Von allen Seiten wurde überholt, gedrängelt und natürlich andauernd gehupt. Unsere Besichtigungstouren führten uns nach Palolem sowie zu den letzten Rückzugsgebieten der Flower-Power-Anhänger: Anjuna und Arambol. Auch Old Goa besuchten wir. In der dortigen Kathedrale, die zum Weltkulturerbe zählt, liegen einige Gebeine des heiligen Franz von Assisi.

Durch meine Indienreise vor zwanzig Jahren habe ich Bekannte in Goa. Mario hatte sich bereits in jungen Jahren in London pensionieren lassen. Mit dem wenigen Geld, das ihm nach einem kurzen Arbeitsleben zustand, wurde er auf der Flussinsel Divar, seinem Heimatort, ein kleiner König. In vielen Projekten zeigte sich sein soziales Engagement. Auf seinem großzügigen Anwesen, auf dem er mit seiner aus einer hinduistischen Priesterfamilie stammenden Frau und den beiden Kindern lebt, vereinten sich auf künstlerische Weise die Symbole des Hinduismus mit denen des Christentums. Marios Mutter bereitete ein wunderbares Essen, das auch Jan und Felix schmeckte. Sie lebte ebenfalls lange Zeit in London und wusste, was europäische Kinder mögen.

Americo und seine Familie besuchten wir in einer großen, komfortablen Wohnung nach westlichem Standard in der Nähe von Panjim. Als Architekt für indische Verhältnisse ein sehr wohlhabender Mann, hat auch er uns schon einmal in Berlin besucht. Nach einem pompösen Buffet schauten die Kinder einen Videofilm und wir unterhielten uns über die vielen Gefahren, die in Americos Augen in Indien auf uns lauerten. Eindringlich empfahl er nur eine ganz bestimmte Wassermarke. Auch das Malariarisiko schätzte er höher ein als es andere Inder taten. In Susanne fand er eine aufmerksame Zuhörerin. Abschließend ging er mit ihr in eine Apotheke, um uns mit dem Mückenschutz seiner Wahl zu versorgen. Dazu gehörte auch eine Flüssigkeit, die langsam über eine Steckdose versprüht wird. Ich hoffte, dass dies ohne gesundheitliche Spätfolgen bliebe.

Unser nächstes Ziel war das Palmenparadies Palolem im Süden von Goa. Noch einige Jahre zuvor hatte dieser kleine Ort keinerlei Erwähnung in den internationalen Reiseführern gefunden. Mittlerweile war er Szenetreff der World-Traveller geworden. Auch wir genossen elf Tage das dortige Strandleben. Die Wellen waren überraschend hoch und eigneten sich bestens für das so genannte Bodysurfen. Manchmal liehen wir uns auch Boogyboards. Einige Touristen halfen den Fischern, die Netze an Land zu ziehen. Jan und Felix schauten mit mir zu, wie der Fang anschließend sortiert wurde. Manchmal konnten wir in der Bucht Delfine beobachten. Und der Sonnenuntergang war eine Pracht. Wir lebten in zwei Bambushütten, auf Stelzen gebaut, direkt am Strand. Aber auch ein Palmenparadies hat seine weniger schönen Seiten. Schon in der zweiten Reihe hinterm Strand begannen die Müllberge. Manchmal entdeckte ich Pusteln auf meiner Haut und fragte mich, was mich diesmal gestochen hatte. Unsere romantische Hütte hatte natürlich kein eigenes Bad. Die Gemeinschaftsduschen waren kalt und die Klosetts – na ja.

Die Temperaturen lagen über 30° Celsius, das Wasser war nicht viel kälter. Die sehr hohe Luftfeuchtigkeit machte mich träge. Ein Gang zum Barbier inklusive einer wundervollen Kopfmassage oder ein kleiner Strandspaziergang oder ein Bummel durch die Souvenirläden, verbunden mit dem Feilschen um den Preis – mehr konnte ich in Goa an einem heißen Tag kaum schaffen. Viele andere Traveller verloren völlig den Bezug zu Raum und Zeit, die Frage nach Datum und Wochentag war nicht unüblich. Meine Fitness ließ inzwischen zu wünschen übrig. Susanne meinte sogar, ich sei dicker geworden. Damit war ich wohl der erste Europäer, der in Indien zunahm.

Einen Tag lang wurde ich aber doch richtig aktiv. Ein Paket mit Weihnachtsgeschenken für die Familie sowie eigenen Andenken musste nach Deutschland – eine wahre Odyssee: Erst mit dem Taxi in den nächsten größeren Ort fahren. Dort eine Schneiderin finden, die das Paket, wie vom Postamt verlangt, am gleichen Tag einnäht. Dann bei einem Tuchhändler einen festen Stoff kaufen. Diesen zur Schneiderin bringen und warten. Kurz vor Schließung des Postamtes noch eine Menge unsinniger Formulare ausfüllen. Und nach einer weiteren Wartezeit war es endlich geschafft. Ohne die logistische Hilfe des Taxifahrers hätte ich weit mehr als einen Tag gebraucht.

Palolem wirkte wahrlich paradiesisch: eine geschwungene, von Kokospalmen gesäumte Bucht, feiner, weicher, fast weißer Sandstrand, angenehm temperiertes Meerwasser, viele Fischadler, die hoch über der Bucht kreisen, herrliche Sonnenuntergänge und im Hinterland die üblichen Reisfelder und Wasserbüffel. Auch unsere Bambushütten auf Stelzen passten ins Bild. Tatsächlich waren sie ziemlich primitiv. Auf einem Podest lagen zwei muffige Matratzen und auf einem kleinen Balkon standen zwei Stühle und eine Art Tischchen. Schreiben konnte man darauf nicht. Den Schulunterricht verlegten wir ins Restaurant auf die frühen Morgenstunden, denn gegen 10 Uhr wurde es selbst im Schatten zum Lernen zu heiß. Die Zeit reichte aber in der Tat aus. Durch die Eins-zu-Eins-Situation war der Unterricht sehr intensiv und beide Kinder konnten ihr jeweiliges Pensum gut bewältigen.

Unsere Unterkünfte in Indien kosteten wenig. Selten schliefen wir daher mit den Kindern im selben Raum. Ein separates Hüttchen und romantische Sonnenuntergänge machten aber auch noch keinen Honeymoon. Alexander behauptete, ich käme mit der Armut in Indien nicht zurecht und hätte einen Kulturschock – für meine Begriffe eine etwas unzureichende Erklärung für unsere Probleme als Paar. Anders als Alexander gelang es mir weniger, den traumhaften Strand trotz des rückseitigen Mülls zu genießen. Auch dass ich mir um die angemessene Kleidung wiederholt Gedanken machte, fand er viel zu kompliziert. Und dass mich süßes Nichtstun auf die Dauer leer fühlen ließ, konnte er ohnehin schwer nachvollziehen. Noch mehr als sonst nervten mich all die Kleidungsstücke, die in unserer engen Behausung herumflogen, und auch alle anderen Nachlässigkeiten. Ich nörgelte und das kam bei Alexander natürlich gar nicht gut an. Zuhause hätte mir sicher eine Freundin gut getan – aber in einer stickigen, heißen Telefonkabine waren solcherart Gespräche nicht sehr verlockend. Und im Übrigen wollte ich nicht extra zuhause anrufen, um mich über meinen Ehemann zu beklagen. Nein, ich musste in diesem Jahr allein mit uns fertig werden. So versank ich im heißen, drückenden Klima träge und antriebsarm in meiner düsteren Gedankenwelt und fand die Weltreise in dieser Phase nicht gerade erfüllend. Jan und Felix gefiel diese Stimmung natürlich gar nicht. Sie wünschten sich beide, dass sich ihre Eltern nicht mehr stritten. Recht hatten sie. Sollten wir uns also eine Zeitlang trennen? Uns in Kolkata wieder treffen kurz vor dem Weiterflug nach Myanmar? Solche Überlegungen blieben nur halbherzig. Die Reise an und für sich war ja toll. Bloß wie konnten wir als Paar wieder beschwingter werden? Verfluchte Zweifel – wie beneidete ich doch zeitweilig die fast eine Milliarde Inder, die in der Regel gar nicht erst aus Liebe heiraten, sondern ihre Zukunft den Eltern überlassen müssen und von der ganzen Einrichtung Ehe nicht viel erwarten können, schon gar nicht als Frau.

So waren wir alle froh, als nach mehr als dreimonatiger Reise erstmals eine deutsche Familie in unseren familiären Mikrokosmos trat. Als Mitarbeiter der Lufthansa konnte Uwe mit seiner Frau und den drei Söhnen die Herbstferien preisgünstig in Indien verbringen. Jan und Felix machte das Baden mit den anderen Kindern doppelt so viel Spaß. Wir alle hatten mal wieder Gespräche in unserer eigenen Sprache mit Menschen, die ähnlich gepolt waren. Gemein-

sam unternahmen wir einige Ausflüge, abends gingen wir zusammen essen und Felix hatte nun sogar Gäste an seinem sechsten Geburtstag. Unsere Wirtin zauberte, wie vereinbart, eine Schokoladentorte herbei – in Indien eine echte Rarität. Und sie schmeckte sogar. Schnell aßen wir alle sie auf, ehe die Sonne sie verflüssigen konnte. Per Handy erreichten Felix einige Anrufe an seinem Ehrentag. Und auch in der Mailbox waren Glückwünsche für ihn. Später diktierte er eine Dankesmail: „Zum Geburtstag habe ich von Papa und Mama eine geschnitzte Lok, drei Lego-Autos und einen Wasserball gekriegt und von Oma eine Steinschildkröte, von Jan eine Motorrikscha und zwei geschnitzte Holzelefanten, von Papa Haribos aus Deutschland und von einer sehr netten Familie, die wir dort kennen gelernt haben, noch eine Tüte Haribos und ein Handtuch mit einem springenden Wal drauf. Mehr habe ich nicht bekommen, sonst wären unsere Rucksäcke und Reisetaschen zu voll. Am Abend gab es für mich ein Feuerwerk mit vielen Raketen."

Felix freute sich über seine Geschenke, obwohl es weit weniger waren als zuhause üblich. Das Feuerwerk am Abend war in Indien nichts Ungewöhnliches. Raketen und Knallkörper sind rund um das Jahr erhältlich, denn zu Ehren der vielen Gottheiten zelebrieren die Hindus häufig Prozessionen und Feuerwerke. Am gleichen Tag wie Felix hatte auch die Tochter von Ravi, dem Ober in unserer Unterkunft, Geburtstag. Er konnte sich zwei Tage frei nehmen und zu ihr reisen. Mit Tränen in den Augen erzählte er mir nach seiner Rückkehr, welch glücklicher Mensch er nun sei. Einmal mehr wurde mir bewusst, dass mir der Luxus, ein ganzes Jahr den ganzen Tag mit meinen Kindern verbringen zu können, weit mehr bedeutete als alle Sehenswürdigkeiten dieser Welt. Einmal mehr blieb mir aber auch die Gelassenheit unbegreiflich, mit der ich die Inder schwierige Lebensumstände, Arbeitslosigkeit oder einen sehr geringen Verdienst hinnehmen sah. Keiner klagte, niemand wehrte sich gegen Ungerechtigkeiten. Der Hinduismus ist wohl die Religion, von der ich am weitesten entfernt bin. Die Idee des Kastenwesens ist doch einfach nur schrecklich. Wenn etwas schlecht verläuft, dann liegt es einzig am Karma, also den schlechten Taten eines vorherigen Lebens.

In Palolem begegnete ich nachts auf dem Weg zur Toilette regelmäßig einer lila blinkenden Mutter Maria, nur unterbrochen durch den regelmäßigen Stromausfall. Als ehemalige portugiesische Kolonie wurde Goa vom Christentum geprägt. Dies zeigte sich allerdings auf eine ziemlich hinduistische Art und Weise, wie ich fand: sehr bunt, sehr schrill, sehr offensiv. Wie die Hindus brachten auch die Christen an vielen öffentlichen Orten Opfer dar, in den Taxen hingen statt der hinduistischen Gottheiten zahllose Kreuze und Marienbildchen und ständig bekreuzigten sich die Fahrer, weil wir schon wieder eine heilige Stätte passierten.

Ich war erstaunt, wie offen und direkt die Inder mit dem Thema Geld umgingen. Fragen zur Arbeit und zur Familie gehörten ebenso zu jedem Gespräch wie zum Einkommen und zum Lebensstandard. Unangenehm war mir dagegen das ständige Feilschen. Selbst im Restaurant oder in der Apotheke war es mitunter nötig. Das erforderte echt Geduld. Alexander etablierte sich als Profi. Ich suchte die Waren aus und er ging zur Verhandlung. Trotzdem fragten wir uns des Öfteren, wenn wir einen Laden verließen, ob der Handel nun angemessen verlaufen war oder nicht. Manchmal fragten uns auch andere Inder, wie viel wir für eine Ware bezahlt hatten. Gleich anfangs in Goa kauften sich die Kinder je eine Kette für 100 Rupien, knapp 2 Euro. Wirtschaftsstudenten, die den Handel beobachtet hatten, meinten entsetzt, dafür zahle man höchstens 15 Rupien. Aber die Kinder fanden dennoch, ihre hübschen Ketten seien das Geld wert. Im Laufe der Zeit bekamen auch sie ein Verhältnis zu den neuen Preisen und stellten fest, dass ihr gleich gebliebenes Taschengeld in Indien plötzlich viel mehr Kaufkraft besaß. Ständig konnten sie nun Shoppingtouren unternehmen.

Einen Tag verbrachte ich mit Jan und Felix und einem der anderen deutschen Jungen in einem Wildlife Sanctuary. Die Kinder fanden es abenteuerlich, über eine bestimmt 12 Meter lange Leiter die Wipfel eines Baumes zu erklimmen. Tiere entdeckten wir jedoch keine, abgesehen von einigen Pavianaffen. Sogar den Kindern fiel unterdessen aber eines auf: Das Gebiet war sauber. Gleich eingangs stand das Schild „Plastic Free Zone". In Indien sahen wir normalerweise allüberall den Müll der Zivilisation. Hatten wir irgendwelchen Abfall, so wussten wir nie, wohin damit. Mülleimer waren eine Seltenheit. Das Fressbare suchten die stattlichen schwarzen Hausschweine und die allgegenwärtigen Krähen heraus – nur eine einzige Ratte lief uns in Indien über den Weg, also weniger als zuhause an der Spree. Aber all die Berge dessen, was keiner mehr essen oder fressen kann? Unmittelbar vor der eigenen Hütte, dem eigenen Lädchen kehrten die Menschen zwanghaft genau. Aber schon einen halben Meter davor, dahinter, daneben lagerten sich Schnipsel, Plastikflaschen und Verpackungsreste ab – in Wasserrinnen, am Wegesrand oder auch flächendeckend. Anscheinend störte sich keiner daran.

War ich mal ganz solo unterwegs, fühlte ich mich von einigen Menschen deutlich weniger respektiert. Erst wenn klar wurde, dass ich erstens einen Mann und zweitens zwei Söhne habe, änderte sich die Situation. Meist ließ ich mich schon daher weit lieber wenigstens gemeinsam mit Jan und Felix irgendwo blicken als alleine. Söhne sind bei den Hindus besonders begehrt, denn sie sorgen für die Eltern im Alter und regeln die rituellen Abläufe nach deren Tod. Töchter dagegen müssen die Eltern trotz strenger Verbote noch immer mit einer kostspieligen Mitgift ausstatten – kein Wunder, dass Mädchen als Nachwuchs weniger erwünscht sind.

Während der letzten Tage in Palolem wurde die Stimmung zwischen Susanne und mir wieder deutlich besser. Wahrscheinlich holten uns unsere deutschen Freunde aus unserem Tief heraus, indem sie uns wieder auf andere Gedanken brachten und unsere Sicht auf uns selbst relativierten. Schmunzelnd berichteten sie von ihrer ersten gemeinsamen Indienreise und erläuterten, wie unterschiedlich ihrer beider Auffassung von dem Land gewesen war. Sie beneideten uns um die Chance, gemeinsam mit unseren Kindern so viel von der Welt zu sehen und auch uns wurde auf diese Weise das Kostbare unserer schon selbstverständlich gewordenen Situation erneut bewusst. Wir sind kein Paar, das nicht miteinander spricht, aber neue Erkenntnisse gab es in dieser Phase trotzdem nicht. Wir rappelten uns einfach wieder zusammen, fassten erneut gute Vorsätze und wollten die Reise auf jeden Fall gemeinsam fortsetzen. Nachdem wir unsere deutschen Freunde verabschiedet hatten, kehrten auch wir Palolem den Rücken zu und fuhren mit dem Nachtzug 800 Kilometer südlich bis nach Allapuzzha, dem ehemaligen Allepey.

Kerala – Hausboot, Regen, Berge

Im Bundesstaat Kerala herrscht im Oktober/November ein zweiter Monsun. Tagsüber ist es sonnig, aber nicht ganz so heiß wie in Goa und am Nachmittag kommt es meist zu heftigen Regenfällen. In Allapuzzha mieteten wir – für uns allein – zwei Tage eine ehemalige Reisbarke, die zu einem Hausboot umgebaut worden war. Das Boot hatte vier Mann Besatzung, zwei Schlafzimmer, zwei Bäder, eine Aussichtsterrasse und einen zu den Seiten hin offenen Speiseraum – Luxus pur. Gemütlich in bequemen Korbsesseln sitzend, beobachteten wir das Leben in den Backwaters, einem weit verzweigten Labyrinth von Kanälen, Flüssen, Seen und Lagunen, gesäumt von Kokospalmen, Reisfeldern und kleinen Ortschaften. Schon von weitem hörten wir die klatschenden Geräusche der am Wasser Wäsche waschenden Frauen und auch ihr Klappern beim Säubern des Kochgeschirrs. Männer angelten und andere wuschen ihre Körper. Unser Koch versorgte uns mit leckeren Speisen und Getränken. Ab und zu verließen wir das kleine Schiff. Wir besichtigten zwei Kirchen, einen Markt und einen Hindutempel. Eine Backwaterfahrt gehört zu den Höhepunkten einer Indienreise. Es waren also auch noch andere Boote unterwegs. Die Bevölkerung machte aber nicht den Eindruck, dass dies sie störte – überall freundliche, winkende Menschen.

Von vier Personen auf einem schicken Hausboot rundherum versorgt werden – auch das gehörte zu jenen Dingen, die wir uns an den meisten Plätzen der Welt nicht leisten würden. Auf dem Boot fanden wir einen der seltenen Abfalleimer. Dankbar warfen wir unsere Sonnenmilchverpackung und zwei Getränkeflaschen dort hinein. Felix und Jan machten dann die irritierende Entdeckung, dass genau diese Dinge an einer Anlegestelle im Gras lagen. Der Eimer war wieder leer. Aber nicht allein dem Müll, auch den Giften aus Landwirtschaft und Industrie sind die langsam fließenden, brackigen Wasserstraßen ausgesetzt. Obwohl im Grunde eine riesige Abfallwanne, boten die Backwaters dennoch malerische Anblicke. Für Jan und Felix waren die landschaftlichen Eindrücke wie immer weit weniger reizvoll als für uns Erwachsene. Sie versuchten sich im Fischen und durften auch mal das Steuerruder halten. Die kleinen Stopps boten für sie nicht allzu viel Bewegung und so war es gut, dass wir nach zwei Tagen die paar Quadratmeter Reisbarke wieder verließen.

Wir erfreuten uns weiterhin bester Gesundheit – und das in Indien! Kein heftiger Magen-Darm-Infekt, nichts! Bis auf ein wenig Fußpilzcreme und ein paar kleine Pflaster hatte ich der Reiseapotheke noch nichts entnehmen müssen. Wir verzichteten konsequent auf Eis, tranken ausschließlich industriell gereinigtes Wasser, Tee und Softdrinks. Auch der Wasserschluck zum Zähneputzen kam aus der Flasche. Jan und Felix hielten sich ohne Murren an sämtliche Verbote, dabei wäre ein kalter Eiswürfel bei schweißtreibender Hitze etwas sehr Feines gewesen. Ich war natürlich heilfroh, dass keiner von uns mit Bauchkrämpfen daniederlag, wunderte mich aber schon darüber, zumal Felix trotz ständiger Ermahnung leider häufig an seinen Nägeln knabberte und sicher mit diversen Bakterien in Berührung kam. Wie oft fassten beide Kinder zum Beispiel streunende Hunde an, ohne sich umgehend die Hände zu waschen. Vielleicht sollten wir unserer Putzfrau für ihre Art der Abhärtung danken. Erst viele Monate nach der Reise fanden wir nämlich zufällig heraus, dass sie regelmäßig die Klobürste im Geschirrspüler gewaschen hatte. Vielleicht war unsere Gesundheit aber einfach nur der indischen Küche gezollt, die sich mittlerweile auch auf den westlichen Körper eingestellt hatte. Wollte man scharf essen, musste man dies extra ansagen. Und anders als bei Alexanders letztem Besuch fand sich auf der Speisekarte zum Glück meist irgendetwas, das „continental" war. Die Kinder bestellten an manchen Orten Schnitzel, Kartoffelbrei, Pommes, Nudeln, Grillhähnchen, Bratkartoffeln, Eierkuchen, Cornflakes, Toastbrote oder Bananenmilchshakes und ansonsten fanden sie Geschmack an den frisch zubereiteten Brotspeisen wie Nan, Chapati und Pakora. Gerne tranken sie auch den mit Milch gemixten honigsüßen Tee. Außerdem genossen beide die Art und Weise des Essens: mit den Fingern, ohne dass sie jemand an Besteck erinnern konnte. Allerdings schafften sie es nur selten, sich – wie die Inder – auf die rechte Hand zu beschränken. Das Rülp-

sen und Schmatzen beherrschten sie dagegen fehlerfrei. Wiederholt bestätigte sich, dass dies in Indien zum guten Ton gehört. Manchmal hatte ich Mühe, mich vor dieser Geräuschkulisse auf mein Essen zu konzentrieren. Auf Dauer vermisste ich die eigene Kochecke und einen Kühlschrank. Unterkünfte mit solcher Ausstattung fanden wir aber nicht. Es gehörte daher zu unserem Alltag, alle Mahlzeiten in einem Restaurant einzunehmen. So schön das zunächst war, nach einigen Wochen fand ich es lästig, drei- bis viermal am Tag als Familie irgendwo einzukehren und beim Essen niemals unter uns zu sein.

Zurück in Allaphuza, stiegen wir in ein altes Ambassador-Taxi und fuhren 120 Kilometer weiter nach Varkala. Unterwegs besuchten wir den Hauptashram des weiblichen Gurus Mata Amritanandamayi – Mutter der unsterblichen Glückseligkeit. Als Kind einer Fischerfamilie wurde sie auf dem jetzigen Ashramgelände geboren. Schon in jungen Jahren erwarb sie den Ruf großer Liebe und besonderen Mitgefühls. Da sich ihre spirituelle Kraft bei der Umarmung der Menschen übertragen soll, ist sie weltweit als "Hugging Mama" bekannt geworden und hat so zahlreiche karitative Projekte ins Leben rufen können. Wir waren überrascht von der Größe des Ashrams: Viele Hochhäuser standen auf dem Gelände und hunderte ihrer Anhänger aus der ganzen Welt beteiligten sich weißgekleidet an den anfallenden Arbeiten. Leibhaftig bekamen wir „Amma" nicht zu Gesicht, denn sie weilte gerade in München im Rahmen einer Europareise. Felix und Jan wurde auf diese Weise eine Entscheidung abgenommen, denn sie hatten schon hin- und her überlegt, ob sie sich denn auch umarmen lassen sollten.

In Kerala war auf demokratischem Wege wiederholt die Kommunistische Partei an die Regierung gekommen. So sahen wir die aus DDR-Zeiten bekannten roten Fahnen mit Hammer und Sichel genauso häufig wie Hindutempel. Im indischen Vergleich schneidet die Politik Keralas relativ gut ab. So weist der Bundesstaat mit fast 91 Prozent die höchste Alphabetisierungsrate Indiens auf. Aber auch in Kerala gehören Betrug und „Bakschisch", so wurde uns vielfach erzählt, zum üblichen Geschäft.

Auch Varkala war erst seit einigen Jahren in das Blickfeld des Tourismus´ geraten. Traditionell betten an diesem Pilgerort die Hindus am Strand die Asche ihrer Verstorbenen zur letzten Ruhe, indem sie sie ins Meer streuen. Leider hatte der heftige Regen über die Flüsse auch viel Müll aus dem Landesinneren in den Ozean gespült. Unsere Badefreuden waren daher sehr eingeschränkt und wir hielten uns eher oberhalb der Bucht, wo sich auf den steilen Klippen Restaurants, Souvenirläden und Unterkünfte aneinanderreihten. Glücklicherweise war noch nicht Hochsaison. Schon bald nach unserer Abfahrt wurde es dort wieder proppevoll. Andererseits bemühten sich die vielen

Händler und andere Dienstleistende entsprechend offensiv um die wenigen potentiellen Kunden.

Die Stimmung war zwar noch etwas verhalten, aber wieder deutlich besser. Auf jeden Fall schauten wir wieder viel lieber auf die lange gemeinsame Zeit, die noch vor uns lag. Am 1. November, Alexanders Geburtstag, war nur das Wetter fast wie zuhause: Es goss wie aus Kannen. Seine 44 Kerzen pustete er ohne mit der Wimper zu zucken aus. Viele Geschenke gab es nicht, aber ein bisschen persönliche Ruhe. Alexander beantwortete seine Geburtstagsmails, ich unternahm mit den Kindern einen Elefantenritt. In Indien sind die Dickhäuter in erster Linie Arbeitstiere, obwohl sie religiös verehrt werden. In der Wildnis gibt es dagegen nur noch sehr wenige Exemplare – Artenschutz und Asien, das gehört selten zusammen. Der asiatische Elefant soll kleiner sein als der afrikanische Bruder, mir persönlich kam er von oben dennoch sehr groß vor. Einen Sitz gab es nicht, nur den bloßen Rücken des stattlichen Tieres. Felix saß auf seinem Nacken, Jan hinter Felix, ich hinter Jan. Als einzige Sicherung diente ein Seil, das dem Elefanten um den Kopf gelegt wurde und rechts und links an den Kindern entlang führte. Ich sollte es ordentlich festhalten. Die Jungen hatten großen Spaß an dem Geschaukel, ich weniger. Deshalb regte ich mich auch nicht auf, als die über den Taxifahrer gebuchte Stunde nur dreißig Minuten dauerte. Nach dem Ritt gab es für den Elefanten Bananen, die er Jan und Felix mit dem Rüssel aus der Hand fraß.

Schon lange liebäugelte ich mit einer Massage. In Varkala gab es diesbezüglich ein großes Angebot. Von einer fröhlichen Frau, die mir ihr überzeugendes Referenzbüchlein zeigte, ließ ich mich schließlich auf die harte Pritsche ihres kleinen Geschäfts locken. War das, was sie tat, echt ayurvedisch? Waren dies die viel gepriesenen Öle? Anschließend ließ ich mich auch noch auf eine Hand-, Fuß- und Gesichtsbehandlung ein. Das Laugenwasser erhitzte die Frau mit Propangas. Ein Stromanschluss sei unbezahlbar, erklärte sie. Am Ende zupfte sie mir perfekt die Augenbrauen. Es blieb mir schleierhaft, wie sie das schaffte. Eine Pinzette hatte sie nicht, sondern nur einen Bindfaden, den sie zwischen ihre Hände und Zähne spannte.

Felix und Jan begannen in Indien plötzlich viel mehr Englisch zu sprechen. Ihr Essen bestellten sie meist selbst und kleine Konversation betrieben sie auch. Ständig wurden die beiden angesprochen. Das Vokabular der Gesprächspartner reichte in der Regel ebenso wie das der Kinder gerade für einige Fragen nach dem Namen, dem Alter und wie ihnen Indien gefalle. Insbesondere Felix war in Indien auf Grund seiner blonden Haare ein kleiner Star. Wenn wir die heiligen Kühe am Strand fotografierten, dann lichteten gleichzeitig einige Inder, sofern sie über eine Kamera verfügten, unseren Felix ab. Vor allem wenn er und Jan im tiefen Wasser tobten, fand sich schnell eine Schar Einheimischer, die dies fasziniert und besorgt beobachtete. Einige Inder sprachen die beiden auch direkt an und baten sie, für ein Foto mit den eigenen Sprösslingen zu posieren. Eigentlich schätzten weder Jan noch Felix diese Form der Aufmerksamkeit und wollten lieber in Ruhe gelassen werden. Wenn sie dann doch Händchen mit den Indern hielten und leicht verkrampft in die Kamera lächelten, so taten sie es im Grunde ausschließlich Susanne und mir zuliebe. Wer weiß, wie viele Schrankkonsolen ihr Antlitz nur ziert.

Trotz gelegentlicher Zugeständnisse äußerten sich Jan und Felix noch immer positiv zum Reisen. Heimweh hatten sie erklärtermaßen nicht. Es sei ja klar, so erläuterten sie, dass wir wieder nach Hause zurückkehren würden. Ihre Freunde vermissten sie aber schon. Diese hätten sie am liebsten ebenso bei uns gehabt wie die Berliner Wohnung, denn „keine Unterkunft war bisher so gut wie die".

Wir verließen endgültig das Arabische Meer, wieder mit einem Taxi, das uns in neun Stunden 200 Kilometer landeinwärts in das Bergland der Westghats nach Kumily brachte – dorthin, wo der Pfeffer wächst. Auf Empfehlung des Taxifahrers mieteten wir im Green View eine leicht gammelige, aber geräumige Drei-Zimmer-Wohnung. Die so genannte Küche war leider, wie üblich, nur mit einem Kaltwasserhahn und ansonsten nichts ausgestattet. Der Pensionswirt beeindruckte uns. Er war entweder ein Menschenfreund oder ein guter Geschäftsmann oder beides, denn bei ihm erhielten die Taxifahrer seiner Gäste, anders als üblich, ein kostenloses Quartier. Uns versorgte der Wirt mit vielen brauchbaren Tipps und einmal transportierte er uns mit seinem eigenen Tuk-Tuk. Wie aus fast allen Indern wurde auch aus diesem friedfertigen Mann am Steuer eine kleine Bestie. Er drängelte und hupte, wo er nur konnte. Beim Frühstück war er dagegen wieder lammfromm und zeigte Jan und Felix, wie man die leckeren Chapatis zubereitet. Er habe sieben Schwestern, erzählte er. Um die Töchter ordentlich verheiraten zu können, hatte der Vater nach und nach sein ganzes Land verkauft. Es sei ein großes Unheil, beklagte der Wirt, dass nach wie vor ein Großteil der indischen Bevölkerung das Mitgiftsystem praktiziere. Er selbst hatte nur ein Kind, einen Sohn. Von seiner eigenen Schwiegertochter, so beteuerte er, werde er in materieller Hinsicht nichts verlangen.

In den Bergen mussten wir sogar mal wieder lange Hosen anziehen. Auch die Regenschirme brauchten wir oft. Den Periyar-Tiger-Nationalpark lernten wir am intensivsten auf einer dreizehnstündigen Exklusivtour kennen. Schon vor Sonnenaufgang ging die Fahrt los. „Unser Fahrer in dem Jeep hatte gute Augen", schrieb Jan später. „Wir haben wieder viele neue Tiere gesehen:

Asiatische Elefanten, indische Urbisons, Rieseneichhörnchen, die dreimal so groß sind wie unsere, zwei Riesenspinnen, vier Pferdehirsche und Hanuman-Languren. Außerdem haben wir Stacheln von einem Stachelschwein gefunden." Trotz dieser schönen Erlebnisse hält die indische Tierwelt einem Vergleich mit Afrika nicht stand. Die Wahrscheinlichkeit, einen Tiger zu sehen, ist extrem gering und auch uns ist keiner begegnet. Aber auch sehr viele andere wilde Tiere hat man in Indien bereits ausgerottet und insgesamt war zu spüren, dass Tiere – abgesehen von den heiligen Kühen, die vielerorts herumliefen – nicht besonders geachtet werden. Eine wilde Tierart wurde auch uns etwas lästig. Als wir für eine Wandertour trotz der Hitze mit einer Art Kniestrümpfe aus Stoff ausgestattet wurden, wunderten wir uns zunächst. Aber als wir in ein sehr feuchtes Waldgebiet gerieten, verstanden wir die Erklärungen unseres Begleiters: Sobald wir stehen blieben, versuchten tausende Blutegel vom Boden her an uns hoch zu kriechen. Die kleinen Biester waren zwar nur etwa eineinhalb Zentimeter lang, aber mit einer Art Überschlagbewegung recht flink. Hatten sie erst einmal die Kniestrümpfe erreicht, wollten sie in die Schuhe und manche schafften es sogar bis zur Haut. Von dort ließen sie sich nur mit Mühe wegschnipsen. Außerdem mussten wir dazu stehen bleiben und im Nu kamen hunderte weiterer Blutegel hinzu.

In Kumily besuchten wir auch eine Kathakali-Aufführung – eine gespielte Geschichte, wie sie auf Tempelfesten dargeboten wird. Jan und Felix staunten über das einstündige Schminken und Ankleiden der beiden Akteure, dem die Zuschauer vor Beginn der Aufführung beiwohnen durften. Die religiöse Geschichte, die sie schließlich darstellten, drückten sie nur über Gestik und Mimik aus – nie zuvor war mir bewusst, über wie viele Gesichtsmuskeln ein Mensch verfügt.

Mit einem leider wenig gesprächigen Taxifahrer fuhren wir weitere 120 Kilometer durch die Berge nach Munnar. Unterwegs besichtigten wir einen Gewürzgarten und eine Teefabrik. Die sanften Hügel der Cardamomhills waren bedeckt von sattgrünen Teesträuchern, soweit das Auge reichte. Durch ihren häufigen Beschnitt wirkte die Landschaft wie ein englischer Garten. Die Plantagenarbeiterinnen, so erfuhren wir, leisteten täglich sechs Stunden Arbeit bei einem Tagesverdienst von 1,40 €. Das reichte selbst in Indien für eine Familie nur schwer zum Überleben. Im Vorjahr waren die Preise für Pfeffer und Tee auf den Auktionen um mehr als die Hälfte gesunken. Ein Kilogramm Pfeffer erzielte nur noch den Wert von 1,20 €. Verglichen mit den Endpreisen in einem deutschen Supermarkt ist das nicht viel. Produkte aus Entwicklungsländern erhalten auf den Weltmärkten einen ungerechten Preis. In der indischen Gesellschaftsstruktur würden die Arbeiterinnen auf den Plantagen aber auch von einem angemessenen Handelspreis nichts abbekommen. Am häufigsten stießen wir in Indien auf den Namen Tata. Diese superreiche Großfamilie ist nicht nur im Teehandel dominant. Ihr gehören auch viele Hotels, Elektronikunternehmen sowie Stahl- und Automobilwerke. Unserem Taxifahrer boten wir in Munnar an, im selben Hotel wie wir ein Zimmer zu beziehen. Er nahm das Geld und schlief trotzdem im Auto. An seiner Stelle hätte ich genauso gehandelt. Bei uns blieb dennoch ein schlechtes Gewissen, aber damit mussten wir in Indien aufgrund der riesigen Einkommensunterschiede häufiger leben. Wir versuchten, trotz unserer gefüllten Brieftaschen nicht arrogant zu wirken. Viele Einheimische, die uns ihre Dienste anboten, waren geradezu überrascht, dass wir auch zu ihnen freundlich waren. Ihre reichen Landsleute, so erfuhren wir, behandelten sie ungeheuer herablassend. Wenn auch offiziell geächtet, lebte das Kastensystem spürbar weiter. Auch in diesem Zusammenhang war ich richtig froh, dass wir unsere Kinder dabei hatten. Durch sie wurde manch peinliche Situation entschärft. Was macht das Reisen in exotischen Ländern so interessant? Natürlich das schöne Wetter, tolle Badestrände, fremde wilde Tiere, die beeindruckenden Landschaften. Aber natürlich sind es auch die Menschen, die so ganz anders leben als wir. Wie sie sich selbst und ihre Wäsche am Fluss waschen, das Fischen mit simplen Mitteln, die Handwerker mit ihrem einfachen Werkzeug am Straßenrand, die Gläubigen in den Tempeln, die Bauern mit dem Ochsenpflug, die Plantagenarbeiter, die Bauern auf den Reisfeldern – all diese Menschen machen das Reisen hochinteressant. Doch es beschlich mich auch ein Gefühl der Peinlichkeit, wenn wir reiche Westler da so interessiert hinschauten. Und nun spielten Jan und Felix eine große Rolle: Manch ein Wäscher, Fischer, Handwerker schaute zunächst befremdet zurück, entdeckte er aber Jan und Felix, dann folgte meist unwillkürlich ein Lächeln und auch zu Susanne und mir wurde eine kleine Brücke geschlagen. Anders als Erwachsene können Kinder viel leichter die Herzen öffnen, so dass die offenkundigen sozialen und kulturellen Unterschiede weniger ins Gewicht fallen.

Tempelstadt Madurai – Armenhaus Kolkata

Unser Taxifahrer fuhr uns weiter in den Bundesstaat Tamil Nadu bis zur Tempelstadt Madurai, einer bedeutenden Pilgerstätte für gläubige Hinduisten. Die mit vielen bunten Götterfiguren reich verzierten Tempel waren ebenso beeindruckend wie die Art und Weise, auf die die Inder ihren Glauben vor den Gottheiten bekundeten. Ein Gott wurde mit Butterkügelchen beworfen. Es war Susanne und mir zwar etwas peinlich, aber wir gaben dem Drängeln von Jan und Felix nach und auch sie durften eine Ladung Butter kaufen und ebenfalls munter draufloswerfen. Die Einheimischen fanden das offenbar vollkommen in Ordnung.

Während unserer Zeit in Madurai war auch eines der bedeutendsten hinduistischen Feste: Divali, das Lichterfest. Im Süden Indiens erinnert man sich der Befreiung von 16.000 Frauen aus der Gefangenschaft eines Dämonen durch den Gott Krishna. Für die Jainisten ist Divali der Beginn des neuen Jahres. Begleitet wurde das Fest von einem riesigen Feuerwerk. Drei Tage lang knallte es an jeder Ecke und zu jeder Tageszeit. Auf unserem Hotelbalkon konnten wir die Raketen relativ sicher beobachten. Felix und Jan waren begeistert. Sylvester war schon immer ihr Lieblingsfest. Auch wir kauften einige Knaller für ein eigenes Feuerwerk auf dem Dach des Hotels. Nach wenigen Minuten brach ich es jedoch erschreckt und halbtaub, aber unverletzt ab. Ohne Vorwarnzeit war ein dicker Kracher beinahe in meiner Hand explodiert.

Groß geworden mit dem Slogan „Brot statt Böller", hatte ich beileibe nicht erwartet, dass ausgerechnet im armen Indien solche Unmengen Knallkörper in die Luft geballert werden. Die Reste der Geschosse lagerten sich auf dem ganzen anderen Müll ab. In Mudurai fand ich es besonders dreckig. Die heiligen Kühe wühlten auf den Straßen in den Abfallhaufen. Der lehmige Boden war vom Regen aufgeweicht und der Schlamm mischte sich mit dem Müll. Erstmals machte ich hier auch die Begegnung mit Fahrradrikschas. Etliche gab es dort. Einmal brauchten wir schon deshalb ein Vehikel, weil wir uns in dem unbeschilderten Straßenwirrwarr nicht zurechtfanden. Was sollten wir tun, als sich uns wiederholt einer der Rikschafahrer anbot? Ihm die Chance auf eine Einnahme verwehren und stattdessen eine Motorrikscha nehmen? Es blieb bei dieser einzigen Fahrt zu viert – fürchterlich, erbärmlich. Und völlig normal in Indien. Ich bezahlte den fünffachen Preis in der Hoffnung, dass sich der erschöpfte Mann mal ausruhen würde.

In Madurai stiegen wir in den Zug und fuhren über Chennai, dem ehemaligen Madras, zwei Tage und zwei Nächte nach Kolkata, wie Kalkutta schon seit einiger Zeit hieß. Der Zug ist ein bequemes Transportmittel in Indien, zumindest in der ersten und zweiten Klasse. Bei langsamer Fahrgeschwindigkeit konnten wir gut die Arbeit auf den Reisfeldern und das Leben am Rande der Strecke beobachten. Außerdem wurden wir während der Fahrt und an den Bahnhöfen von den Händlern ausreichend versorgt. Susanne wäre morgens allerdings lieber der Geruch frisch gebrühten Kaffees als der einer warmen Speise an die Nase geweht. Der Platz im Zug war ausreichend und wir konnten auch ganz gut schlafen. Unsere Taschen hatten wir unterhalb der Liegen angekettet. In der zweiten Nacht wurde Susanne vom Fußende unsere Kulturtasche gestohlen, sicher in der Annahme, in dem schwarzen, ledernen Teil sei Geld. Der Dieb hat sich bestimmt über unsere gebrauchten Zahnbürsten gefreut. Als was er wohl wiedergeboren wird?

In Kolkata gönnten wir uns ein besonders Hotel, das über 200 Jahre alte "Fairlawn". Geleitet wurde das Kolonialhaus von der hoch betagten Mrs. Smith, die den Betrieb schon von den Eltern übernommen hatte. Lebhaft konnte man sich vorstellen, wie exzentrisch diese Frau in jüngeren Jahren gewesen sein musste. In ihrem Hotel schien die Zeit stehen geblieben zu sein. Das Aktuellste waren die vielen Zeitungsartikel über das Fairlawn aus allen Teilen der Welt. Einen Tag vor unserer Ankunft war auch ein Fernsehteam aus Hamburg zu Besuch. Die Hotelgäste, überwiegend Briten, waren freundlich, kontaktfreudig und etwas skurril. „Ich bin früher gerne gereist, jetzt kommt die Welt zu mir", erklärte mir Mrs. Smith und ich fühlte mich geehrt, als sie uns auf ihre Dachterrasse einlud und Geschichten aus einer anderen Zeit erzählte.

Das Fairlawn liegt mitten im Stadtzentrum von Kolkata. Tritt man aus dem Gartentor, steht man im Trubel der Großstadt. Per Taxi machten wir wieder eine kleine Sightseeingtour mit den typischen Stationen Howrath Bridge, Victoria Memorial und Kali-Tempel. In Letzterem nahm man uns sogleich an die Hand und vollführte verschiedene religiöse Handlungen. Wir verließen den Tempel um einiges Geld erleichtert, aber dafür mit roten Punkten auf der Stirn. Jan und Felix wischten sie sofort wieder ab. Auch in die Mission der verstorbenen Mutter Theresa warfen wir einen kurzen Blick und schließlich besuchten wir ein Viertel, in dem Handwerker aus Lehm und Stroh massenweise Götter produzierten, welche die Hindus beim Purifest zeremoniell im Ganges versenken. Gebrannt wurden die bunt bemalten, mehr als mannshohen Skulpturen, indem die Handwerker eine offene Flamme Stück für Stück an der Oberfläche entlang führten.

Unseren dreitägigen Aufenthalt in Kolkata fand ich nach allem, was wir schon erlebt hatten und was ich bereits über diese Stadt gehört hatte, im Grunde besser als erwartet. Alles ist eben relativ. Das Fairlawn-Hotel machte den Aufenthalt allerdings auch sehr angenehm. Mrs. Smith brachte ihr Leben in Kolkata mit wenigen Worten auf den Punkt. Es sei eine schreckliche Stadt, aber an keinem Ort in Europa könne sie so leben wie dort – so sicher und so feudal. Gleich vor der gediegenen Villa und ihrem gepflegten Garten lag das andere Kolkata: Ein Mann, der auf dem Boden sitzend Parfüm verkaufte – tropfenweise. Täglich dieselben bettelnden Kinder, einzelne Menschen und ganze Familien, die die Nacht auf der Straße verbrachten. Mit Jan und Felix hatte ich wieder einige Kleidungsstücke und Spielsachen aussortiert. Mit unserer Tüte gingen wir zu einem Straßenjungen, den wir vom Sehen schon kannten. Er wollte die Kinder und mich unbedingt zu seinem Vater führen. Einige Straßen weiter saß dieser tatsächlich unter einer Brücke. Der Mann war sehr freundlich und liebevoll zu seinem Sohn und erzählte uns seine traurige Lebensgeschichte. Arme Verhältnisse, die Frau an einer Krankheit ge-

storben, die Bleibe nicht mehr bezahlbar – ein Teufelskreis. Staatliche Hilfe konnte er in Indien nicht erwarten.

Mit Jan und Felix besuchte ich auch einen riesigen Basar. Ganze Bullen hingen dort. Die nicht verkauften lebenden Hühner wurden gegen Abend mit 60, 70 Artgenossen am Fahrrad hängend über die rumpligen Gassen zu ihrer Nachtstatt transportiert. Auch in Kolkata viel, viel Müll. Ein kleines Ferkel lag tot auf einem der Haufen, daneben spielten Kinder. Ein älteres Paar sortierte Abfall. Ein Mann klopfte Steine zu Kies. Barbiere verrichteten mit kleinem Handspiegel, Messer und Schere ihre Dienste am Straßenrand. Die Rikschas wurden in Kolkata noch immer ohne Fahrrad gezogen, obwohl ein Gesetz dies längst ändern sollte. Diesen Dienst lehnten wir stets ab. Aber erfreut haben wir damit keinen einzigen der vielen Rikschazieher, denen wir begegneten. Schließlich hing davon ihr tägliches Brot ab. So zogen ausgemergelte, ergraute Männer im Laufschritt Herren in blütenweißen Hemden durch die Straßen oder pummelige Frauen mit ihren Einkaufstäschchen oder Teenager im Vollbesitz körperlicher Kräfte. Diese Szenen in Kolkata versinnbildlichten auf krasseste Weise die aus herabgewürdigten Dienern und empor gehobenen Bedienten bestehende indische Gesellschaft. Aber in Indien selbst schien dies niemandem aufzustoßen. Die Maßstäbe waren ganz offenbar andere. Das Kastendenken lässt die Menschen in ihrer Gruppe verharren, mit allem Positiven oder Negativen, was damit verbunden ist, ohne das System in Frage zu stellen. Der Literaturnobelpreisträger Naipaul schrieb 1964, in Indien gebe es keine Zwischentöne. Alles sei extrem. Er entstammt selbst einer Brahmanenfamilie, also der höchsten Kaste, ist aber nicht in Indien aufgewachsen. Er meinte, auch Gandhi habe Indien nur deshalb kritisch sehen können, weil er zwanzig Jahre in Südafrika lebte. Ein Inder in Indien blende die Realität immer aus.

Irgendwie war ich aber doch froh, dass wir auf Alexanders Bestreben hin nach Indien gekommen waren. Der Aufenthalt war alles in allem eine sehr interessante und spannende Erfahrung für mich, vielleicht mehr eine politische Bildungsfahrt als eine Erholungsreise. Nach den ersten Tagen in Mumbai atmeten wir ja auch schon lange die bessere indische Luft und so hatten sich manche erste Eindrücke etwas relativiert. Es war schon gut, auf einer Weltreise wenigstens eine klitzekleine Idee davon zu bekommen, wie immerhin 17% der Weltbevölkerung leben. Die meisten von ihnen jedenfalls vollkommen anders als wir.

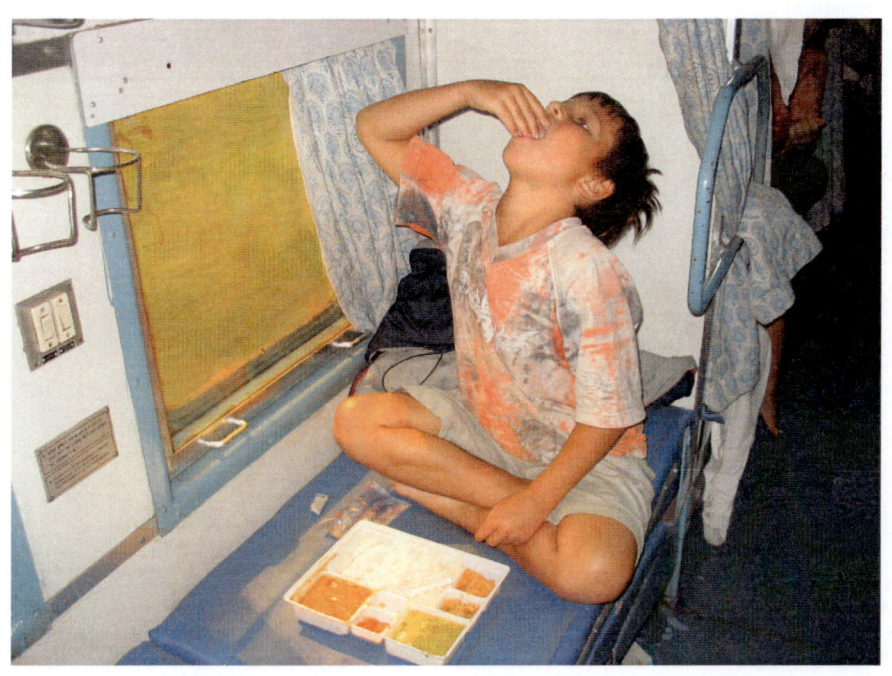

Essen in Indien

Unterkunft in Palolem, Goa

Am Strand von Arambol

Jan und Felix, auch von Fremden gerne fotografiert

Per Taxi durch Kerala

Teeplantagen in den Cardamomhills

In Madurai

In Kolkata stimmten wir uns natürlich auch schon ein auf Myanmar. Wir suchten die myanmarische Botschaft auf und bekamen am Folgetag unsere Visa – jedoch erst nach einem intensiven Gespräch mit dem führenden Diplomaten. Er erkundigte sich nach unseren Berufen und unserer Reiseroute und erinnerte uns eindringlich daran, in Myanmar nur mit jener Währung zahlen zu können, die speziell für Ausländer eingeführt worden sei. Wir erhielten sie nur gegen US-Dollar und diese sollten wir bar mitbringen. Es gebe keine Möglichkeit, US-Dollar im Lande selbst zu bekommen. Ziemlich verunsichert verließen wir die Botschaft. In den Reisemagazinen waren die Angaben widersprüchlich. Nur eines behauptete, es gebe keine Touristenwährung mehr und man könne auch Euro tauschen. Wem sollten wir nun glauben – dem Botschafter oder einer Zeitschrift? Wir hatten zwar noch Bargeld, aber ganz bestimmt nicht genügend US-Dollar für die dreiwöchige Reise. Schließlich rannte sich Alexander in Kolkata die Hacken ab, so dass wir kurz vor Abflug mit viel Verlust ein angemessenes Polster hatten.

Mit Momo durch Myanmar

Myanmar ist bekannter unter dem Namen Burma, den es von den britischen Kolonialherren erhielt oder Birma, wie man im Deutschen früher sagte. Die Militärregierung änderte den Namen wieder in das ursprüngliche vorkoloniale Myanmar. Weil die Opposition aber gegen das ist, was das Militär tut, blieb sie beim Namen Burma. Auch veränderte Städte- und Straßennamen lehnt ein großer Teil der Bevölkerung – bewusst oder aus Gewohnheit – ab. Für uns war die Verwirrung perfekt, wenn außerdem die Übersetzung der myanmarischen Schriftzeichen in unsere Buchstaben zu unterschiedlichen Ergebnissen führte.

Schon die Atmosphäre am Flughafen der Hauptstadt Yangon war überraschend. Lockeres, freundliches Personal, kein vor Waffen strotzendes Militär. Im Hinblick auf den Tourismus hatte in Myanmar anscheinend ein grundlegender Wandel eingesetzt. Entgegen der Aussage des Botschafters in Kolkata gab es keinen Zwangsumtausch mehr. Und es gab auch kein Geld, mit dem ausschließlich die Touristen bezahlten. Vor dem Flughafengebäude warteten die Taxifahrer. Wie aus Indien gewohnt, glaubte ich, die Taxifahrer würden sich gegenseitig unterbieten. Dies geschah aber nicht. Scheinbar gab es hier unter den Dienstanbietern eine gewisse Solidarität. Wir gerieten an den freundlichen MqmqKhin, der sich von den Touristen Momo nennen ließ. Auf der Fahrt zum Hotel zeigte er uns sein Referenzbüchlein, in dem Gäste aus aller Welt vom Reisen mit Momo schwärmten. Er schlug vor, auch uns durch sein Land zu chauffieren – neben dem Fliegen die übliche Art, als Individualtourist durch das Land zu reisen. Öffentliche Verkehrsmittel waren noch rar, selber fahren durfte man nicht. Wir hätten auch gar nicht gewusst, wo lang. Verkehrszeichen sahen wir kaum und wenn, dann in myanmarischer Schrift, die aussieht wie unsere bayrischen Laugenbrezeln. Wir waren erst zögerlich, ob wir uns gleich dem erstbesten Taxifahrer anvertrauen sollten, aber schließlich nahmen wir Momos Angebot an.

Einen ersten Dienst erwies uns Momo, indem er Susanne in ein großes Hotel fuhr. Über dessen Bankkonto in Singapur erhielt sie per Kreditkarte weitere US-Dollar zu einem wesentlich günstigeren Kurs als ich in Kolkata. Die Wechselaktion dort hätte ich mir sparen können. Der Botschafter von Myanmar hatte von den Zuständen in seinem eigenen Land überhaupt keine Ahnung. Selbst in den Reisemagazinen entsprachen die meisten Angaben nicht der Realität. Nur noch wenige Touristen tauschten ihre Devisen zu einem unglaublich schlechten Kurs bei der Staatsbank. Momo nannte uns auch ein Uhrengeschäft, in dem wir problemlos die dreifache Summe des offiziellen Kurses erhielten. Auch Euro konnten wir dort eintauschen. Im Vergleich zum US-Dollar war der Euro sogar stärker als in anderen Ländern. Etwas mulmig war mir bei der Transaktion schon zumute, denn sie fand mitten im belebten Geschäft statt. Am Ende wurde mir eine große Plastiktüte überreicht, die gefüllt war mit der einheimischen Währung, dem Kyat. Gemeinsam mit Momo wechselten wir zu einem späteren Zeitpunkt noch einmal Geld. Vor dem Flughafengebäude von Yangon wurden uns die Bündel durch das offene Autofenster gereicht. Und das in einer Militärdiktatur! Keine Sorge, beruhigte uns Momo, der illegale Geldtausch werde von der Regierung geduldet.

„Wow, wie sauber! Gar kein Dreck!", meinte Felix erstaunt. „Und keine Armut. Keine Bettler", ergänzte Jan, „Nicht soviel Gehupe auf den Straßen. Richtige Verkehrsregeln. Und schicke, bunte Häuser." Auch meine ersten Empfindungen in Myanmar standen noch voll und ganz unter dem Eindruck von Indien. Monsun gab es doch auch in Myanmar – warum hielten Farbe und Putz der Fassaden ihm dennoch stand? Ich sah Mülleimer allerorten, fand keine einzige Ameise im Hotel. Aber es musste einen Staubsauger geben, denn auf dem Teppich fehlten die vielen Flusen. Im Bad gab es Toilettenpapier und eine Dusche mit Vorhang! In Indien war der Brausekopf meist mittig des kleinen Dusch-WCs an die Decke montiert. Nach Benutzung war stets der ganze Raum überschwemmt. Nun bewegten wir uns in mit richtigen Möbeln eingerichteten Räumen. Schöne Möbel waren es, wenn nicht aus Bambus, dann aus Teak. Toll, einfach toll! Und durchdacht! In Indien hatten wir uns zwar in einer Demokratie bewegt, aber Myanmar wirkte trotz Militärdiktatur auf Anhieb besser organisiert und weitaus einladender.

Während der ersten beiden Tage in Yangon besuchten wir natürlich einen der bedeutendsten religiösen Orte des Landes: die mit Tonnen von Gold überzogene Schwedagon-Pagode. Zwei burmesische Händler sollen von Buddha einst acht Haare erhalten haben, die man nun irgendwo im Herzen der inzwischen riesigen Tempelanlage glaubt. Am Abend gingen wir auf Wunsch der Kinder Pizza essen – sie hatten in einem Reisemagazin ein Inserat des Restaurants entdeckt. Wir schluckten ordentlich, als wir, schon am Tisch sitzend, die gepfefferten Preise sahen. Die Reisekasse wurde nicht geschont, aber das juckte Jan und Felix wenig. Sie freuten sich riesig über ihre Pizza Margherita. Am Nebentisch beobachteten sie ein offenbar sehr wohlhabendes Pärchen. Um die kleine Tochter kümmerte sich ein junges Kindermädchen. Es stand stramm neben dem Hochstuhl, hob geduldig immer wieder alles auf, was das Kind zu Boden warf und reichte der gnädigen Frau die Zigaretten aus der Handtasche. Unsere Kinder fanden die Vorstellung schrecklich, so zu leben.

Durch die leichte Zeitverschiebung waren wir früh müde und lagen alle schon im Bett, als unter dem Hotelfenster lautstark das Karaokeprogramm anlief – bis in die Nacht hinein. Schade, einen Teil des Übernachtungspreises hatten wir vermutlich für diese schreckliche Unterhaltung berappt. Alle weiteren Unterkünfte waren karaokefrei, aber dennoch viel teurer als in Indien. In Myanmar teilten wir sie daher wieder zu viert. Einziger Trost: Sie waren weit komfortabler als jene in Indien.

Als uns Momo am dritten Tag abholte, war er erleichtert, dass wir unseren größten Koffer im Hotel deponierten. Er hatte schon Sorge, mit seinem Kombiwagen nicht über die Berge zu kommen. Gleich in den ersten Stunden unserer Reise sahen wir vom Auto aus viele Pagoden. Wir fragten Momo, warum er nicht anhalte. Wir würden noch genug Pagoden sehen, erklärte er daraufhin. In der Tat – wo bei uns eine Kirche steht, da stehen in Myanmar gleich mehrere Tempel und Pagoden. Vier Millionen religiöse Stätten soll es im Lande geben. Am bedeutsamsten sind natürlich jene, in dessen massivem Inneren sich ein Haar oder Zahn des lieben Buddhas befinden soll. Manchmal fragten wir uns dann schon, wie groß sein Gebiss gewesen sein mag. Einige religiöse Stätten werden von den Gläubigen fortlaufend mit kleinen Goldblättchen beklebt. Der Goldene Fels in Kyaiktiyo, zu dem auch wir fuhren, nimmt dabei einen besonderen Platz ein. Am Rande einer Felsklippe ruhend, kullert dieser große runde Brocken angeblich nur deshalb nicht ins Tal, weil ein Haar Buddhas ihn daran hindere.

Unsere Wanderung hoch auf den Berg zu dem wichtigen Heiligtum war etwas anstrengend. Nicht wegen der Steigung, sondern weil wir anfänglich belagert wurden von jungen Burschen, die uns in ihren Körben und Sänften dort hinauftragen wollten. Oben angekommen, genossen wir die herrliche Aussicht und die andächtige Stimmung. Goldblättchen an den Fels kleben – das durften nur männliche Wesen. Frauen bleiben im Theravada-Buddhismus die besonders heiligen Orte vorenthalten, da sie der Erleuchtung nämlich eine Stufe ferner stehen sollen als die Männer. Als ich Susanne stehen ließ und mit meinen Jungen zum Allerheiligsten ging, griff ein Wärter Felix zwischen die Beine. Wollte er überprüfen, ob der Blondschopf auch wirklich ein Junge war? Auch sonst wurden Jan und Felix häufig angefasst. Bei jährlich nur 120.000 Touristen waren wir die Exoten. Ausländische Kinder hatten die meisten wahrscheinlich noch nie zu Gesicht bekommen. Die beiden lösten große Neugier und Faszination aus. Ständig zeigten Finger auf sie. Häufig versuchten Frauen wie Männer, den beiden näher zu kommen und sie anzufassen. Jan und Felix waren von dieser Distanzlosigkeit überhaupt nicht begeistert. Auf die lachenden Gesichter reagierten sie muffig und abweisend, eine tätschelnde Hand hauten sie manchmal beiseite. Meistens konnten wir eine derartige Bedrängnis von vornherein vermeiden – anders jedoch während der einstündigen Rückfahrt vom Goldenen Fels auf der Ladepritsche eines Lasters. Dicht gedrängt saßen wir dort mit etwa 30 weiteren Personen. Felix und Jan mussten wiederholt die Begrapschungen verschiedener Frauen ertragen, die ihrer heiteren Stimmung lauthals Ausdruck verliehen. Die exotischen Kinder schienen kleine Glücksboten für sie zu sein. Susanne und ich platzierten Felix und Jan extra zwischen uns und sie vergruben ihre Köpfe auf unseren Schößen. Echte Abhilfe schaffte aber erst ein älterer Australier, der die Situation beobachtet hatte. Die Frauen, so begann er zu scherzen, sollten doch lieber ihn anfassen. Er habe das nämlich gern.

Die Nacht verbrachten wir im Golden Sunrise, dem kleinen Hotel einer sympathischen Belgierin. Sie erkundigte sich nach dem Essenswunsch von Jan und Felix und zauberte ihnen Kartoffelbrei und Hackbällchen aus Geflügelfleisch. Momo bekam ein Zimmer zum Spezialpreis. In Myanmar ist dies üblich. Die unwürdige Behandlung der Taxifahrer in Indien lag zum Glück hinter uns.

Eigentlich sei er Physiker, klärte uns Momo auf. Da er im Gegensatz zu den meisten Einheimischen sehr gut Englisch sprach, erzählte er uns während der langen Stunden im Auto eine Menge über die Zustände in seinem Land. Außerdem lernten wir durch ihn behagliche Unterkünfte kennen, die noch in keinem Reiseführer standen. Und vielleicht das Wichtigste: Als Vater von drei Söhnen hatte er ein gutes Gespür für Felix und Jan. Er führte kleine Gespräche mit den beiden und manchmal spielten sie sogar gemeinsam Fußball – mit dem landestypischen Ball aus Bambus. Sein bis zu den Knöcheln reichender Longi störte ihn dabei nicht.

Hosen sahen wir in Myanmar selten. Alle Menschen trugen den traditionellen Wickelrock – Männer klein kariert, Frauen knallbunt. Ganz in der üblichen Manier kaute Momo auch ununterbrochen auf einer Betelnuss-Mischung herum, so dass seine Zähne schon vollkommen schwarz-rot verfärbt waren. Wo er die Reste der durchkauten Masse ließ, blieb uns ein Rätsel. Üblicherweise landete der dunkelrote Brei auf der Straße. Selbst Jan und Felix fanden das total eklig. Frauen verfielen offenbar seltener dieser Manier, daher sahen sie, auch wenn sie lachten, noch immer bezaubernd und anmutig aus. Wir wunderten uns über jene hellgelbe Paste, die vor allem auf den weiblichen Gesichtern lag. Das aus Baumrinde gewonnene Tanaka, so erfuhren wir, diene der Verschönerung und als Sonnenschutz.

Verkehrsregeltechnisch erlebten wir in Myanmar ein großes Kuriosum. Schon seit einigen Jahren galt der Rechtsverkehr – auf Anordnung eines Generals, der diesen heißen Tipp, wie er eine Altlast der Kolonialzeit beseitigen könne, angeblich von einem Astrologen erhalten hatte. Erst war es ein angenehmes Gefühl – wie zuhause nach fast viereinhalb Monaten Linksverkehr. Jedoch hatten die meisten Autos wie in allen ehemaligen britischen Kolonien das Steuerrad noch immer rechts. Fuhr ein Pkw hinter einem Lkw und wollte ausscheren, um zu überholen, so musste er dies praktisch blind tun, es sei denn, er hatte einen Beifahrer. Allerdings war die Wahrscheinlichkeit nicht besonders hoch, denn es fuhr ohnehin niemand alleine ein Auto und es gab auch sowieso nur wenig motorisierten Verkehr. Die meisten Menschen hatten ein Fahrrad – ein teures aus Japan oder ein billiges aus China. Hauptsächliche Transportmittel waren Ochsen- und Büffelkarren sowie Pferdekutschen. Neben jeder schmalen Asphaltstraße befand sich rechts und links eine Sandspur für die Tiervehikel. Die wenigen Autos zeigten uns, wie viele Menschen man gleichzeitig transportieren kann. In Afrika waren die mit Menschen voll gestopften Wagen vergleichsweise leer. Nun sahen wir Pick-ups mit rund vierzig Passagieren durch die Gegend rumpeln, die sitzend, stehend und seitlich hängend eine riesige Traube bildeten.

Autos waren noch immer rar und kaum bezahlbar. Am ehesten gab es japanische Wagen. Der reichste Mann im Land sei dagegen im Besitz eines Mercedes', erzählte uns Momo. Der Mann, vermutlich Opiumhändler, habe einfach einen im Ausland gekauft und diesen ohne Absender und Empfänger über Singapur einschiffen lassen. Er wusste, dass solche Ware in Myanmar versteigert wird – keiner konnte ihn überbieten. Wie die Autos selbst, war auch der Treibstoff knapp. Fahrzeughalter erhielten monatlich 240 Liter subventioniertes Benzin für umgerechnet 5 Cent pro Liter, für den Staatshaushalt eine erhebliche Belastung. Mancher Liter landete auf dem Schwarzmarkt. Baumelte ein leerer Reservekanister am Straßenrand von einem Baum, so wussten *wir, dass dort eine Verkaufsstelle war. Auch wir mussten an solchen Orten Benzin hinzukaufen – für ein Vielfaches des ursprünglichen Preises.*

Unsere Fahrt ging weiter nach Taungoo. Susanne, leicht fiebrig, ruhte sich aus. Mit Jan und Felix buchte ich einen Tagesausflug zu einem Elefantencamp. In aller Frühe fuhren wir per Jeep an den Rand eines Dschungels. Elefanten sind bekanntlich starke Tiere. Wie viel Mühe machte es ihnen dennoch, die dicken Teakholzstämme aus dem Dickicht zu ziehen! Jan und Felix schwankten zwischen Staunen und Mitleid und waren erleichtert, als die Arbeit beendet war. Uns anschließend durch den Dschungel tragen – das war für die Elefanten dagegen ein leichtes Spiel. Zu Fuß ging es noch zu einem Wasserfall. Unsere jungen Begleiter lichteten den Urwald mit einer Machete und aus Bambusrohren schnitzten sie blitzschnell einige Musikinstrumente für die Kinder.

Susanne hatte natürlich sofort an Malaria gedacht. Aber am nächsten Tag war ihre Körpertemperatur wieder normal und wir konnten unbesorgt weiter reisen. Zuvor servierten uns die Wirtsleute, ein älteres Arztehepaar, auf der großen Terrasse ihres hübschen Teakhauses ein opulentes Frühstück mit vielen exotischen Früchten und einheimischen Back- und Süßwaren. Während wir gemeinsam mit Momo die Speisen probierten, fächerten uns die beiden unentwegt Luft zu und gleichzeitig die Fliegen vom Essen weg. So viel Luxus war eher peinlich als ein Genuss. Als wir später unsere Taschen in Richtung Auto brachten, eilten wieder – wie immer – viele Angestellte auf uns zu und nahmen uns diese Arbeit ab. Jan, der beim Tragen immer ganz gerne zupackte, machte das schon richtig sauer.

Vor allem in ländlichen Gegenden bildeten sich schnell Menschentrauben um uns herum, wenn wir an einem Ort verweilten. Für die vielen feil gebotenen Büffel und Ochsen auf einem Viehmarkt zum Beispiel interessierte sich nach unserer Ankunft keiner mehr. Viel spannender war es für die Händler, die beiden fremdartigen Jungen auf ihre Tiere zu setzen. Auch die beiden hatten in diesem Fall ihren Spaß und störten sich daher nicht an dem Interesse der Männer. Für uns alle waren die Marktszenen eine willkommene Unterbrechung auf dem Weg in das Hochland des ehemals unabhängigen Shan-Staates. Als wir wieder im Auto saßen, zückte Momo für jeden von uns einen Mundschutz aus dem Handschuhfach. Der Wagen hatte keine Klimaanlage, die Luft war aber heiß, die Fenster offen. Nun kam der Staub der unbefestigten Straßen und zahlreicher Baustellen hinzu. Die Kinder wollten den Mundschutz trotzdem nicht tragen.

Von Nyaung Shwe aus kutschierten wir gemeinsam mit Momo zwei Tage lang in einem der vielen Longtail-Boote in gemütlichen Stühlen hintereinander sitzend über den Inle-See. Dieser riesige von Bergen umgebene Binnensee ist berühmt für seine Einbein-Ruderer. Das sind Fischer, die auf einem Bein stehen und mit dem anderen das Ruder bewegen, so dass sie eine Hand für das Netz frei haben. Einziger Makel an der einzigartigen Idylle waren die lautstark dröhnenden chinesischen Motoren, die eigentlich dem Antrieb landwirtschaftlicher Geräte dienen sollten. Einmal stiegen wir um in ein noch weit kurioseres Transportmittel. Burmesen sind geschickt im Improvisieren: Man nehme den Motor eines landwirtschaftlichen Gerätes, als Karosserie etwas Holz und Metall, als Tank einen Reservekanister – beinahe fertig ist der Pick-up. Schnell war unsere Fahrt auf der Ladepritsche nicht, dafür umso härter. Die Kinder fanden es lustig, aber ich spürte anschließend ordentlich meinen Rücken. Auch zu Fuß verließen wir an vielen Stellen unser Boot, Momo immer zügig voran. Als wir zufällig an einer Schule vorbei kamen, schauten wir neugierig auf den Hof. Spontan unterbrach der Lehrer den Unterricht und alle Kinder strömten uns entgegen. Fünf Jahre besuchen sie die Schule kostenlos. Der Verdienst des Lehrers, so hieß es, betrage monatlich 10 US-Dollar. Sei er gut, könne er über privaten Nachhilfeunterricht sein Gehalt aufbessern. Anders als in Deutschland schien der Beruf bei der Bevölkerung aber sehr angesehen. Stehe ein Lehrer am Straßenrand, wurde uns erklärt, so nehme ihn jeder gerne mit.

In den Handwerksbetrieben und Manufakturen glaubte ich, in ein Geschichtsbuch zu springen. Es handelte sich aber nicht um museale Schauwerkstätten, sondern um das wirkliche Leben. In Myanmar gab es kaum Maschinen. Die meisten Produkte wurden von Hand gefertigt und eine Vielzahl von Menschen war an der Produktion eines Gegenstandes beteiligt. Es gab keine Fertigteile, ein Betrieb machte alles von A bis Z. Wir beobachteten Schmiede, Schirmmacher, Zigarrendreherinnen, Weber, die aus dem Stängel der Lotusblume Fasern gewannen, und Goldschläger, die per Muskelkraft Goldklumpen in hauchdünne Plättchen verwandelten, mit welchen die Gläubigen einer religiösen Stätte ihre Ehre erweisen würden. Wir sahen Lackierer, die in jahrelangem Prozess aus Bambusspänen gedrehte Schüsseln, Tassen und andere Haushaltsgegenstände mit dem Saft des Lackbaumes färbten, und Schneider, die auf alten Pfaff- und Singer-Tretmaschinen im Handumdrehen Textilien nach Wunsch nähten. Felix und Jan staunten mit großen Augen – einen besseren Anschauungsunterricht konnten wir uns nicht wünschen.

Das Kloster Ngphae Chaung steuerte Momo eigens wegen der Kinder an, da die dort lebenden Mönche zu Ruhm gekommen waren, weil sie Katzen das Springen durch Reifen lehrten. Jan und Felix wussten gar nicht, welche der vielen Tiere sie zuerst streicheln sollten. Den berühmten schwimmenden Markt, wo der Handel gleich von Boot zu Boot stattfand, steuerten wir auf eigenen Wunsch an. Momo hatte uns aber zu Recht davor gewarnt – sofort wurden wir von einigen aufdringlichen Händlern aggressiv umringt und suchten schnell wieder das Weite. Auf einem Markt am Rande des Sees war es weit schöner. Frauen der umliegenden Bergstämme, gehüllt in ihre typischen farbenfrohen Gewänder, verkauften dort vielerlei Waren. Jan und Felix fanden die Glücksspieler besonders interessant – Fotografieren streng verboten. Bis zum Schluss durchschauten wir nicht die Regeln, nach denen die wenigen Erfolgreichen das gesetzte Geld einstreichen durften. Natürlich warteten auch am Inle-See viele buddhistische Stätten auf uns. Den Besuch der Tempelanlagen von Shwe Inn Thein verband Momo zur Freude der Kinder mit einem Bad im Fluss. Von einem der uns neugierig beobachtenden Halbwüchsigen lieh er sich einen zweiten Longi und ehe wir es uns versahen, hatte er die Stoffbahn in ein knappes Badehöschen verwandelt.

Viel Gucken machte müde, aber zum Glück drängte uns Momo dennoch zu einem Nachtausflug nach Taunggyi. Zehntausende Menschen trafen sich dort zum alljährlich stattfindenden Ballonfestival. Zu Ehren Buddhas wurden aus Papier, Stoff und Bambus hergestellte Heißluftballons in die Luft gelassen. Verschiedene Kollektive hatten mühevolle Handarbeit investiert und stellten sich nun mit ihren Werken dem Urteil einer Jury. Nachdem wir uns durch die Menschenmenge geschoben hatten, konnten wir gut verfolgen, wie ein riesiger, mit Feuerwerkskörpern bestückter Ballon langsam mit Gas gefüllt wurde, bis er schließlich abheben konnte und langsam dem Sternenhimmel entgegen flog. Und während er immer höher stieg, ließ er in sanfter Abfolge lautlos und scheinbar unendlich ein Feuerwerk in Richtung Erde ab. Es war das schönste, das wir je gesehen hatten. – Im Rahmen des Festivals gab es auch einen Rummelplatz mit Riesenrädern. Gut, dass uns Momo vor dem Gehen näher an diese heranführte, denn erst unmittelbar davor stehend entdeckten Jan und Felix, wie sie funktionierten: ohne elektrischen Antrieb, nur durch Muskelkraft. Mehrere junge Männer turnten auf den Holzverstrebungen herum und brachten auf diese Weise das Rad in schnellste Umdrehungen.

Einige Male las ich das englischsprachige Regierungsorgan. Im „New Light of Myanmar" wurden eine Menge an die DDR erinnernde Parolen im Sinne des sozialistischen Fortschritts verbreitet. Auch von Sportereignissen wurde berichtet und ein wenig vom allgemeinen Weltgeschehen – das Internet war die Quelle. Das staatliche Fernsehprogramm zeigte in Endlosschleifen vor allem den Fortschritt im Straßenbau. Über aktuelle Ereignisse informierte die Regierung das Volk dagegen kaum. Auf dem Weg nach Mandalay erfuhr Momo bloß zufällig, dass die geplante Route nicht passierbar war, denn der indi-

sche Premierminister hatte eine ASEAN-Indien-Autoralley auf den Weg ge-
schickt, die gerade durch Myanmar fuhr. Nicht mit einem Wort war dieses
große Ereignis in den Medien vorab erwähnt worden. Verärgert war offenbar
niemand. Stundenlang hockten die Menschen am Rande der Strecke oder sie
nahmen in einer der kleinen Gaststätten Platz. Auch wir vertrieben uns die
Zeit mit Teetrinken und dem Probieren einiger einheimischer Speisen. Auch
ein aufgeregt umherlaufender Polizist hatte einigen Unterhaltungswert. Als
das Trillern seiner Pfeife immer lauter wurde, sah man schon die ersten Au-
tos. Die Menschengasse jubelte, als die vielen schicken Geländewagen im
Konvoi mit ihren winkenden, Fähnchen schwenkenden Insassen durchbraus-
ten.

In Mandalay standen wieder Tempel und Pagoden auf dem Programm. Wir
mieteten auch dort ein Boot und fuhren den breiten Irrawady hinauf nach
Mingun zur größten noch funktionierenden Glocke der Welt. Jan und Felix
hatten ihren Spaß, als sie, wie alle anderen auch, mit einem Holzstab darauf
schlugen und sich unter die mächtige Wölbung stellten. Die Warnung im Reiseführer, man werde davon taub, war offenbar übertrieben. Die vielen Tempel-
und Pagodenbesuche machten die Kinder noch immer ohne Gemurre gerne
mit. Es gab für sie die verschiedensten Glocken zu läuten, ohne dass sich jemand daran gestört hätte. Im Gegenteil, das gehörte dazu. Aber auch die Bauwerke selbst fanden Jan und Felix interessant. Allein Buddha sah immer wieder anders aus. Mal stand er, mal lag er und manchmal war er riesengroß. Und
am besten gefiel es ihnen natürlich, wenn wir in einer religiösen Stätte auf
Tiere trafen, die dort in irgendeiner Form verehrt wurden. Den Religionen
selbst stand vor allem Jan bereits vor der Reise sehr distanziert gegenüber.
Schon mit drei Jahren, als wir ihn eigentlich gemeinsam mit Felix taufen lassen wollten, lehnte er dies entschieden ab. Die Begegnung mit den vielen Göt-
tern des Hinduismus in Indien hatte seinen rationalen Blick auf die Welt noch
bestärkt. Auch am Buddhismus, wie er sich in Myanmar präsentierte, interessierte ihn bloß das Konkrete. Den Glauben an eine übergeordnete Kraft hat die
Begegnung mit den verschiedenen Weltreligionen nicht hervorrufen können.

In der Provinz gab es für Jan und Felix manchmal Eierreis mit Erdnüssen oder
eine Nudelsuppe zu essen oder einfach nur ein paar Kekse und Bananen. An
großen Orten bemühte sich Momo, ein Restaurant nach dem Geschmack der
Kinder zu finden. In Mandalay hatte das Restaurant seiner Wahl leider zu. Die
Alternative war ein teures Hotel. Wir waren die einzigen Speisegäste. Momo,
den wir zum Essen immer einluden, verschlug es fast den Appetit, als er die
Preise sah. Jan und Felix aber waren überglücklich, als sie ihre Pizza Margherita und den Hamburger mit Pommes aßen.

Momo passte am Abend auf die Kinder auf, während Susanne und ich das erste Mal in Asien alleine ausgehen konnten. Im Hotel gab es eine Satellitenschüssel und er freute sich schon darauf, mit Jan und Felix die Sportschau zu gucken. Die deutsche Fußball-Bundesliga war in Myanmar nämlich seltsamerweise sehr beliebt und in den Zeitungen Bestandteil der internationalen Sportberichterstattung. Und so wie ich als Jugendlicher nachts aufgestanden war, um Muhammed Ali gegen Joe Frazier boxen zu sehen, versammelten sich in Myanmar um zwei Uhr nachts sportbegeisterte Menschen in einem Dorf und sahen am einzigen Fernseher mit Satellitenempfang das Livespiel Madrid-Leverkusen. Die Satellitenschüssel kam vom Schwarzmarkt und stammte aus Thailand, Korea oder Taiwan. Eines Morgens empfing mich Momo mit den Worten: „Bremen has won in Valencia!" Europäischer Fußball und das Wetten auf den Ausgang der Spiele hielt er für die einzige vernünftige Unterhaltungsmöglichkeit in seinem Land. Man wette lieber auf Fußballspiele in Europa, so erklärte er mir, da man in den asiatischen Ligen eher einen Betrug erwarte. Der aktuelle Schiedsrichter-Bundesliga-Skandal wurde daher aufmerksam beobachtet – ein beträchtlicher Imageschaden für Deutschland.

Susanne und ich hatten für den Abend bereits Tickets für die „Moustache-Brothers" gekauft: Polit-Kabarett und Tanz in der längsten Militärdiktatur der Welt, Auftritte vor Einheimischen verboten, Zutritt nur für Ausländer. Momo zögerte beim Anfahren des Veranstaltungsortes. Er hielt dann aber doch direkt davor und scherzte: „You go to Thailand and I go to jail." Auch zwei der Kabarettisten saßen als politisch Verfolgte bereits viele Jahre im Knast. Am Abend war ich allerdings überrascht, wie schwach ihre Spitzen gegen die Diktatoren ausfielen.

Von den „Moustache Brothers" hatte ich schon lange vor unserer Reise gehört. Nun saßen wir mit einer Handvoll anderer Touristen in der kleinen Garage. Das Tor stand offen und von der Straße her waren auch einige Burmesen mit von der Partie. Ob Spione oder nicht – keine Ahnung. Auch Komödiant wird man in einer traditionellen Gesellschaft, weil der Vater ebenfalls schon einer war. Viele Angehörige ein und derselben Familie versammelten sich also auf der Bühne. Die Brüder machten kleine sexistische Scherze und witzelten ein wenig über die Korruption und den Überwachungsstaat, außerdem wurden traditionelle Tänze aufgeführt – und das war es auch schon. Wenn noch nicht einmal solche Harmlosigkeiten öffentlich gezeigt werden dürfen, sagt das viel über ein Land aus.

Abgesehen von jenem Abend wurde nie spürbar, dass wir uns in einer Militärdiktatur bewegten. In der Hauptstadt sahen wir zwar eine Menge Soldaten und Militärfahrzeuge, aber während unserer Fahrt durch das Land waren sie nur

*selten präsent. Es wirkte friedlich, dieses Land mit seinen fröhlichen, geruh-
samen, sehr freundlichen und aufgeschlossenen Menschen. Das unmittelbare
Leben, die Familie und vor allem die Religion, deren Praktizierung die Regierung in keiner Weise beeinträchtige, seien das wirklich Bedeutende für die
meisten Menschen, so meinte Momo. Welche Machthaber das Land eigentlich
habe – manche wüssten das gar nicht. Die seit vielen Jahren unter Hausarrest
stehende Friedensnobelpreisträgerin Aung San Suu Kyi werde zwar sehr verehrt, aber aktive Unterstützer habe sie kaum. Nach ihrer Meinung sollten keine Touristen nach Myanmar kommen, solange es eine autoritäre Regierung
habe. Wir dagegen hörten häufig, wie wichtig es sei, dass Menschen ins Land
kämen, denn dadurch werde es sich automatisch wandeln. Auch der deutsche
Botschaftsattaché, mit dem wir in einem Restaurant ins Gespräch kamen, teilte diese Auffassung und nahm uns damit die letzten Reste eines schlechten
Gewissens. Die Bevölkerung habe Angst, so beurteilte er die Lage, sich gegen
die ungerechten Zustände im Land zu wehren und am Ende, da sie keine Waffen habe, zu verlieren. Niemand leide Not, dafür trage die Regierung Sorge.
Aber sobald mehr als fünf Leute zusammenträfen, sei der Geheimdienst sofort
zur Stelle. Was sollten sie also tun? Von deutscher Seite führe man in Myanmar einige fragwürdige humanitäre Maßnahmen durch, erzählte er uns. Für
besonders absurd hielt er ein Seminar zur Demokratieförderung. Die Leiterin
werde sehr gut bezahlt, habe aber überhaupt keine Ahnung von den Zuständen
im Land, denn sie lebe in Thailand und käme bloß für einige Tage im Jahr
eigens über die Grenze.*

*Die Warenpalette war zumindest in den Städten überraschend groß. Trotz der
Sanktionen gab es praktisch alles, bloß fast keine West-Produkte. Es war aber
eine sehr eindrückliche Erfahrung, einmal nicht von Coca-Cola und McDo-
nald's umgeben zu sein. Um die Militärdiktatur möglichst nicht zu unterstützen, lautete unser Reisemotto: Viel privat und wenig Staat. Für eine Bus-, eine
Bootsfahrt und einige Eintrittsgelder zahlten wir etwas Geld in die Regie-
rungskasse, ansonsten fanden wir allerorten privat betriebene Hotels, Restaurants und andere touristische Einrichtungen, über die sich am Staat vorbei
Devisen ins Land bringen ließen.*

Durch die Abschottung des Landes existiert auch der Buddhismus in Myanmar in einer noch sehr ursprünglichen Form. Vereinzelt sahen wir rosa geklei-
dete Nonnen. Aber in erster Linie prägten die kahlköpfigen Mönche in ihren
rostroten Gewändern das Straßenbild, denn als Junge und später als Mann
führe, so erläuterte Momo, wenigstens einmal für mindestens sieben Tage der
Weg ins Kloster. In aller Frühe sammelten die Mönche mit ihren schwarzen
Schalen von den Anwohnern der näheren Umgebung das Essen – die Spende
ist eine selbstverständliche Tat, zumal sie Pluspunkte für das nächste Leben

bedeutet. Jeder Einwohner gebe, so hieß es, rund ein Zehntel seines Einkommens in irgendeiner Form dem Kloster.

Auf dem Weg nach Pagan hielten wir an einer Pagode, in der Schlangen verehrt wurden. Wir konnten die niedlichen Tierchen anfassen oder sie uns um den Hals legen – das sollte Glück bringen. Als Jan dies tat, zog auch Momo gleich. Susanne, Felix und ich verzichteten. Einen weiteren Stopp machten wir am Mount Popa, auf dessen steil aufragender Spitze schon von weitem die Mauern eines Klosters sichtbar waren. Unser steiler Fußweg hinauf zum höchsten Punkt wurde von einer Affenhorde begleitet. Zwar gewohnt, von den Besuchern mit Erdnüssen gefüttert zu werden, waren die Hanuman-Languren dennoch nicht ganz zahm. Einige Affen sprangen auf Kopf und Schultern und Jan und Felix mussten aufpassen, dass sie nicht in ihre Finger bissen. Für die Einheimischen ist der Mount Popa ein besonders heiliger Ort. Buddha wird zwar als Vorbild und Lehrer verehrt, aber hilfreich in das Leben des Einzelnen eingreifen oder gar einen Wunsch erfüllen kann er nicht. Diese Aufgabe wird von den Nats, den Geistern, übernommen, die im Schutz großer Bäume, in kleinen Gebäuden neben der Pagode oder eben dort oben leben am von Wolken verhangenen Mount Popa. Selbst Momo, der nüchterne Naturwissenschaftler, war nicht frei vom Glauben an übersinnliche Kräfte. Er erzählte uns von einem Freund, der einen Wahrsager befragt habe, ob für ihn die Möglichkeit bestünde, ins Ausland zu reisen. Auf die Verneinung der Frage habe der Freund triumphierend seinen Pass gezückt und das Visum für die Reise nach Thailand gezeigt, wo er zwei Tage später als Radrennfahrer an einem Wettkampf teilnehmen wollte. Der Wahrsager bekräftigte dennoch seine Aussage. Schon auf der Fahrt zur Grenze sei der Bus, so endete Momo, in einen Verkehrsunfall geraten und dem Freund mussten beide Füße amputiert werden.

Pagan, das riesige Feld bis zu 1.000 Jahre alter Ruinen, war lange Zeit in Vergessenheit geraten. Jetzt bilden die über 2.000 Pagoden und Tempel einen wichtigen Pilgerort. Dennoch waren nicht nur die Kinder der vielen religiösen Stätten langsam etwas überdrüssig. Wir ließen uns von Momo nur sechs der bedeutendsten zeigen. Beeindruckend war zum Sonnenuntergang der Blick von der Höhe des Pyat Thata über die ganze Ebene. Für Jan und Felix war das Beste in Pagan eine Pizzeria, in der es schmeckte wie zuhause. Außerdem gab es im Hotel mal wieder einen großen Pool – die Kinder zogen ihn dem Kulturprogramm mittlerweile eindeutig vor. Wir vertrösteten sie mit der bevorstehenden Pause am Meer: Nur noch zwei besonders alte Pagoden besuchten wir auf dem Weg dorthin in Pyay.

Erst nach zwei Fahrtagen erreichten wir den Golf von Bengalen. Der Weg führte durch dünn besiedeltes Gebiet. Baukolonnen besserten die Straßen aus

– Männer, aber auch Frauen und Kinder, manche kaum älter als zehn Jahre. Sie hatten die fünfjährige Schulpflicht vermutlich bereits absolviert und verrichteten nun dieselbe Arbeit wie ihre Eltern. Wir sahen, wie sie Felsbrocken zu Steinchen klopften und Sand durch Bambusschalen siebten. Die Männer erhitzten derweil Teer in alten Ölfässern über einem Lagerfeuer. Das modernste Gerät, das wir entdecken konnten, war eine Walze. Mehrere Male unterbrachen wir unsere Fahrt, um in einfachen Imbissstuben etwas zu essen. Meistens hörten die anderen Gäste auf, miteinander zu reden, wenn sie Jan und Felix sahen. Alle glotzten nur noch uns an. Englisch sprach auf dem Land niemand. Momo war nicht nur unser Taxifahrer und Reiseführer, sondern in sehr vielen Situationen auch Dolmetscher. Mit ihm hatten wir riesiges Glück. Am Meer angekommen, wurden wir ein wenig sentimental. Nach zwölf Tagen hieß es vorerst, Abschied von ihm zu nehmen. Momo fuhr zurück nach Yangon, wo wir eine Woche später noch einmal miteinander verabredet waren.

Luxus am Meer – Wehmut in Yangon

Wir alle waren von den vielen Sehenswürdigkeiten erschlagen und vom langen Autofahren erschöpft. 50 Stunden hatten wir in den vergangenen 12 Tagen im Auto verbracht, 2.000 Kilometer zurückgelegt. Jan war etwas erkältet. Sechs Tage gönnten wir uns nun das von einer sympathischen deutschen Frau betriebene luxuriöse Palm Beach Hotel am Ngwe Saung Beach. Zum Spezialpreis, der weit unter dem einer Internetbuchung lag, bezogen wir ein behagliches Ein-Zimmer-Häuschen. Der Palmenstrand war traumhaft schön – kilometerlang, mit glasklarem Wasser und weit und breit war kaum ein Mensch zu sehen. Es gab einen gepflegten Garten, einen großen Pool und einen Spitzenkoch aus Bangkok. Beim Frühstück bekamen wir alle große Augen: Croissants, Brötchen, Käse, Salami, Schinken, leckere Früchte, Cornflakes. Selbst in Myanmar hatten wir zwar an einigen Orten gut schmeckende Nudeln, Pommes und Pizza gefunden, manchmal aber auch tagelang nur asiatische Kost zu uns genommen. Eier zum Frühstück hingen uns allen mittlerweile zum Halse heraus. Im Hotel zierten nun Lebensmittel das Frühstücksbuffet, die wir schon seit zwei Monaten nicht mehr gesehen hatten. Niemals zuvor frühstückten Jan und Felix so ausgiebig wie dort an unserem ersten Morgen. Glücklicherweise ließ ich mich von meiner Familie überreden, ungeachtet der höheren Preise auch alle anderen Mahlzeiten im Hotel einzunehmen. Morgens kam ein Fischerboot und die Küchencrew wählte sorgfältig das Abendessen aus – es schmeckte einfach super.

Die letzte längere Pause hatten wir in den Bergen von Kerala eingelegt. Seither waren wir Tag für Tag unterwegs. Jan fragte bereits besorgt, wann er denn mal wieder Unterricht bekäme. Sachkunde hätte er ja viel und Englisch auch, aber Deutsch und vor allem Mathe? Er sehnte sich auch manchmal nach den winterlichen Temperaturen in Deutschland. „Minus zwei Grad sind zuhause!", meinte er begeistert. „Das hätte ich jetzt auch gerne! Eis!" Felix vermisste seine Spielsachen, die Oma und seine Freunde. Während der ziemlich anstrengenden Autofahrerei wurden diese Sehnsüchte zwischenzeitlich riesengroß. Beide Kinder quengelten und nörgelten aus Langeweile und Bewegungsarmut. Kleine Stopps sorgten für etwas Abwechslung, aber über lange Strecken mussten sie – und wir – die Situation einfach aushalten. Am Meer, wo wir baden und herumtollen konnten, waren die Sehnsüchte der Kinder aber glücklicherweise schnell wieder vergessen.

Eines Tages wanderte ich mit Jan und Felix den Strand entlang. Plötzlich rief Jan: „Schlange!" Und richtig, einige Meter vor uns sonnte sich eine Kobra. Was nun? Erst wollten wir unseren Weg fortsetzen. Etwa 200 Meter hinter uns kamen aber zwei einheimische Mädchen mit Körben auf dem Kopf. Die müssten wir selbstverständlich warnen, dachte ich. Wir gingen ihnen also entgegen und ich versuchte, sie mit Worten und gestikulierenden Händen auf die Gefahr aufmerksam zu machen. Als auch sie die Schlange sahen, lächelten sie nur und gingen mit wenigen Metern Abstand an ihr vorbei. Vielleicht würde ich genauso reagieren, wenn mich ein Fremder, am Straßenrand stehend, auf den gefährlichen Verkehr in Berlin aufmerksam machte. Auch die Kinder und ich gingen weiter, später war die Schlange weg.

Obwohl in Myanmar bei 30° Celsius und strahlendem Sonnenschein nur die mannshoch am Straßenrand wachsenden Weihnachtssterne entfernt an die Adventsstimmung zuhause erinnerten, fragten sich Jan und Felix, wie Nikolaus und Weihnachtsmann ihre Geschäfte in diesem Jahr regeln würden. Der Nikolaus kam schon mal wie gewohnt und legte seine Gaben in die Turnschuhe. Der 6. Dezember war auch mein Geburtstag und mir wurde ein wirklich schöner Tag beschert. Über Wochen hatten meine drei Männer ihre Geschenke vor mir versteckt – keine leichte Aufgabe. Alexander hatte dafür gesorgt, dass der Frühstückstisch mit weißem Tuch, reichlich Blumenschmuck und Muscheln dekoriert war. Und ein Großteil der Hotelbelegschaft trat an den Tisch und sang mir ein Ständchen. Anschließend wurde eine Kette aus herrlich duftenden weißgelben Blüten um meinen Hals gelegt und der Chefkoch überreichte eine vorzügliche Schokoladentorte. Ansonsten blieben wir unter uns. Das Handy funktionierte in Myanmar sowieso nicht und der Telefonanschluss des Hotels war gerade defekt. Als er einen Tag später wieder funktionierte, gab es dort sogar einen Internetzugang. Unseren E-Mail-Account konnte ich jedoch nicht öffnen, da hieß es lediglich „banned site".

Seit Monaten joggte ich endlich mal wieder. In Afrika war es gefährlich, in Indien zu heiß – immer hatte etwas dagegen gesprochen. Ich genoss die Bewegung in der leichten Kühle der glutroten Abenddämmerung mit anschließendem Bad im Golf von Bengalen. Traumhaft! Meine Muskeln waren recht irritiert nach so langer sportarmer Zeit. Zwei Stunden lang gönnte ich mir also auch eine erstklassige Massage. Mit den Kindern ging ich zum Dorffriseur. Weshalb er bei der Arbeit einen Mundschutz trug, blieb mir schleierhaft. Er war aber sichtlich stolz, das Haar von Jan und vor allem vom blonden Felix zu bearbeiten. Sein Geschäft war ein winziger Holzverschlag mit Spiegel, Stuhl und Frisurenposter. Ringsherum versammelten sich immer mehr Dorfbewohner und wohnten dem großen Ereignis bei.

Unsere Gedanken kreisten nun schon oft um die Frage, wie die Reise nach der Zeit in Thailand weitergehen sollte. Dass wir mit unseren Kindern dermaßen problemlos von Land zu Land um die Welt reisen konnten, war uns vor der Abfahrt nicht klar. Eigentlich dachten wir, es entspräche eher ihrem Bedürfnis, auch mal bedeutend länger an einem Ort zu bleiben. Ihnen schien aber unsere Art des Reisens sehr gut zu gefallen, sie waren noch immer unternehmungslustig und wollten noch mehr von der Welt sehen. Als Felix mal wieder fragte, wie lange wir noch unterwegs seien, sagte ich ihm, wir reisten schon fünf Monate, es lägen aber noch sieben vor uns. Er rief empört: „Was, so kurz ist ein Jahr?!" Auch gesundheitlich ging es uns sehr gut. Und Geld für weitere Flüge hatten wir auch gespart, selbst kostspieligere Ziele waren möglich. Die Stimmung als Paar ging zwar hoch und runter, aber wir empfanden sie doch als gut genug für die gemeinsame Weiterreise. Uns schwirrten viele mögliche Ziele im Kopf herum.

Nach dem vielen Luxus am Strand wählten wir für die Rückreise nach Yangon zunächst einen öffentlichen Bus bis Pathein. Die Fahrt ohne Federung war hart und kurvig. Susanne wich die Farbe aus dem Gesicht und selbst Einheimische mussten sich übergeben. In Pathein stiegen wir um in ein Linienboot, mit dem wir über Nacht Yangon erreichten. Bus und Boot waren voll, wir die einzigen Touristen. Jan und Felix wurden wieder ordentlich bestaunt und mit verschiedensten Nahrungsmitteln versorgt. Ein Mönch interessierte sich besonders für die große Armbrust, die Jan von Momo geschenkt bekommen hatte. Wir schliefen an Deck auf dem Boden, wie alle anderen auch.

Fußballspielen mit Momo

Transport in Myanmar

Teakholzabbau bei Taungoo

Schmiede am Inle-See

Felix und Buddha

Größte funktionierende Glocke der Welt in Mingun

Straßenbau

Im Hafen angekommen, empfing uns ein strahlender Momo. Schnell fuhren wir zur thailändischen Botschaft, um ein Visum für zwei Monate zu beantragen. Der Andrang dort war aber so groß, dass uns das Wachpersonal, unfreundlich und arrogant, erst gar nicht auf das Gelände ließ. Egal, dachten wir, als Europäer können wir auch ohne Visum erst einmal einen Monat in Thailand bleiben. Momo brachte uns zu einem preisgünstigen Hotel – diesmal ohne Karaoke.

Ich ging mit den Kindern in den Zoo, wo uns eher traurige Anblicke erwarteten. Jan und Felix fanden es aber klasse, anders als in Berlin, viele Tiere füttern zu dürfen. Gleich neben dem Zoo besuchten wir anschließend einen altertümlichen Rummelplatz. Die Karussells wirkten nicht sehr Vertrauen erweckend, aber Jan und Felix wollten sowieso nur Autoscooter fahren. Die Preise waren für uns gering und ich ließ sie das Vergnügen auskosten. Susanne besuchte derweil eine Möbelfirma. Auf den Gartenstühlen aus Teakholz, bereit zum Export, prangte bereits das Logo einer deutschen Firma. Über Singapur lässt sich der Handelsboykott der westlichen Industrienationen gegen Myanmar mühelos umgehen. Die zusätzlichen Kosten trägt natürlich nicht die deutsche Firma, sondern der Produzent in Myanmar. Gleichermaßen können über Singapur auch die Waren der westlichen Welt nach Myanmar importiert werden – alles eine Frage des Preises. Als armes Land bleibt mir Myanmar trotz der Sanktionen des Westens sowie der Misswirtschaft der Generäle nicht in Erinnerung. Es verfügt über Bodenschätze und – noch – große Wälder. Das Ackerland ist fruchtbar. Die Bevölkerung lebt zwar einfach, kann aber auch noch die vielen Mönche mit versorgen und auch das dicke Blattgold an den gut restaurierten Pagoden, Tempeln und Buddhastatuen ist kein Zeichen von Armut.

Wir beendeten unseren Aufenthalt mit dem Besuch des Klosters Chauk Htut Gyi. Unter einem Metalldach liegt dort ein 70 Meter langer Buddha. Am nächsten Morgen holte uns Momo ein letztes Mal ab. Susanne schrieb auf Deutsch in sein Referenzbuch. Eine Übersetzung wollte er nicht hören. Mit Wehmut verabschiedeten wir uns am Flughafen endgültig voneinander. Ob wir uns je wieder sehen?

Flüge kaufen in Bangkok

Im Taxi klappte der Fahrer einen Bildschirm auf, legte eine DVD ein und Jan und Felix schauten auf der Fahrt „Tom und Jerry". Vor 17 und 20 Jahren war ich auch schon in Thailand. Innerhalb von nur drei Jahren hatte sich damals bereits unwahrscheinlich viel verändert. Ich war gespannt, was mich nun erwarten sollte.

Da wir in Bangkok in erster Linie Flugangebote für das zweite Halbjahr einholen wollten, ließen wir uns zum Traveller-Treffpunkt Nummer 1 bringen: die Khaosan Road. Ich suchte eine Unterkunft, derweil sich Susanne mit den Kindern in eines der vielen Cafés setzte, wo es nun wieder viele Speisen gab, die ihnen schmeckten. Im Siam-Hotel blieben wir aber nur eine Nacht. Ich hatte übersehen, dass das Klo leckte, das Bad unter Wasser stand und sich dort einige kleine Tierchen tummelten. Im D & D Inn war das Zimmer weit besser, das Frühstück allerdings miserabel und die Gästeschar meist im Dauerrausch. Dafür gab es auf dem Dach mitten in Bangkok sogar einen Pool. Das regelmäßige Bad dort oben war für Jan und Felix noch das Beste, was der Stadtaufenthalt, der von Organisatorischem bestimmt war, für sie zu bieten hatte. Die Masse der Touristen, Restaurants, Reisebüros, Hotels, Internetbuden und so fort war in Bangkok zunächst erschlagend. Leider mussten wir feststellen, dass Masse noch lange keine Klasse bedeutete. Unser Laptop sollte wieder ans Netz. Wir wollten die vielen Mails verschicken, die sich durch die elektronische Auszeit in Myanmar angesammelt hatten. Kein Problem im modernen Thailand, dachte ich. Weit gefehlt. Nach einem freundlichen Lächeln in Richtung Laptop hieß es in den Internetbuden „Not possible". Erst nach vielen Versuchen fand ich einen kompetent wirkenden jungen Mann, den ich mit einer Prämie von 20 € lockte für den Fall, dass er unsere Kiste erfolgreich anschließen würde. Ich kam öfter an seinem Laden vorbei und sah, dass er sich intensiv mit unserem Problem beschäftigte. Nach eineinhalb Tagen hatte er es gelöst. Wir waren unsere viele Post los und hatten die unserer Freunde herunter geladen.

Nach Myanmar war auch Bangkok ein Kulturschock. Hier wartete das moderne Südostasien mit Anschluss an die westliche Welt – laut, voll, anstrengend. Sofort fehlte mir die beschauliche Ruhe, in der man noch Vogelgezwitscher, das Klappern von Töpfen und einen Gongschlag in der Ferne hören konnte. An diese Stelle traten nun das ewige Geknatter des Straßenverkehrs und die ständige Beschallung durch sich gegenseitig übertönende Fernseher. Dazu kamen Ströme von Menschen, unter ihnen sehr viele Traveller, die sich betont cool gaben. In den Geschäften schienen Allround-Talente zu arbeiten. Ich betrat einen Beauty-Salon. Nach Maniküre und Pediküre kam das für mich Wichtigste: der Haarschnitt. Die von der Sonne geschädigten Spitzen sollten ab. Als die gute Kraft in die Vollen griff und ordentlich drauflos schnippelte, konnte ich nur noch beten. Es half nichts, die Frau war genauso unfähig wie sie wirkte. Dermaßen schrecklich hatte ich mich nach einem Friseurbesuch zuletzt in Teenagerzeiten gefühlt. Sogar meine in Fragen der Äußerlichkeit recht toleranten Männer bemerkten, dass man da etwas begradigen müsse. Am nächsten Tag begab ich mich auf die Suche nach „someone really professional" und das war gar nicht so leicht. Nach etwa einer Stunde und zehn Abfuhren fand ich eine ältere Friseurin, die aus den zerfransten Haaren einen richtigen Schnitt machte.

Per Poste Restante wurden wir von meiner Schwester mit deutschsprachiger Reiselektüre versorgt, die wir zuhause für die zweite Jahreshälfte deponiert hatten. Offen für verschiedenste Flugvarianten, stellte ich fest, dass auch die Reisebüros nur auf einfache Buchungen eingestellt waren. „Sagen Sie mir, wo Sie hin wollen und ich sage Ihnen, wie teuer die Flüge sind!", lautete die Standardaussage. „Sie sind der Experte. Sagen Sie mir, welche Flugrouten günstig sind!", entgegnete ich immer wieder. Aus einem Reisebüro wurde ich sogar hinausgeworfen. Dann wurde ich aber doch noch fündig. NAT Tour & Travel hatte die Größe eines kleinen Obststandes. Eine engagierte Angestellte kümmerte sich um mehrere Kunden gleichzeitig und so zogen sich meine Recherchen hin. Am zweiten Tag tauchte der kompetente Chef des Büros auf. Mit seiner Hilfe entwickelte sich endlich eine akzeptable Route: 10. Februar Bangkok-Singapur, 12. Februar weiter nach Bali, 18. Februar Bali-Auckland, 17. März Christchurch-Cairns, 23. 4. Sydney-Nadi. Auf den Fidschi-Inseln, so versicherte der Mann vom Reisebüro, gebe es dann günstige Weiterflüge, die sich von Thailand aus nicht buchen ließen. Um auf Fidschi erstmal einreisen zu dürfen, gab er uns gefälschte Flugtickets mit auf den Weg. Mit ihnen konnten wir die Weiterreise via Los Angeles nach London nachweisen, so dass wir die Grenzformalitäten hoffentlich überstehen würden.

Es war aufregend, uns in Anbetracht all der verschiedenen Flugkombinationen für eine zu entscheiden. Nun sollte unsere Reise also doch eine Weltumrundung werden – vorausgesetzt, wir kehrten von Fidschi über Amerika nach Europa zurück. Jan und Felix ödeten die langen Wartezeiten vor dem Reisebüro an. Manchmal hatten sie Glück und der Billardtisch im Restaurant gegenüber war frei. Aber auch dort konnten sie nicht endlos verweilen. Zu allem Überfluss ließen Alexander und ich uns wie viele andere Touristen auch noch einige Kleidungsstücke schneidern, was zu weiterem Leerlauf für die beiden Kinder führte. Die Anprobe der warmen Jacken und Hosen war bei schweißtreibender Hitze auch für uns eine Qual. Schon deshalb äußerten wir vermutlich zu wenig Kritik. Jan fand vor allem die Sachen aus Leder potthässlich und Alexander war skeptisch, ob wir die neuen Stücke jemals tragen würden. Wir schickten sie gleich nach Erhalt mit den vielen Souvenirs aus Myanmar, den nicht mehr benötigten Reiseführern und einigem Krimskrams der Kinder in zwei Paketen auf dem Seeweg nach Hause. Unsere Sendungen aus Swakopmund und Durban waren mittlerweile in Berlin eingetroffen. Alles war heil, bloß die Giraffe hatte keine Ohren mehr. Einige weitere Kilo – wärmere Kleidungsstücke und Reiseführer, die wir in Thailand nicht brauchten, deponierten wir im Hotel.

Für Sehenswürdigkeiten hatten wir während der fünf Tage in Bangkok keine Zeit. Einen Abend begab ich mich aber auf die Suche nach einem Lokal, das ich von früher kannte. Es existierte nicht mehr, stattdessen ging ich in eine Kneipe mit fetziger Thai-Live-Rockmusik. Obwohl nur einige Meter von den tausenden Touristen der Khaosan Road entfernt, war ich in dem gut besuchten Laden der einzige Westler. Etwas irritiert war ich, als mich eine junge Frau an der Tanzfläche mehrfach, scheinbar unbeabsichtigt, berührte. „Aha, eine Prostituierte, ich bin ja in Bangkok", war mein erster Gedanke. Dann erinnerte ich mich aber wieder an eine Frau auf einer Busfahrt vor 20 Jahren, die sich neben mich gesetzt hatte, mich anlächelte, müde wurde, ihren Kopf auf meinen Schoß legte, einschlief, wieder aufwachte, mich wieder anlächelte und an einer der nächsten Stationen ausstieg. Auch die Frau auf der Tanzfläche war schnell wieder verschwunden. Wieder einmal bemerkte ich, dass ich Thailand nicht einfach auf das Stichwort Prostitution reduzieren durfte. Um 1 Uhr musste die Diskothek wegen der Sperrstunde leider schließen, dennoch konnte mir die gute, ausgelassene Stimmung am Ende unseres nun schon mehrtägigen Aufenthalts endlich wieder ins Bewusstsein bringen, weshalb Bangkok früher zu meinen Lieblingsstädten gezählt hatte.

Tsunami auf Koh Lanta

Es lagen schon viele Ortwechsel hinter uns und mit der neuen Flugroute sollten auch noch viele folgen. Jetzt war mir erst einmal nach einer Auszeit zumute ohne allzu viele Anregungen, die immer wieder verdaut sein wollten. Über Weihnachten war natürlich Hochsaison. Auf Koh Lanta sollte es aber dennoch vergleichsweise geruhsam zugehen. Per Nachtzug, Minibus und Fähre gelangten wir auf die Insel im Südwesten des Landes. Drei Wochen wollten wir dort bleiben. Nach einer Unterkunft mussten wir recht lange suchen. Schließlich bezogen wir im kleinen Lanta-Long-Beach-Ressort eine Ein-Raum-Hütte mit Terrasse, Bad und vor allem einem Tisch und mehreren Stühlen etwas abseits des Strandes – beste Voraussetzungen für konzentrierten Unterricht. Die Kinder waren fleißig und kamen gut voran. Jan hatte die Hälfte seiner Arbeitsunterlagen bewältigt. Aber die Anforderungen wurden größer. Auch zuhause war bald Halbzeit. Felix las immer flüssiger und schrieb inzwischen eifrig, so dass er auch sein Deutsch- und Mathe-Arbeitsheft zusehends füllte. Vermutlich würde er im folgenden Schuljahr tatsächlich sofort die zweite Klasse besuchen können. Englisch lernten beide Kinder en passant. Allerdings jenes, *das man in Asien kultiviert. Wollten sie noch etwas, sagten sie „one more", gab es etwas nicht, hörten sie „no have".*

Ein paar Mal gönnte ich mir eine Massage unter einem Schattendach am Strand. Massieren gehört zur Kultur. Die meisten Frauen kneten sich gegenseitig durch und ihre Männer sowieso. Beinahe an jeder Straßenecke lockten Massageangebote, manchmal bestand der Salon aus nicht mehr als einem Stuhl. Die Kinder vergnügten sich nach dem Unterricht mit Alexander im Wasser. Regelmäßig schauten sie nach den vereinzelten Fischen, einer kleinen Schildkröte und einem riesigen Seestern. Obwohl am Long Beach auch viele andere Familien Urlaub machten, darunter auch einige aus Deutschland, knüpften Jan und Felix in diesen Tagen leider keinen Kontakt zu anderen Kindern. Es ergab sich kein Berührungspunkt und wirklich offensiv auf andere zugehen lag unseren Jungen eher fern.

Auf Koh Lanta kam endlich auch die quer über den Globus geschleppte Schnorchelausrüstung zum Einsatz. Wir machten mit einem Schiff einen Tagesausflug zu den Nachbarinseln Koh Phi Phi Don und Koh Phi Phi Lee, deren Strände schon als Kulisse für James Bond-Filme und „The Beach" mit Leonardo Di Caprio dienten. Früher war Koh Phi Phi meine absolute Trauminsel. Eigentlich wollte ich nie wieder dorthin zurückkehren, um mir die Erinnerungen nicht zu verderben. Tatsächlich war die Insel jetzt ziemlich verbaut. Dort, wo früher ein Palmenhain zwei Strände miteinander verbunden hatte, war nun eine breite Einkaufsstraße. Die traumhaften Luftaufnahmen von der Insel existierten nur noch auf alten Bildern und bedruckten T-Shirts. Etwas abseits vom Hafen gab es aber noch immer ruhige, schöne Ecken. Und auch die Korallenriffe mit ihrer artenreichen Unterwasserwelt waren intakt geblieben. Jan und Felix sprangen begeistert ins Wasser. Es machte Spaß, ihnen beim Tauchen zuzusehen. Die Fische ließen sich durch die vielen Ausflugsboote und Schnorchler anscheinend nicht stören und wir hatten einen wunderschönen Tag. Wir konnten nicht ahnen, dass nur wenige Tage später die Korallenriffe und die Inseln ein Ort der Verwüstung wurden.

So viele Fische in dermaßen bunten, schillernden Farben! Für mich war das absolut neu. Man konnte förmlich hören, wie sie die Korallen annagten - total faszinierend! Zum Glück waren Jan und Felix dank Alexander schon zwei gute Schwimmer. In aller Ruhe konnten wir gemeinsam durchs Wasser treiben und uns per Handzeichen auf die neusten Entdeckungen aufmerksam machen.

Heiligabend fiel der Unterricht aus. Bei 30° Celsius mieteten wir einen Geländewagen und erkundeten Koh Lanta. Als wir am Abend zurückkehrten, hatte ein Engel die Weihnachtsgaben unter das Moskitonetz gelegt. Wie ver-

einbart, trugen uns Jan und Felix zunächst ein aus ihrem Lesebuch stammendes Gedicht vor, von einem Weihnachtsfest im Sommer handelnd. Erst danach durften sie sich auf die Geschenke stürzen. Schon in Bangkok, wo Jan und Felix an verschiedenen Verkaufsständen einige Wünsche geäußert hatten, versteckte ich in unserem Gepäck einige Lego-Teile, eine kleine Eisenbahn und ein mittelgroßes Tischfußballspiel. Außerdem hatten wir aus Berlin nicht bloß Reiseführer, sondern auch schon einige Weihnachtspräsente erhalten. Alles in allem gab es also trotz unserer Reisesituation ziemlich viele Geschenke und die Kinder freuten sich riesig darüber.

Am ersten Feiertag sorgte ein Gesellschaftsspiel, das zu den Geschenken aus Berlin zählte, bis nach Mitternacht für gemeinsame Unterhaltung. Am 26.12. standen wir daher erst spät auf. Gegen halb elf ging ich in das Restaurant am Strand, um unser Frühstück zu bestellen. Eine deutsche Frau kam mir aufgeregt mit ihrem Kind entgegen und meinte, da hätte ich aber etwas verpasst. Ganz plötzlich sei eine Welle auf den Strand zugerollt. Glücklicherweise habe sie rechtzeitig ihre Badesachen gegriffen, sonst wären sie weggespült worden. Wo sonst ein zwanzig Meter breiter Sandstreifen lag, war jetzt das Meerwasser. Touristen wie Einheimische standen am Rande des Wassers und betrachteten dieses unbekannte Phänomen. Langsam zog sich das Wasser zurück und der Strand wurde wieder frei gelegt. Jedoch stoppte es nicht am üblichen Punkt, sondern zog sich noch viel weiter zurück, legte sehr viel Meeresgrund frei, der normalerweise nicht sichtbar war. Auch Alexander und die Kinder waren mittlerweile gekommen. Alexander deutete zum benachbarten Ressort, wo wir Heiligabend mit vielen anderen Menschen vor einer Bühne gesessen hatten. Dort hatte die Welle eine kleine Lagune überspült. Wie aus einem großen Trichter floss das Wasser nun wieder in das Meer zurück. „Guckt mal, was da los ist!", meinte Alexander zu den Kindern, „Da schwimmen ja die Stühle im Meer. Lasst uns mal hingehen!" Ich blieb lieber sitzen in Erwartung meines Kaffees. Das Wasser zog sich immer noch weiter zurück und hinterließ einen breiten hellen Streifen. Abgesehen von der Farbe fühlte ich mich an das Watt der Nordseeküste erinnert. Es war vollkommen windstill. Dann war an eine Bestellung nicht mehr zu denken. Ganz plötzlich rollte das Wasser erneut wie ein langes weißes Band auf das Festland zu. Der Strand wurde abermals heftig überspült und diesmal auch die kleine auf Stelzen erhöhte Terrasse, auf der ich gerade noch auf einem Stuhl gesessen hatte. Die Menschen wichen zurück. Als ich mich kurz fragte, wohin sich Alexander mit den Kindern geflüchtet haben mochte, kamen sie auch schon angelaufen. Nur Felix' Shorts waren etwas nass. Alle Leute waren irgendwie in Bewegung, aber nicht sehr besorgt. Es wusste ja auch niemand, was eigentlich los war. Schon trat eine dritte Welle auf das Ufer zu. Diesmal deutlich höher, man sah sie förmlich in *der Luft stehen. Alexander schnappte sich Jan, ich mir Felix und wir rannten so schnell wir konnten in Richtung Landesinneres.*

Als die Kinder und ich vor der benachbarten Bungalowanlage Lampen, Tische und Stühle im Wasser schwimmen sahen, gingen wir neugierig dorthin. Zu diesem Zeitpunkt war noch niemand ernsthaft beunruhigt und ich dachte auch, man müsse die Sachen retten. Dann aber kam die zweite Welle. Sie war nicht besonders hoch, jedoch lief das Wasser weit über jenen Punkt hinaus, an dem es sonst stoppte. Furcht erregend war die Kraft des Meeres. Was im Weg stand, wurde weggespült. Felix, der auf einmal bis zu den Oberschenkeln im Wasser stand, nahm ich auf den Arm und zusammen mit Jan liefen wir weg vom Meer. Unterwegs trafen wir auf Susanne. Ein Blick zurück zeigte, dass eine dritte, weit größere Welle auf den Strand zukam. Nun rannten wir richtig. Als wir uns in Sicherheit fühlten, entschloss ich mich, zu unserem Bungalow zurückzulaufen. Dort warf ich die Handys, das Geld, die Flugtickets, die Pässe und Trinkwasser in eine Tasche. Von draußen hörte ich Schreie: „A monsterwave is coming!" Ich fragte mich, was ich Idiot eigentlich in der Hütte machte und rannte zum vereinbarten Treffpunkt.

An der Hauptstraße, 200 Meter landeinwärts, sammelten sich viele Touristen an einem kleinen Laden mit Internetzugang, Telefon und Getränkeverkauf. Nur mit ihren Badesachen bekleidet, waren manche Menschen panisch und orientierungslos. Einige Kinder weinten. Der freundliche Betreiber des Ladens reagierte auf das Chaos lächelnd und gelassen. In kürzester Zeit verkaufte er so viele Getränke wie sonst während einer ganzen Woche nicht. Ich versuchte, im Internet herauszufinden, was eigentlich los war. Vergeblich – ganz offensichtlich fand aber etwas Schlimmes statt, bloß wussten wir nicht, was und ob wir mittendrin oder nur am Rande des Geschehens waren.

Verschiedenste Fahrzeuge strömten vollbesetzt in Richtung Fährhafen. Susanne und ich waren uns einig: Auf eine Fähre zu gehen war zu riskant. Besser ab zum höchsten Punkt der Insel. Der kleine Laden vermietete auch einige Motorroller und jenen Geländewagen, mit dem wir Heiligabend unseren Inselausflug gemacht hatten. Erstaunlicherweise war er noch zu haben. Niemand hatte auf das Schild „for rent" reagiert. Ich warf dem Vermieter meinen Personalausweis auf den Schreibtisch und er den Autoschlüssel zurück. Das reichte für die Formalitäten. Als wir einstiegen, sprang noch schnell eine zehnköpfige schwedische Familie auf die kleine Ladefläche des Pick-ups. Der Tank war fast leer. Die nächste Zapfsäule lag an der Küstenstraße. An einem Abschnitt hatten die Wellen einen Wagen an die Felsen geschleudert, Steine und Holz lagen herum. Als unser Weg dann endlich mit gefülltem Tank in die Berge führte, atmeten alle erst einmal kräftig durch.

Unser Ziel war ein Aussichtspunkt – mit 400 Metern die höchste Stelle Koh Lantas. Etwa zweihundert Personen fanden sich dort oben ein. Auch das kleine Restaurant hatte sicher nie zuvor so viele Gäste. Die Betreiber reagierten unglaublich gelassen und flexibel auf die ganze Situation und versorgten die Menschenmenge mit Wasser, Bier und Essen. Hektik verbreiteten eigentlich nur wir Touristen. Von oben hatte man eine gute Sicht auf das Meer, das wieder seltsam glatt aussah. Immer neue und teilweise widersprüchliche Meldungen drangen durch. Eine junge Frau vermisste ihren Vater, der mit dem Boot unterwegs war. Im wahrsten Sinne des Wortes tauchte er gegen Abend unbeschadet wieder auf. Die wohl schlimmste Nachricht erhielt ein Mann aus Indien, der in seiner Heimat acht Menschen verloren hatte.

Dort oben auf dem Berg lernten wir auf einen Schlag viele sympathische Leute kennen. Felix und Jan freundeten sich nun schnell mit zwei deutschen Jungen an. Die Aufregung der Erwachsenen übertrug sich auch auf die Kinder. Alle bildeten eine Notgemeinschaft, in der man sich gegenseitig unterstützte. Die Nacht rückte näher. Wir hatten alle nur, was wir auf dem Leib trugen. Wärmere Kleidung und Schlafsäcke waren mit dem anderen Hab und Gut in den Hütten. Wir persönlich hatten immerhin die wichtigsten Wertsachen, aber der Laptop, die Kamera, die Schulsachen? Sollte man all diese Dinge holen?

Im Radio des Restaurants lief Musik, über die Katastrophe wurde nichts berichtet. Die ersten brauchbaren Meldungen kamen per Handy von Verwandten und Freunden in der Heimat. Um 14 Uhr, 8 Uhr deutscher Zeit, weckte ich meinen Bruder und auch Susanne rief zuhause an. Bevor unsere Angehörigen von dem Seebeben hören konnten, wussten sie bereits, dass es uns gut ging.

Als Besitzer eines Mobiltelefons mit thailändischer SIM-Card und Mieter eines Geländewagens hatten wir auf dem Berg eine besondere Stellung. Viele hatten zwar ihr Handy aus der Heimat, aber das Telefonieren kostete sie ein Vermögen. Über unsere Nummer konnten sie sich billig zurückrufen lassen. Der Mietwagen bot eine Möglichkeit, das restliche Gepäck zu holen. Das Leben war gerettet, nun machten wir uns – so blöd wir uns auch dabei fühlten – Sorgen um die Wertsachen. Die große Frage war, ob wir mit einer weiteren Welle rechnen mussten. Gemeinsam mit einigen anderen Männern fuhr ich schließlich zu den verschiedenen Unterkünften. Diesmal benutzten wir eine mir zuvor unbekannte Nebenstrecke über die Berge und hielten uns auf diese Weise noch kürzer an der Küste auf. In Strandnähe rief man uns dann zu, die nächste Riesenwelle werde in 20 Minuten erwartet. Es folgten aber keine Wellen mehr, nicht nach 20 Minuten und auch nicht in den nächsten Tagen. Das wussten wir zu diesem Zeitpunkt jedoch noch nicht. Die Sonne schien, das Meer war ruhig und spiegelglatt. Mich überkam eine seltsame Stimmung.

Einerseits wusste ich nun, dass wir alles ohne jeden Schaden überstanden hatten, andererseits aber auch, dass nicht weit entfernt viele Menschen gestorben waren. Wie viele, das erfuhren wir erst weit später. Irgendwann erklang aus den Lautsprechern des Restaurants Musik von Jack Johnson. Dieser Sänger war mir bis dahin noch nicht aufgefallen. Auf unserer Weiterreise wurden seine Songs in Kneipen oder im Radio noch häufig gespielt. Bis heute überläuft mich ein Schauer, wenn ich seine Stimme höre.

Die Vollmondnacht auf der hölzernen Aussichtsplattform war hart, aber wir waren dankbar, dass es uns gut ging. Immer wieder klingelte das Handy eines deutsches Paares, das am folgenden Tag von Krabi nach Bangkok fliegen wollte. Ständig erhielten sie neue Horrormeldungen. Die Zahl der Toten stieg und langsam wurde klar, was sich tatsächlich zugetragen hatte. Es war sonderbar, dass in Thailand an jeder Ecke ein Fernseher stand und trotzdem niemand vor der Gefahr durch das Meer hatte gewarnt werden können. Zwischen dem Seebeben und dem Eintreffen der Wellen lag keine geringe Zeit: Viele Tragödien wären verhindert worden, mancher Schaulustige wäre noch am Leben, mancher Hilfsbereite hätte Stühle und anderes dem Wasser überlassen, wenn er schon bei der ersten Welle gewusst hätte, womit er konfrontiert war.

Am nächsten Tag kehrten einige Touristen in ihre Strandhütten zurück, die meisten reisten jedoch irgendwohin ab. Wir hatten noch immer den Wagen. Alexander transportierte die schwedische Großfamilie und einige andere Personen zu verschiedenen Orten. Wir selbst wollten uns gerne dem deutschen Paar und seinen zwei Söhnen anschließen, die wir am Berg kennen gelernt hatten. Wir könnten, so schlugen Christian und Ulla vor, mitkommen zu ihren Mitreisenden, die die Nacht gemeinsam mit einigen anderen Touristen ebenfalls in den Bergen verbracht hatten, bei den Angestellten ihres kleinen Ferien-Ressorts. Wir zögerten erst, ob wir dort nun auch noch aufkreuzen sollten. Jan und Felix aber wollten unbedingt mit den neuen Freunden zusammenbleiben. Für die thailändische Familie schien es überhaupt kein Problem zu sein, dass nun auch noch wir in einer Ecke ihres großen Wohnzimmers schliefen. Mit einem Moped wurden immer wieder Lebensmittel aus dem Ressort herbei geschafft. Am Ende des Aufenthalts sammelten alle Gäste Geld für Kost und Logis. Erwartet hatte die Familie für ihre Hilfe offenbar nichts – kaum zu fassen, eine dermaßen große Gastfreundschaft.

Auch mit der anderen deutschen Familie verstanden wir uns auf Anhieb gut. Wir beschlossen, zu elft weiterzureisen. Der neunjährige Ilian war von der Schule frei gestellt und so blieben noch zwei Wochen Zeit. Wieder und wieder sprachen wir über die Tsunamiwellen und jeder schilderte ein um das andere

Mal, wie er die Situation erlebt hatte. Zwei der anderen Kinder litten unter Schlafstörungen. Jan und Felix träumten zwar von den Erlebnissen, schliefen aber gut und wirkten auch ansonsten nicht verängstigt. Die beiden freuten sich in erster Linie darüber, mit Gleichaltrigen zusammen zu sein und dabei endlich wieder deutsch zu sprechen.

Auf Koh Lanta gab es vergleichsweise geringe Schäden. Die leicht gebauten Restaurants am Strand waren zerstört, ebenso die Bungalows in unmittelbarer Meeresnähe. Von Verletzten wurde berichtet. Dass zwei Kinder auf der Insel gestorben waren, erfuhren wir erst später in Berlin. Dagegen kursierten Berichte von Menschen, die großes Glück gehabt hatten. An einem Strand saßen demnach die Gäste am Frühstückstisch. Eine Welle riss den Anker eines Fischkutters aus dem Meeresboden. Das Boot fuhr auf einmal direkt am Restaurant vorbei und zerschellte an einem Felsen. Die zwei Besatzungsmitglieder konnten noch rechtzeitig von Bord springen und wurden gerettet. Wir hörten von einem Taucher, der unter Wasser wie in einer Waschmaschine herumgeschleudert worden sei. Einer Meeresschildkröte in seiner unmittelbaren Nähe sei es genauso ergangen. Es gelang ihm schließlich, wieder aufzutauchen und zurück aufs Schiff zu steigen, wo er auch alle anderen Mitglieder seiner Tauchgruppe unversehrt wieder traf. Auch horrorartige Gerüchte machten die Runde, erwiesen sich aber – wie das von den beiden gesunkenen Autofähren – für die Insel Koh Lanta glücklicherweise als falsch.

Die Thailänder begannen sehr schnell mit den Aufräumarbeiten und Reparaturen. Als wir zwei Tage nach den Tsunamis Koh Lanta verließen, stand schon wieder vieles. Unsere Hütte, rund hundert Meter vom Wasser entfernt, war nicht einmal nass geworden. Die ganze Rettungsaktion des Gepäcks war eigentlich sinnlos. Vom Strand aus konnte ich in der Ferne Koh Phi Phi sehen. Vielen Menschen dort war es anders ergangen.

Die Bilder des Unglücks, die man in Deutschland im Fernsehen sehen konnte, erreichten uns nur zu einem kleinen Teil. Obwohl wir der Katastrophe sehr nahe gewesen waren, bekamen wir nicht die grauenhaften Einzelheiten präsentiert wie unsere tausende Kilometer entfernten Freunde. Verschiedene Deutsche erzählten uns später von der vollkommen geschmacklosen Berichterstattung, die das Leid ohne Scheu präsentiert habe. Im thailändischen Fernsehen wurde ein Überblick gegeben, aber die Bilder zeigten nicht wieder und wieder die Leichenberge. Da sich die deutschen Medien anfangs auch sehr auf Thailand konzentrierten, konnten sich unsere Verwandten und Freunde kaum vorstellen, wie normal das Leben zumindest dort, wo wir uns aufhielten, bei aller Bestürzung geblieben war. Immer wieder versicherten wir ihnen, problemlos frisches Trinkwasser und Lebensmittel zu erhalten.

Zwei Tage nach den Tsunamis verließen wir Koh Lanta. Unsere Großgruppe mietete einen Minibus. Im Khao Sok Nationalpark unternahmen wir fern des Meeres drei Tage lang Wanderungen im tropischen Regenwald. Die fünf Jungen erfanden immer neue Spielchen. Am liebsten waren sie Bauarbeiter, die lange Bambusstangen durch die Gegend schleppten. Aus den zerstörten Gebieten waren viele Urlauber abgereist. Andere wichen aus an Thailands Ostküste. Auch wir fuhren am Silvestertag nach Koh Samui. Die große Insel war brechend voll. Nur für die Neujahrsnacht fanden wir eine Unterkunft für uns alle, so dass wir für den nächsten Tag die Überfahrt zur Nachbarinsel planten. Am Mae Nam Beach gab es zum Jahreswechsel ein prächtiges Feuerwerk – das Leben nahm seinen gewohnten Lauf und mir kam das nicht ganz passend vor.

Auf Koh Phangan waren nur wenige Pauschalurlauber, so dass die Unterkunftssuche schnell zum Erfolg führte. Im „Bounty Ressort" am malerischen Prae Lam Beach bezogen die Kinder gemeinsam die größte Hütte. Jan und Felix fanden endlich mal wieder Anregungen durch andere Kinder und sie alle waren stundenlang nicht zu sehen. Viel Zeit verbrachten sie mit den streunenden Hunden – wie es schien, konnten Alexander und ich uns nach unserer Heimkehr nicht mehr länger vor einem Haustier drücken. Beim Spiel am Meer merkte man, dass der Schrecken der Tsunamiwellen auch bei den Kindern noch immer nachwirkte. Häufig rief einer der Jungen ganz plötzlich: „Tsunami!" Und alle liefen weg, so schnell sie konnten.

Eines Tages fanden die Kinder eine große Holzkiste am Strand. Eine Taucherbrille und verschiedene Werkzeuge waren darin. Die Kinder rankten nun viele Geschichten um diesen mysteriösen Fund. Er kam ihnen sehr zupass, denn sie hatten gerade begonnen, vor ihrer Hütte eine Bar einzurichten. Für das Aufknacken der gesammelten Kokosnüsse konnten sie den Hammer und den Schraubendreher gut gebrauchen. Gläser, Eiswürfel und Zitronensaft erhielten sie von den freundlichen Betreibern des Bounty-Ressorts. Mit ihrem Werbesong „In der Hi-, in der Ha-, in der Hila-Hula-Bar gibt es eiskalte Drinks wie am kalten Polar!" lockten die Jungen fortan so manchen wohlwollenden Gast an ihren Ausschank. Später schrieb Jan in einer E-Mail: „Wir haben Kokosnüsse verkauft und Zitronensaft. Es sind zwar nicht viele Sachen zum Verkaufen, aber wir haben viel verdient. Es hat jeder von uns fünf Kindern zum Schluss 46 Baht bekommen. Das ist ungefähr ein Euro. Aber hier kann man dafür zum Beispiel eine ganze Herde Gummitiere kaufen."

Erst als wir wieder zur Ruhe kamen, bemerkten wir, dass Yum-Yum, der kleine Leopard, den Jan in Berlin von seinem besten Freund zum Abschied geschenkt bekommen hatte, im Chaos der vorangegangen Tage verschwunden war – für ihn ein großer Verlust. Ich rief die letzten Unterkünfte an, aber ohne Erfolg. Jan kullerten still die Tränen hinunter und er war einen Tag lang richtig deprimiert. Ein neues Stofftier anbieten wäre verfrüht gewesen – erst einmal gab es für Yum-Yum keinen Ersatz.

Wir Erwachsenen blickten nun mit größerem Abstand auf das Geschehene zurück. Wir fragten uns, weshalb auf Koh Lanta die Auswirkung der Tsunamis so ungleich geringer war als ganz in der Nähe auf Koh Phi Phi und in Khao Lak. Anfänglich wurde viel Falsches behauptet. Erst im Laufe der Zeit begriffen wir, dass es die unmittelbar große Meerestiefe vor Koh Lanta war, durch die sich die Tsunamis weniger stark aufbauen konnten als an flachen Küstenabschnitten. Fischer meiden traditionell solche Gegenden, denn sie wissen um die dortige Gefahr, aber wir Touristen finden das seichte Wasser und die langen Sandbänke besonders attraktiv.

In Thailand starben 5.000 Menschen durch die Tsunamis. Der materielle Schaden war vergleichsweise gering, viel schlimmer war für die Thailänder die Sorge, ob weiterhin Touristen in ihr Land kämen. Man wollte keine Spenden, sondern eine korrekte Berichterstattung. Die Bangkok Post beklagte, dass laut ausländischer Presse selbst die Hauptstadt überflutet worden sei. Tatsächlich hatten viele Strände die schrecklichen Auswirkungen der Wellen kaum zu spüren bekommen und obwohl selbst an den betroffenen Orten die eingestürzten Restaurants und Holzhütten in der Mehrzahl schnell wieder aufgebaut waren, traf die Menschen auch dort der Bann und sie wurden arbeitslos. Wir begegneten einem deutschen Paar, das trotz starker Bedenken die lange zuvor geplante Thailandreise machte. Zuhause hatten sie dafür viele vorwurfsvolle Blicke geerntet. In Thailand schien dagegen keiner ihren Besuch für moralisch verwerflich zu halten.

Der Kontakt zu unseren neuen Freunden tat uns allen ausgesprochen gut. Gemeinsam unternahmen wir einige Ausflüge per Motorroller. Eine Fahrt führte zum Hat Rin Beach. Ich erkannte den Ort kaum wieder, aber die Hütte, in der ich früher geschlafen hatte, stand noch. Auch der Vermieter war noch derselbe, aber er half bei Aufräumarbeiten auf Phuket. Mit Jan und Felix tobte ich in den Wellen. Angst vor dem Wasser hatten sie nicht. Sie vertrauten unserer Erklärung, dass der Osten Thailands von möglichen Nachbeben absolut nicht bedroht sein konnte. Als ich selbst aber daran dachte, wie viele Kinder wenige Tage zuvor ums Leben gekommen waren, wurde mir schlecht. Es war reiner Zufall, dass wir auf Koh Lanta gewesen waren und nicht wenige Kilometer entfernt, wo auch Jan und Felix hätten sterben können. Während sich einige Freunde zuhause fragten, ob wir die Reise überhaupt fortsetzen wollten, war uns dieser Gedanke dennoch nicht gekommen. Was hätten wir verändert, wenn wir nach Deutschland zurückgekehrt wären? Oder hätte ich Susanne und die Kinder vorübergehend alleine lassen und selbst nach Khao Lak fahren und dort helfen sollen? In Thailand wurde bereits sehr schnell und gut organisiert Hilfe geleistet, die man an vielen Orten durch Geldspenden unterstützen konnte. Aber vielleicht war meine Sicht, ganz persönlich nichts ausrichten zu können, auch einfach nur bequem.

Gesundheitlich gab es auf Koh Phangan die erste größere Einschränkung. Jan schrieb später: „Als wir in Thailand waren, hatte ich einen kleinen Pickel am Knie. Er wurde immer größer und hat sehr wehgetan. Dann sind Papa und ich zum Arzt gegangen. Er hat gefragt, ob er das Knie aufschneiden soll. Wir haben gedacht, er ist verrückt. Papa hat gesagt: Nein! Der Arzt hat uns eine Medizin gegeben. Dann sind wir in unsere Hütte zurück gefahren. Mama hat gesagt, die Medizin ist zu stark. Aber Mama hatte noch eine Salbe, die musste ich mir auf das Knie schmieren. Dann wurde es besser." Zum Glück schlug die antibiotische Creme von unserer Kinderärztin an, denn die Geschichte vom Krankenhausarzt wirkte ebenso wenig Vertrauen erweckend wie alle anderen, die wir über die ärztliche Versorgung in Asien schon gehört hatten. Jan erhielt Badeverbot, ich drückte einiges Sekret aus dem Knie und die Schwellung ging zurück. Jan war heilfroh, als er nach einigen Tagen wie die anderen Kinder wieder im Wasser toben durfte. Das groß angekündigte Unterrichtsprogramm fiel entgegen der guten Vorsätze aber wieder sehr schmal aus. Dafür nahmen jetzt auch die drei anderen Jungen daran teil. Es war hilfreich, die Leistungen von Jan und Felix nach so vielen Monaten für eine kurze Zeit mit denen anderer Gleichaltriger vergleichen zu können. Sie waren ähnlich gut, das beruhigte mich. Wenn wir die vielen Zeiten verrechneten, die wir „on the road" und daher ohne Schulaufgaben verbracht hatten, ergab dies im Durchschnitt weniger als eine halbe Stunde Unterricht pro Tag. Offenbar reichte diese Zeit aber aus. In der Eins-zu-Eins-Situation mit Alexander oder mir war die Konzentration auf den Stoff für Jan und Felix eben doch weit intensiver als in einer Klasse mit dreißig Kindern, in der zwar jede Menge soziales Lernen stattfindet, aber auf der inhaltlichen Ebene für den Einzelnen häufig auch kaum vermeidbarer Leerlauf herrscht.

Ich selbst freute mich, nach Monaten mal wieder mit Frauen zu sprechen. Diese spezifischen Freundinnengespräche, in denen es auch mal um die Macken des Partners und den Zoff am vorigen Abend gehen konnte, taten doch einfach gut. Aber auch der Kontakt zu den Männern war eine willkommene Abwechslung für mich. Mit Christian konnte man sogar shoppen und mit Holger Schach spielen. Kurz – wir waren zwar in Thailand, aber der soziale Rahmen war vorübergehend eher wie zuhause. Als die beiden Familien nach

Deutschland abreisen mussten, hinterließen sie bei uns ein ziemlich großes
Loch. Zum ersten Mal hatten wir alle ziemlich großes Heimweh.

Erst wollten wir das Bounty-Ressort schnell verlassen, da es so stark besetzt
war von den schönen Erlebnissen mit den Freunden, dann aber blieben wir
doch noch einige Tage und füllten die Leere mit verstärktem Unterricht, mehr
Gesellschaftsspielen und einigen Ausflügen per Motorroller, jeder mit einem
Kind auf der Sitzbank. Jan genoss es, wenn er dabei auch mal selbst lenken
und Gas geben durfte. Eine Tour führte eine steile Bergstraße hinauf. Warnungen, dort besser nicht entlang zu fahren, schlugen wir in den Wind, denn
während einer Autofahrt hatten wir den Eindruck, diese Strecke sei auch
durchaus per Motorroller passierbar. Kurve um Kurve ging es den Berg hinauf. Oben angekommen, teilte mir Felix dann ganz trocken mit: „Mama ist
unten in den Graben gefallen." Erst dachte ich, er mache einen Scherz. Dann
fuhren wir schnell wieder hinunter. Die fluchende Susanne und der etwas ver-
störte Jan standen schon wieder. Glücklicherweise war ihnen nichts passiert.
Am Moped waren auch nur ein paar Teile verbogen. Wir drehten um und versuchten nie wieder, diese Strecke per Zweirad zu bewältigen.

Visa-Run und Wasserwelt

Streik- und Feiertage hatten erst in Kolkata und dann in Yangon die Beantra-
gung eines zweimonatigen Visums verhindert, daher lief die für europäische
Touristen übliche 30-tägige Aufenthaltserlaubnis am nächsten Tag ab. Wir
mussten schleunigst in den Nachbarstaat Myanmar ausreisen, um bei der
Rückkehr nach Thailand eine weitere Aufenthaltserlaubnis für 30 Tage zu
erhalten. Das Ganze läuft unter der Bezeichnung Visa-Run und ist weit verbreitet. Einige Ausländer leben monate- oder sogar jahrelang auf diese Weise
in Thailand. Daraus ist ein richtiger Tourismuszweig geworden. Alles war
durchorganisiert. Unser Gepäck ließen wir im Bounty-Ressort auf Koh Phangan. Auf dem Festland brachte uns und andere Traveller ein Minibus nach
Ranong an der Grenze zum äußersten Süden Myanmars. Dort erhielten wir
von den thailändischen Behörden den Ausreisestempel. Ein dröhnendes Long-
tailboat, wie wir es schon vom Inle-See kannten, brachte uns dann zum
Grenzposten von Myanmar. Mit dem Einreisestempel ging es weiter zum Hafen der Stadt Kaw Thaung, wo es den Stempel für die Ausreise gab und die
richtigen Visa-Run-Traveller gar nicht erst den Bootssteg verließen, sondern
sofort wieder zurückfuhren zu den thailändischen Behörden. Mit neuem Einreisestempel erreichten sie noch vor Mitternacht ihr jeweiliges Inseldomizil.
Wir waren die einzigen, die in Kaw Thaung blieben. Wenn auch nur für eine
Nacht, so war es doch interessant, noch einmal in Myanmar zu sein und die

wohlbekannten Verhaltensweisen zu erleben. Auf der Straße spielten junge Burschen mit einem Bambusball und beim Lachen entblößten sie ihre rot gefärbten Zähne. Jan und Felix mussten sich wieder vieler freudig grapschender Hände erwehren. Die beiden waren froh, als wir am nächsten Tag nach Thailand zurückkehrten – auch in punkto Essen, denn die Speisekarte gab in Kaw Thaung wieder kaum etwas für sie her.

Ohne unsere deutschen Freunde verstärkte sich der Kontakt zu den Betreibern des Bounty-Ressorts. Bei den jungen Freaks ging es sehr locker zu. Die traumhaften Sonnenuntergänge begleiteten sie oft mit ihren Gitarrenklängen. Wurde es mal später, bediente man sich selbst am Kühlschrank und schrieb auf, was man getrunken hatte. An einem Tag, als im Restaurant wenig los war, brachte Chai, einer der Betreiber der Anlage, die Kinder und mich mit einigen anderen Gästen auf seinem Boot zu einer kleinen Nachbarinsel. Jan fragte mich dort: „Sag mal Papa, warum rauchen denn hier alle an *einer* Zigarette?" Von der Gefahr der hohen Strafen, die in Thailand bei Marihuanakonsum drohen, war auf Koh Phangan wirklich nichts zu spüren. Eines Tages tauchte ein Polizist in der Anlage auf. Chai hatte sich gerade eine dicke Zigarette angesteckt. Ich warnte ihn, aber er winkte nur ab. Der Polizist war einer seiner Verwandten.

Eigentlich gab es nur einen Grund, Koh Phangan nach 16 Tagen zu verlassen. So schön das Meer anzuschauen war, zum Baden war es bei Ebbe zu flach, um sich richtig wohl zu fühlen. Und außerdem fehlte noch das ganz große Schnorchel- und Taucherlebnis. Das versprach uns die Insel Koh Tao.

Der Horizont bewegte sich wie eine Wippe vor den Augen. Felix schlummerte selig auf meinem Schoß. Alexander las Zeitung. Auch Jan wirkte vollkommen unbesorgt. Offenbar schien nur ich daran zu denken, dass einen Tag zuvor die Fähre wegen der stürmischen See gar nicht erst hatte fahren dürfen. Zum Glück verwickelte mich ein Amerikaner so lange in ein Gespräch, bis wir endlich die ruhige Hafenbucht von Koh Tao erreichten. Auf der nur acht Kilometer langen und zwei Kilometer breiten Insel rumpelten wir über eine enorm steile Berg- und Talpiste mit einem Geländewagentaxi in die abgeschiedene Tanote-Bucht. In einer kleinen Ferienanlage bezogen wir zwei Hütten am Hang, wo die Hängematte auf dem Balkon für mich zum wichtigsten Möbelstück wurde.

Stets ging ein kräftiger Wind und wir hörten die Wellen gegen die Felsen klatschen. Koh Tao war in der Tat das erhoffte Meeresparadies. Direkt vor der Haustür lag die Tauchschule. Während ich am Vormittag ins Wasser ging, mussten Jan und Felix bei Susanne für die Schule büffeln. Dann bauten sie –

wie so oft – aus Sand, Ästen, Steinen und anderem Material aus der Umgebung fantasievolle Landschaften, in denen ihre Autos und Tiere die abenteuerlichsten Dinge erlebten. Später gingen wir alle gemeinsam ins Wasser. Gleich beim Betreten des Meeres war es wie in einem Aquarium. Rund um uns herum tummelten sich die Fische. Etwas weiter draußen begannen die großen Korallenriffe. Mit Flossen konnte auch Felix ohne Probleme weit hinausschwimmen, selbst bei hohen Wellen. Und unter Wasser bewegten sich Jan und Felix ebenfalls schon wie die Meeresbewohner.

Einige Abende verbrachten wir mit meiner Tauchgruppe, alles Deutsche. Auch der Wirt unseres bevorzugten Restaurants kam aus Deutschland. Jan und Felix gefiel es sehr, dass mal kein Englisch gesprochen wurde und noch mehr, dass in der großen Runde auch einige Zirkuskünstler saßen. Wir machten lustige gruppendynamische Spiele und staunten über Zaubertricks. Jan wurden einige erklärt. Nicht nur uns konnte er fortan damit verblüffen.

Einer der Zirkuskünstler stachelte Jan und Felix an, sie sollten sich doch mal an die wilde Müllkippe oberhalb der Ferienanlage heranschleichen. Alleine trauten sie sich nicht. Ich ging mit und schon beim ersten Versuch hörten wir das laute Scheppern leerer Konservendosen. Wie schon in Afrika, bewiesen Felix und vor allem Jan erneut große Ausdauer bei der Tierbeobachtung. Mit Erfolg: Beim dritten Anlauf sahen wir zwei Warane, einer der beiden war mindestens 1,50 Meter lang.

Nur ein einziges Mal verließen wir für einen Tagesausflug unsere Bucht – ausreichend Zeit, um per Motorroller die kleine Insel zu erkunden. Ansonsten verliefen die Tage gleichförmig: Essen gehen, Unterrichten, Baden, Hängematte, Essen gehen, Hängematte – ich empfand dies schnell als Leerlauf, der abermals zu Grübelei und Trübsinn führte. Nicht einmal ein fesselndes Buch war aufzutreiben. Langsam hatte ich auch genug vom touristischen Leben am Strand. Ich wollte wenigstens ein bisschen thailändische Normalität und landschaftlichen Kontrast erleben. Jan und Felix störten sich nicht an unserem Trott, aber es hielt sie auch nichts in besonderem Maße in der Bucht. Von Fischen hatten auch sie langsam genug und das einzig wirklich Entscheidende wäre für die beiden der Kontakt zu anderen Kindern gewesen. In der Ferienanlage gab es zwar die Töchter und Söhne der thailändischen Angestellten, aber diese hielten wie üblich sehr großen Abstand zu uns und wir bekamen sie kaum zu Gesicht. Als Alexander nach neun Tagen genug vom Tauchen hatte, war ich froh, dass wir Koh Tao wieder verließen und auch Jan und Felix hatten gegen die Weiterreise in den Norden Thailands nichts einzuwenden.

Berge und Bangkok

Mit einem Katamaran fuhren wir ans Festland nach Chumpon. Ab dort waren Busplätze nach Bangkok reserviert. Der Fernseher verhieß den Kindern angenehme Unterhaltung während der langen Fahrt. Als dann aber lautstark und unentrinnbar „Der mit dem Wolf tanzt" lief, war ich überhaupt nicht begeistert. In Deutschland hätten die Kinder diesen Film nicht sehen dürfen, jetzt sollten sie, wenn Kevin Costner in brutale Kämpfe verwickelt wurde, wenigstens die Augen und Ohren zuhalten. Ich freute mich, als wir in Bangkok in den Nachtzug stiegen, der einer der letzten Orte Thailands war, an denen keine Flimmerkiste lief.

Chiang Mai ist Ausgangspunkt für viele Aktivitäten und Touren in die Bergwelt, aber auch die größte Stadt im Norden mit reichhaltigem Konsumangebot. Nach Monaten asiatischen Essens oder Farang-Food, also asiatisch-europäisches Essen für Ausländer, fanden wir dort sogar ein German Hofbräuhaus: Kassler, Sauerkraut, Spätzle, Sauerbraten, Wurst, Käse, dunkles Brot, gezapftes deutsches Bier. Der Appetit war bei uns allen riesengroß. Mit der Zeit erkannte ich immer deutlicher: Die deutsche Küche wird entschieden unterschätzt. Auf die Hump-ta-ta-Musik und die Thaifrauen im Dirndl hätte ich allerdings verzichten können.

Gleich für den nächsten Tag mieteten wir einen kleinen Suzuki-Geländewagen. Den Allradantrieb beanspruchten wir kräftig, denn Susannes Abenteuerlust führte uns nördlich von Chiang Mai dort durch die Berge, wo auf der Straßenkarte schon lange kein Fahrweg mehr eingezeichnet war. Schließlich landeten wir im Mae Sa Valley – ein Tal voller Attraktionen, gut besucht von einheimischen Touristen. Der Reißer war es nicht, aber den Kindern gefiel es dort. Wir besuchten eine Affen-Show, eine Orchideen- und Schmetterlinsfarm und Felix wollte unbedingt auch zu einer Dog-Show. Da zeigte man uns einen Labrador, der auf Befehl Platz und Männchen machte. Zuchtrassen sind in Thailand ungewöhnlich, Hunde sind dort herrenlos herumlaufende Promenadenmischungen. Die Schlangenshow wird mir am stärksten in Erinnerung bleiben. Wir waren in Thailand und da wurde nicht lange gefragt, ob man die Schlange vielleicht mal berühren wolle. Die erste Reihe der Tribüne war nach kurzer Zeit leer gefegt und die Zuschauer hielten sich möglichst weit abseits des Geschehens. Ich gebe offen zu: Schlangen kann ich überhaupt nicht ab. Aber auch in der letzten Reihe blieb man vor ihnen nicht verschont. Eine noch kurz vorher nach allem sich bewegende, beißende Jumping-Snake wurde mir einfach auf den Schoß gelegt. Ich war heilfroh, als sie wieder weg war. Die Kinder und Susanne nahmen meine Nöte dagegen ebenso wenig ernst wie der Schlangenmeister selbst. Sie konnten sich kaum halten vor Lachen. Und Jan ließ sich überdies auch noch eines der Tierchen um den Kopf legen.

Auf der Weiterfahrt nach Pai stoppten wir an einem der vielen Wasserfälle. Das kühle Nass prasselte den Kindern und mir aus 30 Meter freiem Fall auf unsere Körper. Im kleinen Ort Pai angekommen, bekamen wir in Anbetracht der vielen Touristen auf den Straßen erst einmal einen Schreck. Uns erwarteten aber gute Kneipen, sehr gute Farang-Restaurants und trotz der vielen Besucher eine angenehme Atmosphäre. Im Blue Lagoon fanden wir ein günstiges Familienzimmer. Die Kinder fühlten sich in der Unterkunft so wohl, dass Susanne und ich nach vielen Wochen auch mal wieder gemeinsam ausgehen konnten. In Fußnähe gab es eine wunderbare Musikkneipe. Der Thai-Jazz war super und unser beider Stimmung auch. Zur Krönung ließen die Kinder uns am nächsten Morgen sogar ausschlafen, während sie sich mit großen Reifenschläuchen im riesigen Swimmingpool vergnügten.

Von Pai aus besuchten wir einige Bergdörfer. Auch heiße Quellen steuerten wir an, die waren bei der Hitze aber alles andere als einladend. Erfrischend war dagegen ein Elefantenritt. Susanne saß mit Jan auf dem einen, Felix mit mir auf dem anderen Dickhäuter. Die Mahouts – Elefantenführer – fragten uns vorher, ob wir zum Fluss reiten wollten. Na klar, stimmten wir zu. Was wir im Wasser erlebten, übertraf alle Vorstellungen. Dass wir nass würden – selbstverständlich. Aber dass sich die Elefanten im Fluss einfach zur Seite legten und nur noch ihre Rüssel aus dem Wasser ragten – damit hatten wir nicht gerechnet. Die Mahouts amüsierten sich, als wir uns auf den breiten Rücken nicht mehr halten konnten und wir genossen das gemeinsame Bad mit den Dickhäutern.

In nordwestlicher Richtung erwartete uns eine äußerst kurvige Berg- und Talfahrt. Auf den gut ausgebauten Hauptstraßen fuhren wir im Schnitt 30 Stundenkilometer, auf den Pisten sogar deutlich weniger. Im Bergdorf Ban Tham verbrachten wir in der Cave Lodge nach einem leckeren Essen die kalte Nacht. Zu Fuß besuchten wir die Tham-Lot-Tropfsteinhöhle, wo wir auf einem Bambusfloß durch die 500 Meter lange Grotte glitten. An einigen Stellen stiegen wir aus und unsere Führerin machte mit ihrer großen Gaslampe auf die verschiedenen Gesteinsformationen aufmerksam. Jan und Felix hatten ihren Spaß vor allem beim Füttern der vielen Karpfen, die im Dunkel der Höhle auf die Leckerbissen der Touristen warteten.

Auch die Mauersegler und Fledermäuse, die zu Hunderttausenden in der Tham-Lot-Höhle leben, boten ein sagenhaftes Naturschauspiel. In der Abenddämmerung kehrten die Mauersegler nach verrichtetem Tagwerk zurück. Ur-

plötzlich kamen sie alle auf einmal kreischend angeflattert und stießen in das Dunkel der Höhle – ein Wunder, dass es zu keiner Massenkarambolage kam. Mit der Dunkelheit war auch der letzte Mauersegler daheim und alsbald schwebten die ersten Fledermäuse lautlos in die Nacht.

Mir gefiel es, wieder „on the road" zu sein. Nun – beim gemeinsamen Erkunden der weiten Welt – fühlte ich mich auch Alexander wieder verbunden. Kehrte Ruhe ein, fehlte mir schnell eine gewisse Intensität, die mir unterwegs weniger wichtig war. Dann erfreute ich mich am gemeinsamen Genuss der vielen Anregungen von außen und der Tatsache, dass Fragen nach der Route und dem Reisestil nie ein Problem wurden. In den Bergen fand ich auch die landschaftlichen Kontraste, die mir am Strand auf die Dauer fehlten. Wir tuckerten über viele Pässe durch eine spärlich besiedelte Berglandschaft, durchzogen von Wasserläufen und Reisfeldern. Eines der viel beschriebenen Opiumfelder entdeckten wir jedoch nicht.

In den Dörfern des Nordens trafen wir auf Volksstämme, die ehemals aus Burma oder Zentralasien zuwanderten. Vom großen Tourismuskuchen bekommen auch sie seit einigen Jahren ein ganz kleines Stückchen ab. Meist sind es organisierte Touren, die ihnen regelmäßig den Besuch von Reisenden aus aller Welt bescheren. Wir besuchten, durch das Auto unabhängig, auf eigene Faust ein Dorf der Karen. Anfangs kamen wir uns ziemlich bekloppt vor, so ohne eine gemeinsame Sprache. Aber der Aufenthalt gestaltete sich doch sehr nett und heiter. Gleich, als wir aus dem Wagen stiegen, breiteten um die fünfzehn Frauen dezent und blitzschnell hunderte Schals und andere Webwaren auf dem Boden aus. Geduldig sahen uns die Frauen beim Begutachten ihrer Handarbeiten zu. Nachdem wir ein paar der farbenfrohen Stücke gekauft hatten, verschwanden die Frauen ebenso schnell wie sie gekommen waren. Im Dorf fanden wir auch einen Führer, mit dem wir zur wenig besuchten Tham-Yaom-Höhle wanderten. Allein wären wir im Dschungel hoffnungslos verloren gewesen. Nach einem schweißtreibenden Marsch stoppten wir vor einer von üppigem Grün überwucherten Felswand. Ein kleines Loch war der Eingang zur Tropfsteinhöhle – für den zierlichen Karen kein Problem. Aber auch Alexander zwängte sich schließlich in die Höhle. Jan und Felix waren begeistert – das hatte echte Abenteuerqualität! Fast eine Stunde liefen wir vorsichtig durch die Finsternis des kühlen Berges, der Mann und die Kinder mit unseren Taschenlampen voran.

Weiter ging die Fahrt nach Mae Hong Son. Dieser Ort war auch touristisch, aber im Vergleich zu Pai stimmte das Zahlenverhältnis von Touristen zu Einheimischen schon eher. Nach dem intensiven Pagoden-Programm in Myanmar besuchten wir in Thailand erst jetzt das erste Mal eine religiöse Stätte. Wir spazierten zum hoch oben auf einem Berg liegenden Wat Doi Kong Mu, von wo aus sich ein prächtiger Blick auf Stadt und Berge bot. Ansonsten diente die Zeit in Mae Hong Son der Organisation: im Internet nach Wohnmobilen in Neuseeland suchen, E-Mails beantworten, Wäsche zum Waschen bringen, den Schuhmacher mit Arbeit versorgen. Die Kinder konnten sich ohne unliebsame Unterbrechung ihrem Spielzeug widmen. Es hatte sich nur durch ihr Taschengeld und aufgrund der günstigen Preise in Thailand ordentlich vermehrt. Vor der Weiterreise nach Singapur mussten wir noch einmal ein Paket nach Hause schicken.

Der nächste Tag wurde zu einem der Höhepunkte der ganzen Reise. In aller Frühe wurden wir zum Ausgangspunkt einer Raftingtour gebracht. Gemeinsam mit zwei Thais und einigen anderen Touristen ging die Fahrt im Schlauchboot 45 Kilometer fernab jeder Straße durch pure Wildnis den Pai-River hinunter. Was eine solche Strecke auf wildem Wasser bedeutet, war mir vorher nicht ganz klar. Eine Uhr hatten wir nicht dabei. Als mein konditioneller Zustand mir sagte, wir müssten gleich am Ziel sein, fragte ich deshalb mal nach. 20 Kilometer hatten wir bislang geschafft. Und jetzt ging es erst richtig los. Unsere zwei Bootsführer verbreiteten aber eine Superstimmung. Eine Stromschnelle nach der anderen. Vorne die Felsen, hinten das Kommando: „Paddle!" Und die Kraft war augenblicklich wieder da.

Auch Jan und Felix gaben alles. Felix sollte, jung wie er war, zunächst kein Paddel bekommen. Als unser Führer die dicken Tränen in seinen Augen sah, ließ er sich aber zum Glück umstimmen. Wenn die Kinder ihre Paddel ins Boot nehmen sollten, wussten wir: Es wurde ernst. Und wenn es dann noch hieß: „Forward – pleeeeaase!", dann mussten wir wirklich ins Wasser stechen, was das Zeug hielt. Am Abend meldeten sich die Oberarme mit kräftigem Muskelkater.

Zurück in Mae Hon Son, schliefen Alexander und ich sowie Jan und Felix für viereinhalb Monate das letzte Mal separat. Gut, dass ich das damals nicht wissen konnte! Nicht, dass dies sofort wilden Sex implizierte – nein, auch davon abgesehen fand ich es angenehm, die Tür einfach mal zu schließen und – bei aller Liebe – nicht ständig vom ersten bis zum letzten Wimpernschlag die Kinder um mich zu haben. Rückblickend hatten wir in dieser Hinsicht in Indien den größten Luxus, wo wir fast immer zwei Zimmer mieteten. In Thailand leisteten wir uns dies wie schon in Südafrika etwa jede dritte Nacht. Im letzten Drittel der Reise wurde Privatsphäre gänzlich ein Fremdwort. Zwei Zimmer gab es erst wieder kurz vor der Heimreise.

*Im Dörfchen Mae Chaem gelangten wir zufällig in eine nagelneue kleine Fe-
rienanlage. Das Geweih über der Eingangstür unseres Häuschens erinnerte
an die Alpen. Den riesigen Pool in der offenen Landschaft hatten Jan und
Felix ganz für sich allein. Schwimmen und Tauchen tat ihnen nach langen,
heißen Autofahrten immer wieder gut. Allerdings zeigte sich am nächsten Tag
schon wieder eine Entzündung an Jans Knie. Langsam hegte ich den Ver-
dacht, dass er auf Bakterien im Schwimmbecken reagierte. Abermals half die
Salbe aus der Reiseapotheke.*

*Letzter Stopp auf der Rückfahrt nach Chiang Mai war der höchste Berg Thai-
lands, der Doi Inthanon. An den Tempeln dort oben in luftigen 2.565 Metern
Höhe verspürten wir die ungewohnte Kälte von 12° Celsius. Ich freute mich
über einen markierten Wanderweg – eher selten in Thailand. Ohne den obli-
gatorischen Führer konnten wir uns alleine auf den Weg durch die schöne
Landschaft des Nationalparks machen.*

*Wieder blieben wir eine Nacht in Chiang Mai, so dass wir noch schnell die
bedeutendsten Tempel anschauen und außerdem noch weitere drei Mahlzeiten
im German Hofbräuhaus einnehmen konnten. Der Nachtzug brachte uns dann
in das 80 Kilometer nördlich von Bangkok gelegene Ayutthaya. In der alten
Hauptstadt des Königreichs Siam mieteten wir ein Tuk-Tuk, um innerhalb
eines Tages wenigstens einige der weit verstreuten Tempelruinen besichtigen
zu können. Die Burmesen hatten nach einem für sie erfolgreichen Krieg die
meisten Bauwerke zerstört. Was übrig blieb, lässt ahnen, wie viel Macht von
Ayutthaya einst ausging. In Bangkok, das nach der Zerschlagung Königssitz
wurde, besuchten wir schließlich die neuen Palastanlagen. Eine wahre
Pracht! Die ungebrochene Ehrerbietung König Bhumibols war allerorten
sichtbar. Sein Bildnis folgte uns auf Plakaten, Fotos, Transparenten. Selbst in
der coolsten Kneipe lächelte er mit seiner Frau von einem zentralen Platz an
der Wand.*

In Bangkok suchte Susanne im Internet nach einem Hotel in Singapur und
außerdem noch immer nach einem bezahlbaren Wohnmobil für Neuseeland.
Jan und Felix waren schon Feuer und Flamme für die Idee, mit einem Wohnmobil zu reisen. Aber ein wiederholter Blick auf die Preise ließ Zweifel auf-
kommen. Ich holte die im Hotel deponierte Tasche mit den warmen Klei-
dungsstücken ab. Wir frischten noch mal schnell unsere Garderobe auf, bevor
das Geld wieder weniger wert war. Susanne sortierte mit den Kindern das
Gepäck neu. Ich ging mit ihnen mal wieder zum General Post Office, beladen
mit einem Paket voller Dinge, die wir nicht mehr brauchten. Mein Schwager
hatte weitere Reiseführer geschickt. Außerdem waren in dem Paket neues
Schulmaterial und eine ganze Reihe deutschsprachiger Kinderbücher und Mi-

cky-Maus-Hefte. Jan und Felix freuten sich riesig, denn ihnen war der Lesestoff mittlerweile wieder ausgegangen. Wir fanden in Asien zwar jede Menge deutschsprachiger Bücher zum Tausch, aber für die Kinder entdeckte Susanne nur einmal ein altes Comic-Heft. Jetzt stürzten sich die beiden auf die Bücher von zuhause und wir uns auf die neuen Reiseführer.

Vor der Abreise entschwand ich zu einem letzten Kneipenrundgang. Um bei meiner Rückkehr in unserem gemeinsamen Zimmer mit meiner alkoholbedingten Schnarcherei meine Frau nicht zu stören, mietete ich im Nachbarhotel schon vorab ein billiges Zimmer. In der Kneipe vom letzten Mal war die Musik weniger gut. Die Tuk-Tuk-Fahrer wollten mich dann immer zu irgendwelchen Ping-Pong-Shows fahren. Ich weiß zwar bis heute nicht, was das ist, aber ich sagte ihnen, das hätte ich auch zuhause. Ich fuhr zum Siam-Square, laut Reiseführer sollte dort ein Studentenviertel sein. Von Studenten war nicht viel zu sehen, eher wurde dort im „Hard Rock Cafe" das klassische Thailandklischee bedient: alte Bleichgesichter mit bildhübschen Thaimädchen vor der Hüfte. Am lüsternen Lächeln war deutlich erkennbar, worauf sie sich freuten. Den Taxifahrern versuchte ich anschließend wieder zu erklären, dass ich jetzt endlich in eine richtige Diskothek zum Tanzen wollte: „No ping-pong!" Einer brachte mich ins „Hollywood". Auch mitten in der Woche war diese riesige Diskothek brechend voll. Die Live-Bands wechselten in schneller Folge, die Musik war gut, aber die Tanzfläche mit Bistrotischchen zugepflastert, auf denen dicht gedrängt Whisky- und Bierflaschen standen. Ich wurde oft zum Mitsaufen eingeladen, lehnte aber dankend ab. Die Sperrstunde galt für das Hollywood nicht, erst gegen vier Uhr lag ich im Bett. Zwei Monate in Thailand gingen zu Ende. Zu dieser Zeit gehörten die Tsunamis ebenso wie auch unzählige schöne Erlebnisse, in erster Linie bedingt durch die so beeindruckend freundlichen Menschen.

Stopover Singapur – Bali

Singapur erinnerte sofort an westlichen Lebensstil. Das Leben unterlag nun wieder strengen Regeln, vorbei die Improvisation. Der Taxifahrer, der uns am Flughafen zugewiesen wurde, reagierte recht unwirsch, als wir – wie gewohnt – jene Gepäckstücke, die nicht mehr in den Kofferraum passten, auf den Beifahrersitz packten und zu viert auf der Rückbank Platz nahmen. Wir hätten, so klärte er uns auf, zwei Taxen nehmen müssen. Der Preis wurde auch nicht ausgehandelt, sondern es lief ein Taxameter. Jan und Felix legten erstmals seit Monaten wieder funktionstüchtige Sicherheitsgurte an. In Indien hatte es gar keine gegeben, in Myanmar nur auf den Vordersitzen und in Thailand gab es zwar Gurte, aber keiner legte sie an. Damit war jetzt Schluss, die große Bewegungsfreiheit im Auto fand, zum Glück unverletzt, ein Ende.

Schockiert über die ungewohnt hohen Preise im Internet, hatte ich unsere zwei Übernachtungen vorab im verhältnismäßig günstigen YMCA reserviert. Nun erwartete ich dort einen Hauch von Backpackermentalität. Fehlanzeige. Wir betraten einen großen Hochhauskomplex, klinisch sauber und straff durchorganisiert. Auch beim Spaziergang durch die Stadt fühlte ich mich, als seien wir in einen Science-Fiction geraten: zahllose Wolkenkratzer, spiegelnde Fassaden, akkurate Grünanlagen und blitzblanke Gehwege, alles topmodern und gespickt mit Ge- und Verbotsschildern. In einer Seilbahn, die uns in 60 Meter Höhe durch die Hochhausschluchten führte, bekamen wir zumindest optisch einen guten Überblick über den kleinen, reichen Staat am Meer. Die Atmosphäre war unterkühlt, obwohl es so heiß war, und alles wirkte superprofessionell. Ich traute mich sogar mal wieder zum Friseur. Er war wirklich vom Fach. Shampooniert wurden die Haare nicht über einem Waschbecken, sondern aufrecht sitzend am Frisiertisch. Aus einer Flasche tröpfelte der Friseur eine geringe Menge Flüssigkeit auf die trockenen Haare und massierte solange, bis sie ordentlich schäumten. Wie die Nässe sich entwickeln konnte, blieb mir rätselhaft. Immerhin: Das Ausspülen erfolgte in vertrauter Manier mit echtem Wasser.

Hoffentlich waren Jan und Felix in Asien nicht zu stark für das Weiterleben in Deutschland verdorben worden. Taxi hier, Mietwagen dort, Hotel häufig mit Schwimmbad, immer Essen gehen, überall Menschen, die einem für wenig Geld ihre Dienstleistungen anboten. Ab Neuseeland wurde alles wieder normal. In Singapur bekamen wir davon schon mal einen Vorgeschmack. Schon seltsam, diese Insel in Südostasien, auf der das Leben so anders als gleich nebenan bei den Nachbarn verläuft. Hohe Preise und hohe Technik. Wie uns allein die U-Bahn auf den ersten Blick beeindruckte. Aber die supermodernen Automatenschalter funktionierten noch schlechter als die neuen Automaten in Berlin. Lange Schlangen waren die Folge. Jan und Felix hatten wir erzählt, mit welchen drakonischen Strafen der Stadtstaat für Sauberkeit und Ordnung sorgt. Als wir nun zum Hafen und durch Chinatown spazierten und einige Einkäufe erledigten, hielten die beiden nicht mehr nach wilden Tieren und streunenden Hunden Ausschau, sondern nach Spuren von Müll – und spielten dann die kleinen Polizisten. Da wir nun einmal mit Kindern reisten, verbrachten wir die meiste Zeit auf der Freizeitinsel Sentosa. Eine Magnetbahn verbindet dort die vielen Attraktionen miteinander. Das war praktisch, da Jan wegen einer erneuten Knieinfektion nicht lange laufen konnte. Auf einer Wiese sah auch ich endlich mal einen Waran. Susanne besuchte mit den Kindern ein Schmetterlingshaus – ich verzichtete, als ich den Eintrittspreis sah. Am größten war die Freude der Kinder, als wir nach vielen Monaten mal wieder Minigolf spielen konnten.

Auf Bali landeten wir am späten Abend. Ursprünglich wollte ich wegen des Terroranschlags in Kuta nicht dorthin. Mehrere Bekannte waren jedoch auch nach dem Attentat dort und schwärmten sehr für die Insel und ihre Bewohner. Ohnehin weiß ja auch keiner, wo die nächste Bombe hochgehen oder die nächste Naturkatastrophe stattfinden wird. Also nahmen wir Bali doch in unsere Reiseroute auf. Trotz der späten Stunde war die Hotelvermittlung noch besetzt. Viele der unterbelegten Häuser offerieren dort Sonderangebote. Candi Dasa, unsere erste Wahl, hätten wir im kostspieligen Taxi erst nach langer Autofahrt in tiefer Nacht erreicht. Gegen Kuta hatte ich letzte Vorbehalte. Schließlich landeten wir östlich von Denpassar im Badeort Sanur.

Wir sorgten uns um Jan. Schon seit der Ankunft in Singapur quälte ihn wieder eine Entzündung im Knie – zum dritten Mal. Unsere Salbe half diesmal nicht, die Schwellung blieb, die Schmerzen auch. Auf dem Flug nach Bali war das Knie noch stärker angeschwollen. Sollten wir noch einmal einen Arzt aufsuchen? Alexander überließ solche Entscheidungen immer mir. Ich war auch unsicher, aber da ich eine starke bakterielle Infektion vermutete, kramte ich das Antibiotikum hervor, das uns die Kinderärztin zuhause für den Notfall verschrieben hatte. Dieses Mittel war ihrer Meinung nach verträglicher als eines, das wir im Ausland bekämen. Tatsächlich – schon am zweiten Tag schlug die Behandlung an. Ich war heilfroh und Jan natürlich auch. Die Haut öffnete sich an der dünnsten Stelle. Drei Tage lang floss, ohne Herumdrücken, eine Menge Sekret ab und die Schwellung ging zurück. Unterstützend nahm Jan ein Vitaminpräparat. Felix aß immer leidenschaftlich gerne viel Obst und Gemüse und war dabei nicht sehr wählerisch. Jans Appetit beschränkte sich dagegen auf wenige Sorten, die es in Asien aber häufig nicht gab. Vielleicht hatte er phasenweise zu wenige Vitamine zu sich genommen und war daher anfällig geworden. Ganz geheuer war mir die Selbstmedikation aber nicht und so freute ich mich auf die ärztliche Versorgung in Neuseeland für den Fall erneuter Krankheitszeichen. Auch viele andere Gedanken kreisten schon um den neuen Reiseabschnitt. Besonders groß war meine Vorfreude auf unseren unmittelbaren Alltag. Endlich konnten wir uns wieder selbst versorgen! Während der vier Monate in Asien hatten wir kein einziges Mal eine Unterkunft mit Kochmöglichkeit und nur in wenigen Fällen einen Kühlschrank. Das Essen in den Restaurants war zwar sehr lecker, aber ständig bedient zu werden, das war ich schon lange Zeit leid. Ich wollte endlich mal wieder privat sein beim Essen. Allerdings wusste ich auch schon, was ich zukünftig vermissen würde. Zum Beispiel die für uns Touristen so preiswerten Massagen, die ich

mir in den asiatischen Ländern regelmäßig gegönnt hatte. Im Gazebo-Hotel
genoss ich dies ein letztes Mal.

Noch war auf Bali Nebensaison. Es war Monsunzeit, das Wetter heiß und sehr schwül mit kräftigen Regengüssen. Die meisten Gäste in Sanur waren Pauschalurlauber, alle ohne Kinder. Mit 30 Prozent Belegungsrate war das Gazebo-Hotel vergleichsweise sehr gut besucht. In der mit den typisch balinesischen Schnitzereien und Skulpturen sehr schön gestalteten Ferienanlage erhielten wir ein großzügiges Familienquartier. An mehreren Abenden spielte eine Band. Zum Valentinstag bekamen wir alle eine duftende Blume hinters Ohr gesteckt und die Kinder der Belegschaft führten in aufwändigen Kostümen einen traditionellen Tanz auf. Das Restaurant lag direkt am hübsch anzuschauenden Strand. Baden war dort aber keine große Freude, denn das Wasser blieb auch bei Flut sehr flach. Unsere Badelust war aber auch in den drei großen Swimmingpools durch Jans Infektion erheblich beeinträchtigt. Ganz auf eine Abkühlung verzichten wollten wir drei Gesunden bei dem drückenden Klima nicht. Aber auch Jan fand in seiner Not eine Lösung, indem er mit Hilfe verschiedener Schaumstoffmatten so im Wasser lag, dass das Knie dennoch trocken blieb.

Mit einem Mietauto klapperten wir zwei Tage einige Sehenswürdigkeiten der Insel ab. Da die Kinder und Susanne ursprünglich von Bali aus die Komodo-Inseln mit ihren berühmten Riesenechsen besuchen wollten, wir aber aus Kostengründen darauf verzichteten, stoppte ich zum Trost an einem Reptilienpark. Einen einzigen Komodo-Waran sahen wir dort. In natürlicher Umgebung wäre er sicher weit beeindruckender gewesen. Weit attraktiver war der Streichelzoo. Nicht Häschen und Lämmer nahmen Jan und Felix dort auf den Arm, sondern Leguane und andere Echsen. Trotz ihrer dicken Haut ließen sie sich genüsslich kraulen.

Im so genannten Affenwald wartete die nächste Tierattraktion. Die Hanuman-Languren sind an den dortigen Tempeln durch die Hindu-Religion geschützt. Von uns Besuchern verlangten sie nach Bananen und Erdnüssen, weit aufdringlicher als jene Affen auf dem Mount Popa in Myanmar. Schon am Eingang boten ältere Frauen diese Speisen zum Kauf an. Auch wenn der Umgang mit den Affen in Asien nicht gerade das war, was wir in Afrika als Verhalten gegenüber wilden Tieren gelernt hatten, so war es doch sehr spaßig, als sie uns auf Kopf und Schultern sprangen. Vom Tempel sahen wir allerdings nur wenig. Betreten durfte man ihn nicht.

An Reisterrassen vorbei fuhren wir weiter ins Hochland zum Bratan-See. Sein Wasser gilt den Balinesen als heilig. Von dem malerischen Postkartenmotiv des Pura Ulun Danu sahen wir leider nichts. Der Tempelkomplex mit seinen Wasserschreinen lag komplett im Nebel. Dafür besuchten wir im strömenden Regen einen überdachten Markt und kauften einige der kunsthandwerklichen Produkte, die für Bali so typisch sind. Und außerdem hielten wir gezielt an einem Obststand, um endlich einmal die handballgroßen, stachligen Durian-Früchte zu kosten, bevor wir Asien wieder verließen. Die Verkäuferinnen schnitten gleich am Stand ein Exemplar auf und reichten uns einige Probebissen. Jan und Felix verzogen ordentlich das Gesicht und wir alle verzichteten darauf, den großen Rest der Frucht mitzunehmen. Nicht zufällig wird die Durian landläufig mit Stinkfrucht übersetzt. Rund um den Stand roch es nach Käse und Verdorbenem. Vielleicht lenkte uns das zu stark ab von der Delikatesse, die ihr Fruchtfleisch für manchen Gourmet sein soll.

Wo wir auf Bali auch hinkamen – wir waren meist die einzigen Besucher. Einmal sah ich ein T-Shirt mit der Aufschrift: „Osama doesn´t surf". In diesem Satz steckt viel Wahrheit. Wer freudvoll lebt, versteckt keine Bomben. Ich hätte es gekauft, wenn auf der Rückseite nicht „Terrorism doesn´t stop me" gestanden hätte. Das fand ich doch zu anmaßend. Am Strand von Kuta konnten wir ahnen, was auf Bali früher los gewesen sein musste. In einem alten Merian-Heft hatte ich etwas über die „Kuta-Cowboys" gelesen. Vor der Bombe kamen die hübschesten, muskulösesten jungen Männer aus ganz Indonesien nach Kuta, lernten Surfen, blondierten sich ihre langen schwarzen Haare und umschmeichelten die weiblichen Touristen, die so viel Aufmerksamkeit von zu Hause nicht gewohnt waren. Geld ließ sich so einfacher verdienen als auf den Reisfeldern. Und es gab sie noch immer. Ich wagte es kaum, mit den Kindern in die Wellen zu gehen und Susanne alleine zu lassen. Sie blieb aber standhaft und wir konnten die Reise gemeinsam fortsetzen.

Sechs Tage sind kurz, aber die Zeit reichte, um vor allem eines zu empfinden: Balis Leere. Nicht die Einwohner fehlten, sondern diejenigen, denen die zahllosen Einrichtungen und Dienstleistungen galten. Sanur zum Beispiel ist mit den vielen Hotelanlagen, Restaurants, Bars und Shops auf eine große Zahl von Touristen ausgelegt. Tatsächlich aber waren nur sehr wenige da. Betraten wir die Straße, boten uns etliche Taxifahrer ihre Dienste und Händler ihre Waren an. Manche stürzten sich wie die Hyänen auf uns, andere wirkten einfach nur deprimiert. In den Bars spielte manche Musikkapelle den ganzen Abend ohne Publikum und am Eingang vieler Restaurants warteten die Kellner vergeblich auf Gäste. Auch die Geschäfte betrat an vielen Tagen kein einziger Kunde. Die Waren verstaubten und die Regale wurden nicht mehr neu bestückt. Für Felix kaufte ich eine Hose. Das sei ein Spezialpreis, sagte die Verkäuferin, es sei ihr „Early-morning-deal". Diesen Ausdruck kannte ich schon aus Indien: Gutes Geschäft am Morgen bringt Glück für den weiteren

Geschäftstag. Allerdings war es bereits 16:30 Uhr! Ja, meinte die Frau, wir seien die ersten Kunden des ganzen Tages. Die Touristenführerin im Affenwald brachte die Situation auf den Punkt: „After bomb everything changed. No tourists, no money." Hätten die vielen Hotelanlagen, Restaurants und Geschäfte entsprechend viele Touristen bevölkert – mit Sicherheit hätte ich mich an solch einem Ort auch nicht wohl gefühlt. Aber so? Diese Form von Ruhe war bedrückend und wir konnten den Menschen auf Bali bloß wünschen, dass sich die Vorbehalte der Touristen wieder legen würden. Die erneuten Bombenanschläge nur wenige Monate später haben jedoch eher das Gegenteil bewirkt.

Der Flieger nach Auckland ging erst um 22:30 Uhr. Mit Rücksicht auf die Reisekasse schickte Susanne die Kinder und mich noch einmal schnell zum Friseur. Ansonsten verbrachten wir die Wartezeit am Pool und im hoteleigenen Kraft- und Fitnessraum. Die angerosteten Geräte hatten auch schon bessere Tage erlebt, aber für Jan und Felix waren sie vergnüglich. Und mir zeigten sie, dass ich mal wieder ein paar Kohlen auflegen musste, um als Sportlehrer und Handballer noch mithalten zu können. Ich nahm mir vor, im kühleren Neuseeland meine Trägheit zu überwinden.

Als ich in Auckland bei einer als kinderfreundlich beschriebenen Unterkunft anrief, wurde mir mitgeteilt, man vermiete dort nur an Familien mit Kindern ab zehn Jahren. Ups, wo flogen wir denn da hin? Solch eine Abfuhr hatten wir in Asien nicht ein einziges Mal bekommen. Nur gut, dass Susanne noch auf den letzten Drücker ein bezahlbares Wohnmobil buchen konnte. Neuseeland gehörte zu einem Teil der Erde, auf dem auch ich zuvor noch nie gewesen war. Die Elefanten, die uns in Afrika und in Asien begegnet waren, würden mir fehlen. Ob die tollen Fischgerichte, an die ich mich gewöhnt hatte, noch zu bezahlen wären? Und würde es neben den Kiwis auch noch all die anderen leckeren tropischen Früchte geben, die wir so gerne aßen?

Zerstörung durch die Tsunamis
auf Koh Lanta

Reisterrassen auf Bali

Durian-Früchte

OZEANIEN

Neuseeland – neuer Alltag im Wohnmobil

Die Nacht im Flugzeug war unbequem. Als wir in Auckland um 13:10 Uhr ankamen, mussten wir unsere Uhren fünf Stunden vorstellen. Von Deutschland waren wir nun am weitesten entfernt. Zwölf Stunden Zeitdifferenz – das ließ sich leicht merken. Wir waren überrascht, als am Flughafen das Gepäck aller Passagiere gründlichen Kontrollen unterzogen wurde. Die Einfuhr von Lebensmitteln jeder Art ist streng verboten, denn die vor langer Zeit von den übrigen Landmassen abgespaltenen Inseln haben ein sehr empfindliches Ökosystem.

Die Großstadt Auckland hatte nicht viel für uns zu bieten. Wir fuhren extra mit dem Omnibus durch die halbe Stadt, um ein angeblich sehr interessantes Viertel zu besuchen. Außer einem kurzen Straßenabschnitt mit ein paar bunt gepinselten Häuschen aus dem 19. Jahrhundert war dort aber nichts zu sehen. Zum Glück konnten wir den Camper-Bus schon einen Tag früher als vereinbart abholen. Mit einer Fähre setzten wir über in ein gepflegtes Wohnviertel am Rande der wasserreichen Stadt. Die Spannung stieg. Die Kinder waren voller Vorfreude. Ein Wohnmobil gehörte schon lange zu ihren Traumvorstellungen. In der Auffahrt zu einem Einfamilienhaus entdeckten wir unser zukünftiges Gefährt. Im Wohnzimmer bekamen wir die Papiere überreicht. „Getaway NZ" stand auf dem Wagen. Nur ein einziges Mal begegneten wir einem anderen Vehikel aus der kleinen Flotte. Wir waren stolz, einen ganz individuell gestalteten Wagen zu fahren und nicht in das konforme Bild zu passen, das die teuren Campingmobile der großen Vermieter abgeben. Susanne hatte mit dem Toyota-Hi-Ace eine gute Wahl getroffen. Er war praktisch und gemütlich eingerichtet, beinhaltete Kühlschrank, Spüle und einen Gasherd. Jan und Felix schliefen im erhöhten Dach und nachdem wir am Abend den Tisch weggeräumt hatten, bauten Susanne und ich schnell unser Doppelbett.

Wir umrundeten zunächst die Halbinsel nördlich von Auckland. Die ersten Eindrücke in Neuseeland erinnerten mich stark an die Landschaft um mein Heimatstädtchen im Weserbergland. Da flogen wir um die halbe Welt und ich fühlte mich wie zuhause: sattes Grün hügeliger Wiesen, Schafe und die altbekannten schwarz-weiß gefleckten Kühe. Am Meer war es dann wie auf einer deutschen Nordseeinsel. Das Wetter im Februar entsprach einem deutschen Spätsommer. Das Wasser war kühl, trotzdem badeten die Kinder mit mir in den hohen Wellen. Besonders reizte mich der 90-Mile-Beach ganz im Norden. Aber er war enttäuschend: Anders als in Deutschland war der breite Sandstrand platt gewalzt von den vielen Reifenabdrücken der Geländewagen, die dort mit 100km/h entlang brausen durften. Aber auch andere Unterschiede zur Heimat konnte ich schon bald feststellen: Wir unternahmen viele herrliche Wanderungen, die uns durch Regenwälder führten, in denen uralte mächtige Bäumriesen und haushohe Farne wuchsen und der Boden und das Gehölz von einer weichen, sattgrünen Moosschicht bedeckt waren. Obwohl es in Deutschland derartige Wälder gar nicht gibt, hatte ich mir so die Umgebung in den Märchen der Gebrüder Grimm vorgestellt. Meine Lieblingspflanze wurde der Silberfarn, das neuseeländische Nationalsymbol. Am Tage grün, schimmern die großen Wedel des Baumfarns im Mondlicht in silbrigem Glanz.

Mehr als acht Quadratmeter hatten wir nicht, aber es gab alles, was wir brauchten und es war schön, mal wieder eine kleine Bleibe zu haben, die wir nicht nach wenigen Nächten wieder verließen. Endlich konnten wir wieder unsere Lieblingsgerichte kochen und für den kleinen Imbiss zwischendurch ein Brötchen belegen oder eine Schüssel Müsli zubereiten. Ich persönlich genoss insbesondere den frisch gebrühten Kaffee – lösliches Pulver wie in Asien war vorerst nicht mehr angesagt. Plötzlich gab es auch wieder altvertraute Aufgaben: Einkaufen, Kochen, Putzen, Geschirr spülen, Wäsche waschen und so weiter. Jan und Felix waren begeistert. Nach der Rundum-Versorgung in Asien übernahmen sie engagiert den Abwasch – vorerst. Alexander und ich mussten uns wieder neu eintakten. Mitten im Supermarkt fingen wir an zu streiten, weil er für zwei und ich für vier Tage einkaufen wollte. Das Auto fuhr wie schon in Afrika wieder er. Dafür las ich von Land und Leuten vor und wusste, in welcher Ablage was zu finden war.

Für die Schulaufgaben fanden wir in Anbetracht voller Tage kaum Zeit. Versuche, während der Autofahrten zu arbeiten, schlugen fehl. Es gab zwar vor der hinteren Sitzbank einen Tisch, aber der Wagen schuckelte während der Fahrt zu sehr, als dass die Kinder hätten schreiben können. Und außerdem gab es ja immer so viel Interessantes zu sehen. Der Unterricht bestand also erneut hauptsächlich aus den Fächern Erdkunde und Biologie. Ich schaffte es aber endlich, das Laufen wieder aufzunehmen. Seit Myanmar war viel Zeit vergangen. Das Wetter war frisch, die Landschaft schön, Überfälle wie in Afrika drohten auch nicht – ich hatte keine Ausrede mehr.

Neuseeland hatten wir mit einer gewissen Freiheit und einem ungezwungenen Lebensstil verbunden und daher geglaubt, mit unserem Wohnmobil dort, wo es uns gerade gefiel, übernachten zu dürfen. Weit gefehlt. Häufig war es aber noch nicht einmal möglich, das Auto bloß zu parken und spazieren zu gehen. Die vielen Zäune und Verbotsschilder trieben uns auf die Campingplätze. Heiße Duschen, Toiletten und Strom für Kühlschrank, Toaster, Laptop und zum Aufladen der vielen Fotobatterien waren dort natürlich sehr vorteilhaft. Wenn wir aber erst am Abend ankamen und am nächsten Tag in der Frühe weiter wollten, tat es uns leid um das viele Geld, das wir zahlen mussten für das Wenige, das wir auf dem Platz in Anspruch nahmen. In dem ruhigen Örtchen Te Puke, südöstlich von Auckland, übernachteten wir daher erstmals neben einem großen Spielplatz am hell erleuchteten Straßenrand. Wir waren darauf eingestellt, mitten in der Nacht von einem Ordnungshüter fortgescheucht zu werden, aber wir blieben unbehelligt. Am nächsten Tag besichtigten wir auf großen Wunsch von Felix eine Kiwi-Plantage. Die Nachfahrin der chinesischen Stachelbeere war gerade sein Lieblingsobst. Gegen einen stolzen Eintrittspreis fuhren wir in Wägelchen, die wie Kiwihälften aussahen, über das Gelände und erfuhren, wie die Frucht produziert, gelagert und vermarktet wird. Bei der Besichtigung trafen wir einen Obstbauern aus dem Alten Land bei Hamburg. Wie das so ist – in Deutschland hatten wir an einer solchen Führung natürlich noch nicht teilgenommen.

Geothermal aktive Erdregionen kannten die Kinder ebenso wenig wie Susanne und ich. Deshalb waren wir besonders gespannt auf die Gegend um Rotorua, den „fürchterlich stinkenden Platz". Tatsächlich roch es an manchen Stellen nach faulen Eiern. Direkt neben unserem Stellplatz auf dem Kiwi Paka badeten wir im heißen Thermalpool. Lange Wanderungen führten uns entlang dampfender Gesteinsritzen, blubbernder Schlammgruben und hoch spritzender Geysire. Die Farbenpracht der mineralstoffhaltigen Ablagerungen war enorm. Auch das siedende Wasser in den Bächen und Seen nahm unterschiedlichste Farben an – nicht bloß für Jan und Felix ein sehr beeindruckender und anschaulicher Chemieunterricht.

In Rotorua leben relativ viele Maoris, die Ureinwohner Neuseelands. Vor über 1.000 Jahren entdeckte das polynesische Volk das „Land der langen weißen Wolke". Nachdem die europäischen Siedler ihre Kultur lange Zeit zurückgedrängt haben, erfährt sie mittlerweile eine kleine Renaissance. Maori ist neben der Amtssprache Englisch offizielle Landessprache und Teil von Fernseh- und Radioprogrammen. Das traditionelle Leben gibt es aber nur noch auf der Bühne für die Touristen. Auch wir nahmen an einer solchen Veranstaltung teil. Über zweihundert Gäste sammelten sich im Mitai Village. Die Maoris bereiteten ein so genanntes Hangi-Essen zu. Fleisch und Beilagen garten abgedeckt auf heißen Lavasteinen in einer Erdgrube. Der erdige Geschmack war aber nicht mein Fall. Die Kinder aßen nur die Beilagen. Besser gefielen ihnen die traditionellen Tänze. Wie ihre Vorfahren, die Kannibalen waren, verdrehten die Maoris ihre Augen, streckten die Zungen weit heraus und brüllten bedrohlich. Abschließend spazierten wir in das angrenzende Wäldchen. Im Dunkel der Nacht leuchteten uns die vielen Glühwürmchen entgegen, die mit ihrem blauen Licht Insekten anlocken, um sie dann zu verspeisen.

Die Vulkane schlafen auf Neuseeland. Den letzten maßgeblichen Ausbruch gab es vor über hundert Jahren, als eine zehn Kilometer hohe Aschesäule entstand. Nun wollten wir zumindest in einen der ruhenden Kegel hinein-schauen. Vorbei an einem der größten Kraterseen der Welt, dem Lake Taupo, fuhren wir zum Tongariro-Nationalpark, einem weiteren Naturerbe der Menschheit. Nur wenige Besucher waren dort. Am Fuße der schneebedeckten Gipfel lernten wir den Heizlüfter zu schätzen. Aber es war nicht nur sehr kühl, sondern auch ziemlich windig. Die Bergwacht riet von der Wanderung zum Kraterrand ab. Mit einigen anderen enttäuschten Gipfelstürmern, ebenfalls Deutsche, sahen wir uns wenigstens eine karge Berglandschaft an, die im Film „Herr der Ringe" als Kulisse gedient hatte.

Auf dem Weg nach Wellington liegt abseits der Hauptstraße der staatliche Campingplatz Manakau. Es war bereits stockdunkel, als wir die Wiese an einem rauschenden Bach endlich fanden. Außer einem Plumpsklo gab es dort nichts. Ebenso gut hätten wir am Wegesrand halten können, aber das war illegal und außerdem gab es das Gefühl eigener Sicherheit, einige andere Camper in unserer Nähe zu wissen. In Otaki legten wir am nächsten Tag eine Kuchenpause ein. Zum Café gehörte ein uriges Museum. Der kauzige Betrei-ber demonstrierte Jan und Felix eine riesige Spielzeugeisenbahn, die alten Fahrzeuge der örtlichen Feuerwehr und andere Relikte des letzten Jahrhun-derts. Abschließend durften die Kinder seine Schafe kraulen. Wir drängten sie jedoch zum Aufbruch, denn wir wollten in Wellington noch eine Fähre auf die Südinsel erwischen. Vorgebucht, wie allseits empfohlen, hatten wir allerdings nicht. Aber wir hatten Glück und die Überfahrt war sogar günstiger als mit einer Reservierung. Viel Zeit für die Hauptstadt Neuseelands blieb bis zur Abfahrt nicht mehr. Wir schafften gerade das touristische Muss: die Fahrt mit der Drahtseilbahn nach Kelburn, von wo aus wir einen prächtigen Blick auf die Port Nicholson Bucht hatten. Jan und Felix drängelten in Sorge, die Fähre zu verpassen. Also ging es mit der nächsten Bahn schon wieder runter und im Laufschritt zurück zum Hafen.

Das Schnellboot schwankte ordentlich, als es bei stürmischem Wetter die Cook-Straße kreuzte. Auf den ruhigeren Gewässern des so genannten Queen Charlotte Sounds überließen wir den schlafenden Felix einer freundlichen Neuseeländerin und sogen an Deck die malerische Landschaft, die sehr an die Fjorde Skandinaviens erinnerte, in uns auf. Nach 90 Kilometern lief die Fähre im Hafen von Picton ein. Wir legten mit unserem Bus noch einige weitere Kilometer in Richtung Havelock zurück. Wie so oft war noch offen, wo wir schlafen würden. Auf dem hoch über dem Pelorus Sound gelegenen Moenui-Rastplatz trafen wir eine freakige neuseeländische Familie. Wir stellten unseren Bus neben ihren umgebauten Laster und verbrachten die dritte kostenlose Nacht. Vor der Weiterfahrt klapperten wir noch die kurzen Wanderwege ab. Der weite Blick über den Meereseinschnitt, das Spiel von Wolken und Sonne im Wasser – dies war ein unvergesslich schöner Anblick.

Das Städtchen Nelson war mir richtig sympathisch: gelegen in der wärmsten Gegend Neuseelands, viele nette Restaurants und Cafés, Straßenmusiker und Menschen, die für gute Zwecke Unterschriften sammelten. Neuseeland hatte immerhin zu meinen Traumzielen gehört, aber der Funke war bis dato noch nicht so recht übergesprungen. Vielleicht lag es an den vielen Ge- und Verbotsschildern, die uns überall anstarrten, oder auch an den hohen Eintrittspreisen, die selbst auf Wanderwegen zu den Naturschönheiten verlangt wurden. Auch die neuseeländische Freizeitkultur, die ständig auf der Suche nach dem besonderen Kick zu sein schien, beeindruckte mich nicht besonders positiv. Vielleicht trafen wir von den vier Millionen Neuseeländern auch nicht die Richtigen. Wie hatte ich mich auf englischsprachige Konversation gefreut – und nun fiel sie mir so schwer. Viele Einheimische sprachen einen Slang, den ich nur im Ansatz verstand. Alexander ging es genauso. Einmal hatte er sogar Probleme, für Jan einen simplen Hamburger zu bestellen.

An der Straße nach Kaiteriteri sahen wir wieder viele jener in Deutschland wenig vertrauten Schilder: Arbeitskräfte für die Plantagen gesucht! Alexander hatte allerdings schon im Vorfeld kategorisch ausgeschlossen, sich wie viele andere Langzeitreisende als Apfelpflücker zu verdingen. Bei uns war wieder Baden angesagt. Die Tasmanische Bucht war zwar kühl, aber eine wärmere Stelle als dort würden wir in Neuseeland wohl nicht mehr finden und so ging selbst ich nach langer Aufwärmzeit ins Wasser. Auf dem Motor Camp in Kaiteriteri gab es für die Kinder einen großen Spielplatz und eine gute Minigolfanlage, die wir mehrfach auch gemeinsam nutzten. Zwischen dem Strand und dem Platz verlief jedoch eine Straße, die Parzellen waren schattenlos und wir hatten einfach schon weit besseres kennen gelernt. Nach zwei Nächten fuhren wir wieder weiter, schneller als gedacht.

Westwärts trafen wir immer wieder auf die Spuren alter Goldgräber. Auch Lyell war solch ein Ort. Er bestand nur noch aus einer großen staatseigenen Wiese, auf der wir übernachteten. Früher existierte an dieser Stelle ein florierendes Goldgräberstädtchen mit Hotels, Banken und Bars, in denen die Erfolgreichen prassten. Gerne wäre ich an die nahen Flüsse gewandert, aber ich verzichtete, denn die Sandfliegen waren in Lyell eine Plage wie an keinem zweiten Ort. Blitzschnell saugten hunderte dieser kleinen Biester das Blut aus.

Wir frühstückten im hermetisch abgeriegelten Wagen und öffneten die Fenster erst wieder an der Küste.

An den langen, einsamen Stränden der Westküste fanden wir zwar die schönsten Muscheln, zum Baden war es nun allerdings viel zu kalt. Zur Freude von Jan und Felix sahen wir jedoch nach langer Zeit mal wieder große wilde Tiere, denn am Cape Foulwind lebt eine Robbenkolonie. Auch Mitchell's Gully war für die Kinder ein interessanter Stopp. Der Urenkel des ersten Goldsuchers an diesem Ort erzählte Geschichten von seinen Vorfahren. Mit langem Rauschebart und dicken Augenbrauen sah er genauso aus wie diese auf einem alten Ölgemälde. Bald bekäme man ihn im deutschen Fernsehprogramm zu Gesicht, denn auch Hardy Krüger habe ihn kürzlich besucht. Unsere persönlichen Schürfversuche waren weniger ergiebig. Von Mineralien hatten wir zu wenig Ahnung. Viele Steinchen glitzerten, aber Gold war vermutlich nicht dabei. Dafür hatten Jan und Felix ihren Spaß, als ich sie in einer Lore über die alten Gleise der Mine schob. Schließlich stoppten wir noch an den bizarr verformten Kalksteinfelsen bei Punakaiki. An einigen Stellen hatten sich dort so genannte Blow-Holes gebildet, durch die sich die Meeresbrandung zwängte und in riesigen Fontänen gen Himmel schoss.

Die Tierwelt war in Neuseeland weniger aufregend, aber Jan und Felix fanden auch an den kleinen Erlebnissen Gefallen. Niedlich waren die Fantail-Vögel, die uns auf Wanderungen häufig neugierig begleiteten. Auch der einen halben Meter große, flugunfähige, schwarz-blaue Pukeko sowie der ebenfalls flugunfähige, hellbraune Weka tauchten häufiger neben uns auf. Das neuseeländische Nationaltier, den Kiwi, sahen wir dagegen bloß in einem Nachttierhaus. Er ist wie viele andere Arten vom Aussterben bedroht, da die Siedler Tiere anderer Kontinente nach Neuseeland gebracht und die uralte fragile Fauna und Flora nachhaltig beschädigt haben. Ein großer Feind des Kiwis ist das im 19. Jahrhundert zu Zuchtzwecken aus Australien eingeführte Possum, ein Kletterbeutler, der neben den Trieben junger Bäume vor allem auch gerne Vogeleier frisst. Die niedlichen Possums gelten als große Plage. 70 Millionen Exemplare soll es in Neuseeland geben. Ständig sahen wir sie platt gewalzt auf dem Straßenbelag. In manchen Wäldern lag Gift aus, aber ohne natürlichen Feind vermehren sie sich trotzdem ungebremst. Am Lake Kaiiwi fiel den Kindern auf, dass einige Leute mit Taschenlampen in die Bäume leuchteten. Später schliefen die beiden bereits, als drei Männer an unserem Wagen vorbei liefen und im Halbdunkel mit Baseballschlägern auf ein wild zappelndes, lautloses Etwas einschlugen. Es lief noch einige Meter. Es gab wieder dumpfe Geräusche und hässliches Gelächter. Am nächsten Tag fanden Jan und Felix das tote Tier im Gebüsch. Schade, meinten sie, als ich ihnen das Geschehnis vom Vorabend schilderte, sie würden gerne mal ein lebendiges Possum sehen.

Am abermals sehr hübsch an Wald und Wasser gelegenen staatlichen Über-
nachtungsplatz Goldsborough gab es zum Glück weniger Sandfliegen. Am
nächsten Morgen – es war Sonntag – stiegen Großvater, Sohn und Enkel aus
einem Auto. In hohen Gummistiefeln und mit Schippen und Schüsseln bewaff-
net marschierte das Trio zum Bach. Dort gebe es noch genug Gold, so klärten
sie uns auf. Wir fanden keines, unternahmen aber eine herrliche Wanderung –
unter anderem auf dem German trail.

In Hokitika, dem Handelszentrum für neuseeländische Jade, trafen wir Ilkin
und Adina aus Berlin, die gerade in Neuseeland Urlaub machten. Es hatten im
Vorfeld einige Freunde angekündigt, uns während des Reisejahres irgendwo
treffen zu wollen. Tatsächlich blieben die beiden aber die einzigen. Zum enge-
ren Umfeld gehörten sie nicht, aber Ilkin trainierte während unserer Reise
meine beiden Handball-Jugendmannschaften und so gab es eine Menge zu
erzählen. Bei strömendem Regen setzten wir uns für ein paar Stündchen in ein
Café und plötzlich rückte am anderen Ende der Welt die Heimat ganz nah. Jan
und Felix hatten für die vielen Anekdoten auf die Dauer nichts übrig. Zum
Glück konnten sie sich aber an einem Billardtisch die Zeit vertreiben. Als wir
uns nach einigen Stunden wieder voneinander verabschiedeten und in entgegen gesetzter Richtung weiterfuhren, regnete es noch immer wolkenbruchar-
tig.

Am nächsten Tag lagen die Southern Alps in strahlendem Sonnenschein. Die
neuseeländischen Gletscher grenzen direkt an den Regenwald und gehören zu
den wenigen, die gegenwärtig wachsen. Durch ein weites Flussbett wanderten
wir zum Tor des Franz-Josef-Gletschers. Jan genügte der Blick auf die Eis-
massen aber nicht. Er wollte sie unbedingt auch direkt besteigen. Dies war nur
mit einer geführten Tour möglich. Für den nächsten Tag waren noch Plätze
zum Fox-Gletscher frei. Felix war für die Teilnahme noch zu jung. Und Susanne – bei uns eigentlich für das Wandern zuständig – riss sich nicht um Jans
Begleitung. Also machte ich mich mit ihm auf den Weg. Leider schlug das
Wetter um. Es schüttete, vorübergehend hagelte es sogar. Wir hatten Regen-
kleidung, Wanderschuhe mit Spikes und Eispickel bekommen. Hosen und
Schuhe waren schnell pitschnass. Trotz Kälte und Nässe waren wir aber sehr
beeindruckt. Das Eis leuchtete türkisblau. Und in unseren Ohren klang das
Krachen der im Gletscherfluss aneinander knallenden Eisbrocken. Auf dem
Rückweg war aus einem flachen Bach ein reißendes Flüsschen geworden. Das
eisige Wasser ging Jan beim Durchwaten bis an die Hüfte. Spätestens hier war
ich froh, dass Felix mit Susanne im warmen Wohnmobil saß.

Wir verließen die Westküste und fuhren ins Landesinnere nach Wanaka. Während Susanne in ein Internetcafé ging, besuchte ich mit den Kindern ein Mu-

seum der besonderen Art. Optische Täuschungen in mehreren Räumen verwirrten unsere Sinne. Auf dem Freigelände von Puzzle World befand sich ein riesiges Labyrinth. Eine Stunde irrten wir hindurch – Zeit genug für Susanne, um ein Wohnmobil für Australien zu buchen. Vorbei an verlassenen Goldgräberdörfern, aber auch noch in Betrieb befindlichen Schürfstellen ging es anschließend weiter in Richtung Ostküste. Der Himmel verdunkelte sich etwas, wir trauten unseren Augen nicht – tatsächlich, ganz plötzlich fing es an zu schneien! Das hatten wir in diesem Jahr nicht erwartet! Insbesondere Jan, der die Kälte liebt, war begeistert. Wir zogen mehrere Pullover an und nach einer Schneeballschlacht ging die Fahrt durchnässt und mit roten Wangen weiter.

Manches erinnerte – vor allem nach unserem langen Aufenthalt in Asien – sehr an Europa, im Grunde all das, was die eingewanderten Briten kultiviert haben: die Schafe, das Rindvieh, die entsprechend vielen Weiden, eingefasst von akkurat gestutzten Hecken. Auch Rotwild sahen wir in großer Zahl, auf nackten Wiesen ohne jeden Baum. Die meisten waren für den Export bestimmt, vor allem nach Deutschland. Eine Hirschkuh stand sogar, wie ein Hund an einen Pfahl gebunden, in einem Vorgarten. Von den Menschen blieb mir vor allem eine Auffälligkeit in Erinnerung: In keinem anderen Land habe ich jemals so viele Barfüßige gesehen, die dies nicht aus Armut waren oder weil sie gerade vom Badeausflug kamen, sondern offenbar aus purem Genuss. Seriöse Männer, die nach der Arbeit, noch in Schlips und Kragen, aber eben schon ohne Schuhe, noch auf die Schnelle in den Supermarkt hetzten, waren kein seltener Anblick.

Natürlich hatten wir überlegt, an den Milford-Sound zu fahren. Manche Leute behaupteten, er sei das achte Weltwunder. Aber die vielen Kilometer dorthin waren abschreckend, wir waren schon genug gefahren. Auch den Geburtsort des Bungyjumpings, Queenstown, und sogar Dunedin, dem wir bereits recht nahe waren, strichen wir von der Liste unserer Ziele. In drei Wochen hatten wir von Nord nach Süd fast 4.000 Kilometer abgerissen. Wir brauchten eine Pause. Zunächst besuchten wir aber noch einige Robben am Shag Point, die Millionen Jahre alten Riesenmurmeln, die malerisch am Strand von Moeraki Boulders liegen, und schließlich die Blauen Pinguine von Oamaru. Allabendlich konnten die Besucher ihren Landungsgang beobachten. Wir aber waren schon am Nachmittag da und spazierten ein wenig die Küste entlang. Ein Pinguinpaar watschelte zum Strand, ein Einzelner saß in einer Felshöhle und brütete scheinbar etwas aus. Erst nach unserem Rundgang betraten wir das Besucherzentrum. Als wir den horrenden Eintrittspreis bemerkten, den wir Stunden später hätten zahlen sollen, erinnerten wir uns der unvergesslichen Erlebnisse mit den Pinguinen in Südafrika und verzichteten auf das Abendspektakel. Jan kaufte sich noch einen Gelbaugenpinguin als Stofftier und mit dem neuen Gefährten steuerten wir zum längsten Stopp in Neuseeland. Drei Tage verbrachten wir auf dem staatlichen Peel Forest Campingplatz. In der schönen, aber unspektakulären Ruhe des Waldes lernten wir die vierte und letzte Familie aus Deutschland kennen. Antje und Arne mit ihrem sechsjährigen Lennert wollten ursprünglich nach Neuseeland auswandern. Einen Job als Landschaftsarchitekt hätte es gegeben, aber bei viel längerer Wochenarbeitszeit, weniger Urlaub und weit weniger Geld als in Deutschland. Nach sechsmonatigen Ferien kehrten sie doch lieber nach Hause zurück.

Ausgeruht, aber auch mit dem Gefühl, einiges in Neuseeland verpasst zu haben, fuhren wir in einen Außenbezirk von Christchurch. In einem ruhigen Wohnviertel verbrachten wir die vierte kostenlose Nacht. Bevor wir den Campervan wieder abgeben mussten, führte eine letzte Fahrt in das Antarktis-Zentrum am Rande der Stadt. Zur atmosphärischen Einstimmung auf den „Kalten Kontinent" betraten wir, eingekleidet mit Anoraks und Stiefeln, eine künstliche Schnee- und Eislandschaft, in der mit kräftigen Rotoren ein Schneesturm simuliert wurde. Für die aktuellen Daten aus den Forschungsbasen interessierten Jan und Felix sich zwar nicht, aber es gab einen lustigen Dokumentarfilm über die Kaiserpinguine und in einem Aquarium schwammen Fische des Eismeeres.

Im Zentrum Christchurchs fanden wir im New Excelsior Backpacker ein komfortables Familienzimmer. Während ich unseren gesamten Krempel neu sortierte und einen großen Koffer für den Seeweg nach Berlin packte, gab Alexander mit den Kindern den ordentlich geputzten Wagen wieder ab. Die Trauer um unser kleines Eigenheim hielt sich in Grenzen, denn in Australien wartete schließlich wieder ein Wohnmobil auf uns. Auch die Aussicht auf Kängurus, Wombats und andere nur dort lebende Tiere förderte die Vorfreude der Kinder auf den bevorstehenden Reiseabschnitt. Neuseeland behielten sie aber beide in sehr guter Erinnerung. „Hallo liebe 3a", begann Jan eine Postkarte, die er noch schnell einwarf, „wir sind jetzt in Neuseeland. Hier ist es toll. Wir haben uns ein Wohnmobil gemietet und Pinguine, Robben und Delfine gesehen. Ich war auch mit Papa auf einem Gletscher. Ich fand auch die Vulkane und die spritzenden Geysire klasse. Mir geht es gut. Viele Grüße, Jan."

In Christchurch fand ich es zwar sehr nett, aber alles in allem beeindruckten mich die neuseeländischen Dörfer und Städte nicht übermäßig. Die kolonialen Häuser und Geschäfte, wie in einer Westernstadt an der Straße klebend, wirkten hübsch, aber irgendwie fehlte mir die weiter reichende Geschichte. Eine europäische Kleinstadt hat mehr zu bieten als eine neuseeländische Großstadt. Wie verabredet, trafen wir noch einmal Lennert und seine Eltern. Die Jungen verstanden sich wieder sehr gut. Schade, dass nur wenig Zeit miteinander verblieb. Unseren Spaziergang durch das Zentrum peppten wir für die Kinder auf, indem ein – zahlender – Erwachsener mit den Dreien – kostenlos – in einer alten Straßenbahn fuhr. Auch der Eintritt in das Canterbury Museum war frei – ganz neuartige Erfahrungen im teuren Neuseeland. Der sehr anschauliche und leicht verständliche Überblick über die Geschichte Neuseelands bildete einen guten Abschluss.

Am Abend ging Susanne mit Antje ins Kino, erstmals auf unserer Reise. Ich selbst machte nach langer Pause auch mal wieder einen kleinen Kneipenbummel, startete allerdings erst gegen 22 Uhr, fast zu spät. Ich fand einige nette Lokale, wäre aber mit dem Barkeeper alleine gewesen. Gegen 22:30 Uhr trank ich mein erstes Bier, wechselte dann in eine andere Kneipe und dachte, das Richtige gefunden zu haben: einen vollen Laden und Live-Musik. Leider war es mittlerweile 23:02 Uhr, zwei Minuten zu spät. Die Bar war schon zu. Der Wirt bot mir ein Glas Wasser an. Auf dem Rückweg zur Unterkunft fand ich doch noch einen Irish-Pub. Dreißig Leute, von jung bis uralt, spielten auf unterschiedlichsten Instrumenten. Es gab auch Bier und die Stimmung war prächtig. Allerdings irritierte mich eine Ballade über das schwere irische Leben. Susanne zweifelte hartnäckig an meinen Englischkenntnissen, als ich ihr erzählte, im Refrain sei immer wieder „… and I am fucked off by the Germans and the Jews" gesungen worden.

Geburtstag feiern mit Kängurus

Obwohl wir Neuseeland bereits in den Morgenstunden verlassen hatten, waren wir erst am späten Abend in Cairns. Von Neuseeland bis zur Ostküste Australiens war es nicht weit, aber unser Flug ging über Sydney und Brisbaine. Die letzte Maschine wurde zudem mehrere Stunden repariert. Gut, dass wir im Bellview vorgebucht hatten. Auch zu später Stunde war es in Cairns noch feucht-schwül, die Tropen hatten uns zurück. Susanne und die Kinder fielen erschöpft ins Bett, bei mir reichte die Energie noch für einen ersten Eindruck von den Kneipen in Australien. Sie waren nach meinem Geschmack. Ausgelassene Stimmung, gute Live-Musik und alles sehr relaxed.

Auch bei Tageslicht betrachtet schien alles rundum positiv. Kostenfrei badeten wir in der brandneuen künstlichen Schwimmlagune von Cairns, wo es zwar schlammiges Watt, aber keine schönen Strände gibt. Auch schöne Spielplätze luden zum Verweilen ein und eine erhöhte Holzpromenade zum Spaziergang. Im Flachwasser beobachteten wir Pelikane, Ibisse und Silberreiher. Noch spannender fanden Jan und Felix aber die Schilder, die uns vor den „Salties" warnten – keine australischen Salzkräcker, sondern bis zu sieben Meter lange Salzwasserkrokodile.

Von Cairns aus kann man gut das weit vor der Küste liegende Great Barrier Reef erreichen. Auf einem riesigen Katamaranboot fuhren wir zur Koralleninsel Green Island – ein teurer Spaß und sehr touristisch. Aber das Schnorcheln vom Strand aus und die Fahrt mit einem Glasbodenboot machten Spaß und konnten der ganzen Familie zumindest einen klitzekleinen Eindruck vom größten Korallenriff der Welt verschaffen.

Jan und Felix fanden es herrlich, als wir den neuen Campingbus abholten und uns mit unserem ganzen Krempel wieder häuslich einrichten konnten. Es war das gleiche Modell wie in Neuseeland, aber es fehlten die individuellen Einbauten, die den Vorgänger so besonders praktisch und gemütlich gemacht hatten. Dafür freuten sich Jan und Felix über zwei seitliche Schiebefenster, die sie nun in ihrer Schlafkoje unter dem Dach öffnen konnten.

Nirgendwo sonst sahen wir so viele Aborigines wie in Cairns. In Kontakt kamen wir mit ihnen natürlich ebenso wenig wie mit wildfremden Menschen auf den Straßen Berlins. Anders als in früheren Zeiten ist die weiße Bevölkerung Australiens um ein tolerantes Miteinander bemüht, doch ihre Lebensweise passt weiterhin kaum zu jener der Ureinwohner. Für uns Touristen bot sich in dem von Aborigines betriebenen Tjapukai Park die Gelegenheit, auf anschauliche Weise ein wenig von der fast vernichteten uralten Kultur zu erfahren. Uns wurde demonstriert, wie man nur mit Holz und Gras Feuer entzündet und Töne aus einem langen Rohr namens Digeridoo hervorbringt. Mit Pfeilen zielten die Kinder auf Heuballen, auf die das Bild eines Kängurus drapiert war. Und endlich lehrte uns ein Profi, auf welche Weise man einen Boomerang werfen muss, damit er tatsächlich zurückkommt. Jan und Felix gelang es schon ganz gut.

Vom schicken Port Douglas ist das Great Barrier Reef nur 40 Kilometer entfernt. Ich gönnte mir den Luxus einer Tauchfahrt. Das klare blaue Wasser und die weite Sicht faszinierten mich sofort. Der erste Tauchgang führte durch einen engen Korallentunnel. Ich sah eine große Grüne Meeresschildkröte, Boxerfische, Engelfische, einen riesigen Hummer – herrlich. Und endlich: Am Ende des Tauchganges, als die Luft langsam ausging, sah ich meinen ersten großen Hai – einen Weißspitzenhai. Beim zweiten und dritten Tauchgang folgten noch einige weitere. Nun wusste ich zwar, dass diese Tiere, anders als es mich die Flipper-Serie gelehrt hatte, in der Regel völlig harmlos sind und Angriffe meist Surfer betreffen, weil der Hai das Brett mit dem Aussehen einer Robbe verwechselt. Aber als wir von einem der Haie ein wenig begleitet wurden, schwamm ich dennoch lieber in der Mitte unserer Gruppe.

Der entspannte Lebensstil der Australier, ihre entgegenkommende, lockere Art machten das Reisen zum echten Genuss. Die Versorgung war sogar noch unkomplizierter als in Neuseeland. In den Supermärkten war die Auswahl riesengroß und es gab viele internationale Produkte. Selbst die Wurst entsprach nun wieder ganz dem Geschmack unserer Kinder.

In Australien stand beinahe täglich Unterricht auf dem Programm. Die Kinder protestierten, mussten sich aber wohl oder übel fügen. Die wahre Freude war es nicht, die beiden zum Lesen, Schreiben und Rechnen anzuhalten. Vor der Reise hatte Jan behauptet, ich sei die beste Lehrerin der Welt. Ja, bestätigte er nun, das sei ich noch immer, aber nur, weil die anderen noch schlimmer seien als ich. Felix übernahm die Haltung seines Bruders. Er erledigte flink und richtig, aber schluderig seine Aufgaben und wollte so schnell wie möglich wieder spielen. Wenn Jan und Felix mal wieder maulten, freute ich mich auf zuhause und darauf, sie dann einfach in die Schule schicken zu können. Es würde ihnen sicher gut tun, in einer Klasse mit anderen Gleichaltrigen zu lernen. Etwas skeptisch war ich aber schon, ob sie sich nach dem langen Jahr der Freiheit auch ohne Probleme einfügen würden.

Auf dem Tropic Breeze Caravan Park hüpften Jan und Felix nach dem Unterricht in den kleinen Pool direkt neben unserem Stellplatz. Das Baden im Meer war wenig vergnüglich. Vor Port Douglas lag zwar ein Traumstand, aber wegen der hochgiftigen Quallen, die sich an der Nordostküste Australiens von Oktober bis Mai in Küstennähe befanden, durfte man nur innerhalb eines Schutznetzes ins Wasser. Auf diesem kleinen Fleckchen des weiten Ozeans drängten wir uns mit vielen anderen Menschen wie in einer deutschen Badeanstalt im Hochsommer. Jan und Felix staunten über die Quallengefahr, aber auch über alle anderen Möglichkeiten, in Australien eines unnatürlichen Todes zu sterben: durch Haie, Krokodile, Spinnen und Schlangen. Sie bedauerten, mich auf einem Spaziergang in der Abenddämmerung nicht begleitet zu haben, denn mitten in Port Douglas wand sich eine grün-gelbe Schlange in einem Straßenbaum. Ich hatte mal gehört, Baumschlangen seien nicht gefährlich. Ein Mann, der sah, wie ich sie fotografierte, war sich aber dessen nicht so sicher.

Im Daintree-Nationalpark, einem der ältesten tropischen Regenwälder weltweit, war das gerade gewechselte Hemd im Nu wieder nass. Im kalten Wasser der zerklüfteten Mossman Gorge konnten wir uns aber frei von der Belästigung durch Krokodile und Quallen herrlich erfrischen. Ohne Strom- und Wasseranschluss campten wir am Noah-Beach. Nur wenige Lebensmittel blieben bei der Hitze genießbar. Auch mit Mücken hatten wir viel zu kämpfen, aber in Australien übertrugen die Plagegeister immerhin keine Malaria. Wie schon im Süden Afrikas erlebten wir auch Down Under kaum eine Dämmerung. Gegen sechs Uhr war es noch hell, eine halbe Stunde später bereits stockdunkel. Anders als in Afrika war es draußen aber auch nach Einbruch der Dunkelheit noch sicher und anders als in Neuseeland blieb es warm, so dass wir nun häufig in den Sternenhimmel mit dem Kreuz des Südens blickten. Auf mehreren Wanderungen durchstreiften wir die üppigen Mangrovenwälder. In den hohen Bäumen zwitscherten viele bunte Papageien und im Dickicht raschelten die Buschhühner. Einen kurzen Moment sahen wir sogar einen der seltenen Helmkasuare. Während der Dämmerung konnten wir Flughunde dabei beobachten, wie sie sich in den Baumkronen versammelten. In einer Pflegestation hatten Jan und Felix sogar Gelegenheit, einen verletzten Flughund zu füttern. Sie seien, so erklärte man uns, mit den Affen verwandt. Dass sie, ähnlich wie jene, Kontakt zu uns Menschen suchen, merkten wir, als eine Mutter ihre Flügel aufschwang, um uns stolz ihr Baby zu zeigen. Viele Tierarten hörten wir lediglich in der Dunkelheit, bekamen sie aber nie zu Gesicht, denn 70 Prozent sind nachtaktiv. Selbst Kängurus begegneten wir in Freiheit vorerst nicht. Das hatten Jan und Felix sich wahrlich anders vorgestellt!

„Ostern sind wir sehr früh aufgestanden", schrieb Jan in einer Mail, „weil wir natürlich die Ostereier suchen wollten. Im Campingbus sieht man die Ostereier natürlich viel leichter. Wir haben zwei Gameboys gekriegt, weil sie uns in Afrika gestohlen wurden. Die vielen Süßigkeiten haben uns nicht so gut geschmeckt. Das Oster-Känguru kennt unseren Geschmack wohl nicht." Die Kinder konnten froh sein, überhaupt ein paar Eier zu bekommen. Im tropischen Norden wären sie uns glatt weg geschmolzen. Mittlerweile waren wir im deutlich kühleren Atherton Tableland. Unsere Spaziergänge wurden auch den Kindern nie langweilig. Sie staunten über Würgefeigen und tropische Riesenfarne. Auf einem Baum entdeckten sie zwei Kokaburras, bei uns bekannt als Lachender Hans. Aus dem Dickicht lugte ein Wallaby hervor, ein als Einzelgänger lebendes kleines Känguru. An einem Fluss konnten Jan und Felix zahllose Wasserschildkröten beobachten. Und direkt neben uns wand sich eine bestimmt zwei Meter lange, dicke, braune Schlange einen Baum empor.

Wir campierten an den Malanda Falls. Nach dem Fußballspiel erfrischten wir uns im großen Becken unterhalb der Wasserfälle. Jan bekam leichte Ohrenschmerzen. Da unsere Fahrt in dünn besiedeltes Gebiet führte, suchte ich mit ihm im Städtchen Malanda vorsichtshalber eine Ärztin auf. In der Praxis ging es ähnlich zu wie zuhause in Deutschland. Dennoch stand Jan die Skepsis auf dem Gesicht geschrieben, als die Ärztin ihn untersuchte. Sie diagnostizierte eine Mittelohrentzündung und bemühte sich um eine kleine Unterhaltung mit Jan. Sie verschrieb ihm ein weiteres Antibiotikum und versicherte mir, dass eine wiederholte Einnahme nicht schädlich sei. In der Apotheke bekamen wir noch den guten Tipp, Jans Ohren vor und nach dem Baden mit „Aquaear" zu desinfizieren. Das Antibiotikum schlug schnell an, Jan behandelte konsequent seine Ohren und so blieb er glücklicherweise bis zum Ende der Reise gesund.

Dass Australien ein riesiges Land ist, hatte ich gewusst. Aber natürlich ist es etwas anderes, wenn man die Strecken tatsächlich befährt. Allein der Bundesstaat Queensland ist fünfmal so groß wie Deutschland. Ursprünglich hatten wir erwogen, auch nach Ayer´s Rock ins Zentrum Australiens zu fahren. Hätten wir das getan, wären wir kaum noch aus dem Auto gestiegen. Aber auch so fuhren wir genug. Gut, dass Susanne in Singapur heimlich die beiden Gameboys für die Kinder gekauft hatte. Sie waren zwar ein dickes Osterei, aber nachdem wir schon so viele Fahrzeiten hinter uns gebracht hatten, boten die Geräte eine passende Abwechslung. Außerdem hielten Jan und Felix das Versprechen, nicht mehr um irgendwelche Spiele zu streiten. Zu unserer Beruhigung legten sie die Gameboys auch schnell wieder weg, sobald es etwas Interessantes zu sehen gab. Auf den schnurgeraden Strecken des Outbacks machten wir Bekanntschaft mit den so genannten Road Trains – Lastwagen mit drei riesigen Anhängern. Eigentlich empfand ich das Autofahren in Australien als sehr angenehm. Im Landesinneren sind die Straßen aber häufig nur einspurig. Die Fahrer der schwerfälligen Road Trains bleiben natürlich in der Spur. Kam einer entgegen, hieß es weg von der Straße und ab in die Botanik.

Nicht bloß die Gameboys sorgten für Unterhaltung. Auch die Stofftierfreunde förderten regelmäßig die Kommunikation. Ihre Runde hatte sich in der Zwischenzeit vergrößert. Für Felix hatte der Osterhase einen kleinen Tiger versteckt, in den er sich bereits auf Bali bei McDonald´s regelrecht verliebt hatte. Den im Zuge der Tsunamis verlorenen Yum-Yum hatten wir Jan auch schon lange ersetzt durch den Kauf eines kleinen Affen, den er Charlie taufte. In Neuseeland kaufte er von seinem Taschengeld den Pinguin Pingo und nun in Australien kam noch Stachel, der Stacheligel, hinzu. Immer wieder gab es Phasen, in denen Jan und Felix mit den Stimmen dieser verschiedenen Tierchen die neusten Erlebnisse in großer Runde besprachen. Gameboys und Tierchen wurden aber uninteressant, als sich auf dem Weg zum Volcanic Nationalpark Verkehrsschilder mehrten, die vor Kängurus warnen. Endlich, kurz vor dem Campingplatz der Undara Lodge, trafen wir auf unser erstes „richtiges" Känguru in freier Wildbahn. Groß und grau entsprach es genau der Vorstellung, die wir vor der Reise von einem solchen Tier hatten, als wir noch nicht wussten, dass es 55 verschiedene Känguruarten gibt. Gleich am nächsten Morgen weckte uns Jan mit einem Schrei: „Kängurus!" Einzeln und in

Gruppen hockten sie nahe unseres Wagens unter den lichten Eukalyptusbäumen und ließen sich kaum stören. Manche dösten, andere grasten. Machten sie ein paar langsame Sprünge, so benutzten sie ihren mächtigen Schwanz als fünftes Bein. Wurden sie aufgeschreckt, so hüpften sie auf ihren beiden Hinterläufen mit kräftigen Schlusssprüngen davon. Jan und Felix machten viele Fotos. Die drei Kinder einer australischen Familie waren stolz, als sie merkten, dass die für sie so gewöhnlichen Kängurus für Jan und Felix etwas ganz Besonderes waren. Sie freundeten sich miteinander an und sammelten Holz für ein gemeinsames Lagerfeuer. Die Verständigung klappte recht gut, bloß als sich ein amerikanischer Junge dazu gesellte, hatten Jan und Felix das Nachsehen. Auch die organisierte Tour zu den Undara Lava Tubes war für die beiden ein Flop. Von dem 160 Kilometer langen Lavatunnelsystem sahen wir lediglich eine 50 Meter lange Sackgasse. Dafür trug der Guide allerlei Wissenswertes vor. Jan und Felix verstanden nur Bahnhof und waren total genervt.

Der Tankwart riet davon ab, mit unserem Campervan die zwar kürzere, jedoch unbefestigte Straße nach Hughenden zu nehmen. Trotzdem – wir wollten uns ein wenig mehr „Outback-Feeling" verschaffen. Schilder warnten vor umherlaufendem Rindvieh und davor, dass es die nächsten 250 Kilometer keine Tankmöglichkeit gab. Sieben Stunden fuhren wir durch die Einsamkeit der roten, staubigen Erde. Nur ein paar tote Kängurus säumten den Weg und in der Luft flatterten Kakadus und riesige Wellensittichschwärme. Auf einem Baum entdeckten wir eine große Echse. Allein die Möglichkeit, in Australien einer großen Zahl wilder Tiere zu begegnen, erhöhte die Reiselust von Jan und Felix wieder um ein Vielfaches. Wie schon in Afrika blätterten sie hochinteressiert in den neuen Bestimmungsbüchern und der Blick für die Umgebung wurde wieder geschärft.

Sobald wir den Motor abstellten, ging auch der Kühlschrank aus. Das vertrugen die Lebensmittel in der Hitze nicht, weshalb wir in Australien fast immer auf einem Campingplatz übernachteten. Auf dem Hughenden Car Park mussten wir erfahren, dass es vereinzelt auch griesgrämige Australier gab. Obwohl wir erst spät eincheckten, nicht wenig Geld bezahlten und der hässliche Platz fast leer war, wurden wir am nächsten Morgen pünktlich um zehn Uhr vom Platz gescheucht. Aus Prinzip, denn das sei überall so.

Über das hübsche Goldgräberstädtchen Charters Towers gelangten wir zurück zur Küste in das touristisch stark bevölkerte Airlie Beach. Im Island Gateway Caravan Resort war der Höhepunkt für Jan und Felix die tägliche Vogelfütterung. Unerschrocken hielt jeder den Stiel eines Futtertopfes in der Hand. In Windeseile pickten Dutzende grüner Wellensittiche in die breiige Masse, nahmen dann auf den Armen, Schultern und Köpfen der Spender Platz und tschilpten ihnen lauthals in die Ohren. Mein Highlight sollte eine Bootsfahrt zu den Whitsunday-Inseln mit der ganzen Familie werden. Susanne verzog schon ihr Gesicht, als die Crew die Quallenschutzanzüge herausholte. Da kam die für sie erlösende Nachricht: Motorschaden, zurück zum Hafen. Ich wäre gerne auf das Ersatzboot umgestiegen, aber der Familienrat überstimmte mich. Wir sparten viel Geld und nutzten die gewonnene Zeit für einen langen Fahrtag.

Auf einen Besuch der größten Sandinsel der Welt, Fraser Island, verzichteten wir mit Blick aufs Portemonnaie nach kurzer Beratung von vornherein. Auch die kilometerlangen hellbeige- bis orangefarbenen Dünen gleich neben dem Campingplatz in Rainbow Beach waren malerisch schön. An den Dünen lernten Jan und Felix drei australische Jungen kennen. Abwechselnd knatterten sie auf deren Boogyboard den steilen Abhang hinunter. Ein sehr vergnüglicher, aber leider nur kurzer Kontakt, denn schon am nächsten Morgen ging ihre Fahrt weiter. Dafür fanden Jan und Felix nach wochenlanger Zwangspause wieder neuen Spaß am Baden im Meer. Wir hatten den Wendekreis des Steinbocks überschritten. Den Quallen war das Wasser dort unten zu kalt. Endlich konnten wir die traumhafte Brandung nicht nur anschauen, sondern auch leibhaftig genießen. Abgesehen von starken Strömungen, riesigen Wellen und einer ganz geringen Wahrscheinlichkeit, von einem Hai angeknabbert zu werden, war das fortan völlig gefahrlos. Der athletische Bademeister passte gut auf, als die Kinder und ich als einzige ins Wasser gingen. Helfen musste er nicht. Am Abend gingen Susanne und ich auch mal wieder zu zweit weg. Vor allem Jan brauchte wenig Schlaf und war fast so lange wach wie wir. Gingen wir weg, so mussten sich Jan und Felix einige Stunden alleine beschäftigen. Damit sie das bereitwillig taten, mussten sie sich an einem Platz wohl und sicher fühlen. In Rainbow Beach war dies der Fall. Dort gab es außerdem in Fußnähe einige Kneipen und Restaurants, die Susanne und ich ansteuern konnten. Denn ein Ziel brauchten wir natürlich auch. Auf manchen Plätzen mitten in der Natur hätten uns Jan und Felix zwar manchmal gehen lassen – aber wohin?

Eigentlich wollten wir in Noosa bleiben, aber keiner der Campingplätze entsprach unseren Vorstellungen. Trotzdem gut, dass wir die Küstenpromenade des schicken Ortes entlang fuhren, denn Jan bemerkte einige Menschen, die ihre Kameras nach oben in die Baumwipfel richteten. Da musste ein Tier sein, folgerte er. Und richtig, es war der erste Koalabär, den wir in Freiheit sahen. Susanne stieg mit den Kindern aus. Als ich nach längerer Parkplatzsuche zu ihnen stieß, fraß der aschgraue Beutelbär noch immer die Blätter des Eukalyptusbaumes.

Jans Geburtstag nahte. In Brisbane machte ich mich unter einem Vorwand auf die Suche nach einigen Geschenken, während Alexander mit den Kindern im Herzen der Stadt eine künstliche Badelagune besuchte, an der sich auch viele Flamingos und Ibisse niederließen. Auch dieses Vergnügen war kostenlos. Und wieder beeindruckte der hochkarätige Zustand der öffentlichen Anlage. Wohnmobil und Stadt vertrugen sich aber nicht allzu gut und so machten wir uns nach meinem Einkauf schnell auf den Weg ins Hinterland. Jan und Felix waren neugierig auf das nur in Australien lebende Schnabeltier. Ohne Erfolg hatten sie schon oft in den Flüssen und Seen nach den an Biber und Donald Duck erinnernden nachtaktiven Einzelgänger Ausschau gehalten. Im Brisbane Forest Park konnten wir im Walkabout Creek Wildlife Center den putzigen Gesellen immerhin in Gefangenschaft beobachten. Auch ein anderes lebendes Fossil, den Lungenfisch, bekamen wir dort zu Gesicht.

Die Weiterfahrt dauerte bis in die Nacht. Spontan hielten wir am Straßenrand hinter dem vermeintlich schlafenden Fahrer eines Lkw. Erst am nächsten Morgen stellten die Kinder fest, dass an dem Anhänger gar keine Zugmaschine war. Es geht doch nichts über das Gefühl von Sicherheit! In aller Frühe wanderten wir am Mount Tamborine durch üppigen Regenwald. Später besuchten wir einen Bauernmarkt. Die längste Schlange bildete sich dort an einer Bude mit deutschen Würsten und Sauerkraut. Ein echter Schmaus, so fanden auch die Kinder. Wenn man lange reist, wird man mit Sicherheit zu einem kulinarischen Nationalisten.

Als wir uns wieder der Küste näherten, sahen wir schon die Wolkenkratzer der Gold Coast, dem massentouristischen Zentrum Australiens. Nirgends im Land konzentrierten sich so viele Urlauber wie dort. Von den vielen dort angesiedelten Themenparks durften die Kinder einen aussuchen. Sie entschieden sich für das David Fleay´s Wildlife Center, denn dort gab es ein weiteres in Australien beheimatetes Tier: den Wombat. Auch dieser knuffige Plumpbeutler ist nachtaktiv und die Chance, ihn am Tage in freier Natur zu entdecken, war sehr gering.

Das Städtchen Byron Bay am östlichsten Punkt des australischen Festlandes hat einen alternativen Ruf, da sich dort viele Aussteiger und Künstler niedergelassen haben. Erst jetzt erfuhren wir, dass in New South Wales, wo wir uns inzwischen aufhielten, die Ferien begonnen hatten. Wegen der Überfüllung der Campingplätze verbrachten wir das erste Mal in Australien eine Nacht am Straßenrand. Der Vorteil dieses Notquartiers war, dass wir uns in aller Frühe ohne Verzögerung auf den Weg machten. In glasklarer Morgenluft blickten wir am hoch gelegenen Leuchtturm des Ortes auf die lang gezogenen Strände vor sattgrünem Hinterland. Unter uns im Meer entdeckten die Kinder eine große Gruppe Delfine, Mantarochen und einige Riesenschildkröten.

War Byron Bay früher ein Geheimtipp für Rucksacktouristen, so spazierten nun verlotterte Althippies neben den Superreichen der australischen Schickeria daher. Vom Campingplatz aus gingen wir nur wenige Schritte zum Meer mit seinen tollen Wellen und dem weichen Sandstrand und ebenso nah war das Ortszentrum mit vielen guten Kneipen. Jan und Felix konnten wir wieder ein paar Stunden alleine lassen. Als wir nach Mitternacht zurückkehrten, war Jan noch wach, begrüßte uns fröhlich und schlief erst ein, als auch wir in der Koje lagen. An unserer heiteren Stimmung am nächsten Tag spürten die Kinder, wie gut Susanne und mir die gelegentlichen Ausgänge taten.

Mit einem Abstecher zum Dorrigo-Nationalpark, wo sich ein prächtiger Ausblick auf den Regenwald bot und wir auf einer Wanderung dem seltenen Leierschwanz begegneten, erreichten wir nach langer Fahrt den Crowdy-Nationalpark. Auf dem staatlichen Campingplatz am Diamond Head lebten direkt zwischen den Autos und Zelten etliche Kängurus. Jan und Felix verbrachten wieder viel Zeit damit, sie zu beobachten. Noch unerschrockener als an der Undara Lodge grasten die Tiere in unserer unmittelbaren Nähe. Besonders putzig war ein Baby, das neugierig aus dem Beutel der Mutter lugte. Auch zwei Meter lange Warane krochen geruhsam durch das Gras und in den Bäumen kreischten die Papageien. Der nahe Sandstrand war fest genug zum Fußballspielen und allabendlich saßen wir an unserem Lagerfeuer. Die Kinder fanden es herrlich an diesem Ort. Dort wollte Jan seinen neunten Geburtstag feiern! Schule fiel an seinem Ehrentag natürlich aus. Alexander besorgte eine kleine Torte und außerdem machten wir wie zuhause alle möglichen Spiele. Etwas verwundert schauten die Australier schon, als sie uns mit rohen Eiern auf dem Löffel um die Wette rennen sahen. Jan war glücklich, obwohl ihm seine Freunde ein wenig fehlten. Über das Handy erreichten ihn aber einige Gratulanten und auch eine Reihe schriftlicher Glückwünsche hatten wir im letzten Internetcafé heruntergeladen. „Der beste Campingplatz war einer mit vielen Kängurus", schrieb Jan als Dank, „Dort habe ich auch meinen Geburtstag gefeiert. Alle Kängurus sind an uns vorbei gehüpft. Als wir aufwachten, wurde mir im Campingbus ein Geburtstagslied gesungen. Ich habe viele Geschenke gekriegt. Eine riesige Lego-Feuerwehr, einen Lego-Hubschrauber, einen kleinen Bagger, einen Straßenreiniger, zwei Hot-Wheels, einen Bumerang, eine CD und ein Rohr, das macht Dinosauriergeräusche." Vor unserer Abreise gehörten die Geburtstage der Kinder zu jenen Tagen, die ich mir so gar nicht hatte vorstellen können. Zuhause feierten wir immer groß und dazu gehörten natürlich in erster Linie die Freunde. Aber auch unter den

*veränderten Umständen schien Jan zufrieden zu sein, ebenso wie ein halbes
Jahr zuvor Felix.*

So schön es auch war am Crowdy-Beach inmitten der Kängurus, nach vier
Tagen wollten wir weiter, denn ohne Stromanschluss nutzte der Kühlschrank
nichts und außerdem konnten wir weder Texte tippen noch Fotos herunterla-
den. Die Kinder lockte die Aussicht, in der Lemon Tree Passage weitere frei
lebende Koalas zu erblicken. Während des ganzen dreitägigen Aufenthalts
sahen wir in dem kleinen Schutzgebiet, das unmittelbar an den Campingplatz
grenzte, aber nur einen einzigen – schlafend, hoch oben in einem Baumwipfel.

Der Strand war auch keine Pracht. Flach und sumpfig zog er jedoch viele Bril-
lenpelikane und Ibisse an und eines Abends sahen wir sogar eines jener Tiere,
die uns in Neuseeland nur tot begegnet waren: ein Possum.

Nach 4.600 gefahrenen Kilometern gaben wir in Sydney den Wagen wieder
ab. Eine ganze Reihe von Sehenswürdigkeiten hatten wir kennen gelernt, weit
mehr aber ausgelassen. Es gibt viele Gründe, noch einmal zurückzukehren.
Schade, dass Australien von Deutschland doch ein klein wenig weit entfernt
ist. Neben den Naturerlebnissen, den vielen Tieren, dem Baden in hohen Wellen und dem Tauchen waren es vor allem die Australier, die mich mit ihrer
lockeren, freundlichen Art beeindruckt haben. Aus den Sträflingskindern der
Engländer ist wirklich etwas Einzigartiges geworden.

Sydney wurde zum krönenden Abschluss. Vom Holiday Lodge Hotel in Potts
Point waren die Sehenswürdigkeiten zu Fuß oder mit Bus und U-Bahn schnell
erreichbar. Zu viert spazierten wir zum Opernhaus und fuhren mit einer der
zahllosen Fähren durch die wasserreiche Stadt. Danach hatten Jan und Felix
genug vom Sightseeing. Wir teilten uns daher die Zeit mit den Kindern etwas
auf. Den ersten Nachmittag verbrachte ich mit den beiden im Luna-Park. Auf
dem nostalgischen Rummel gab es eine Drehscheibe, die mich an meine eigene Jugend erinnerte. Man setzte sich drauf, sie drehte sich immer schneller
und einer nach dem anderen flog hinunter. Felix wurde in seiner Altersklasse
eindeutig Sieger, aber nur, weil er die englischen Anweisungen über das Mikrofon, zum Beispiel „Hands up!“, nicht wahrnahm. Als ich ans Mikrofon ging
und ihn auf Deutsch ansprach, kam aber auch keine Reaktion, dafür ein riesiges Gelächter aus dem Publikum.

*In Sydney spielte sich das Leben ähnlich ab wie in Berlin. Ich kam mir nicht
blöd vor, alleine unterwegs zu sein und außerdem gab es Ziele, die für mich
interessant waren. In der National Art Gallery schaute ich mir Kunstwerke
der Aborigines an und am Abend in der Oper ein Stück über den Einfluss der*

Medien. Ich genoss es in vollen Zügen, ein paar Stunden nur das zu tun, was ich gerade wollte und auf keine Frage und kein Bedürfnis von außen reagieren zu müssen.

Während Alexander den nächsten Nachmittag am berühmten Bondi-Beach verbrachte, setzten Jan und Felix mit mir per Fähre über zum Taronga Zoo. Die langen Giraffenhälse vor der Skyline von Sydney ergaben ein ulkiges Bild. Jan und Felix steuerten ein endemisches Tier an, das sie auf jeden Fall noch sehen wollten: den Schnabeligel. Das Eier legende Säugetier lebt seit 120 Millionen Jahren auf dem australischen Kontinent. Wir konnten zwei dieser stachligen Gesellen gut dabei beobachten, wie sie auf kurzen Beinchen ihren kugeligen Körper bewegten und mit ihrem langen Schnabel das Erdreich nach Insekten durchpflügten.

Schließlich hieß es nicht bloß Abschied nehmen von einem Land, in dem es uns allen sehr gut gefiel, sondern auch vom Leben im Wohnmobil. Jan und Felix waren traurig, sie hätten so weiterreisen wollen. Ein schöner Trost war ein postlagerndes Paket von ihrer Oma mit den neusten Micky-Maus-Heften und einigen Lesebüchern, zwei Autos und zwei weiteren kleinen Kuscheltierchen. Den Abend vorm Abflug durften Alexander und ich wieder ausgehen. Vom Wasser aus warfen wir einen letzten Blick auf die Oper bei Nacht.

Viele Fische auf Fidschi

„Papa, wie lange reisen wir noch?", fragte Felix. „Zehn Monate sind wir schon unterwegs und zwei Monate kommen noch", lautete meine Antwort. „Was, so kurz ist ein Jahr?", rief er mal wieder entsetzt. Ich freute mich über seine Reaktion, die belegte, dass ihm die Zeit nicht zu lang wurde. Gleichzeitig wurde mir bewusst, dass mir die vergangenen zehn Monate sogar länger vorkamen als der gleiche Zeitraum zuhause, wo im Alltagstrott die Wochen oft nur so dahinfliegen.

Unsere gefälschten Ausreisetickets hielten der Grenzkontrolle auf Fidschi stand. Meine Sorge, in dem kleinen Reisebüro in Bangkok Monate zuvor vielleicht doch einem Betrüger auf den Leim gegangen zu sein, erwies sich als vollkommen unbegründet. Sicher stimmte auch seine Behauptung, auf Fidschi könne man günstig Flugtickets kaufen. Gleich nach unserer Ankunft wollte ich mich in Nadi um unsere Weiterreise kümmern. Es war Samstag, alle Reisebüros hatten bereits geschlossen. Am Sonntag war es ebenso und Montag war ein Feiertag. Solche Geschäftszeiten waren wir seit unserer Abreise aus Deutschland nur noch von Konsulaten gewohnt.

Die ersten Tage verbrachten wir im Wailoaloa Beach Resort. Dort war von Strand keine Spur, stattdessen umgaben uns Zuckerrohrfelder, Bauland und der dröhnende Lärm von Flugzeugen. Auch das Essen schmeckte überhaupt nicht. Auf einem längeren Spaziergang suchten wir nach einer möglichen Alternative. Als wir die schwach befahrene Straße entlang liefen, fuhr ein kleiner blauer Lkw langsam an uns heran. Der Fahrer, ein Mann um die Fünfzig, in blauer Arbeitskleidung, rief uns zu: „You're looking like the ideal family!" Oh, gab ich zurück, das sei aber nicht immer so. „Ah, Germans", stellte er fest. Aus mir spreche der deutsche Perfektionismus. Ob ich denn noch nicht die melanesische Lebensweisheit kenne: Es ist gut genug.

Wir zogen um in den Club Fiji. Dort war es zwar nicht gerade günstig, aber eine behagliche Hütte und continental food machten die Warterei auf Alexander und die neuen Flugtickets weit angenehmer. Der Strand vor der Tür war wie fast überall auf Fidschis Hauptinsel Viti Levu schmal und grau, das Wasser flach und trübe. Jan und Felix lockten aber die kostenlos zur Verfügung stehenden Tretboote. Nur einen halben Meter über dem Meeresboden kamen wir wegen der vielen Schlingpflanzen allerdings kaum voran. Der Sprung in den Pool und die übergroßen Hängematten, die Jan und Felix beinahe zum Überschlag brachten, sorgten für weit bessere Unterhaltung.

Am dritten Tag war ich pünktlich, als die Reisebüros öffneten, in Nadi. Das Angebot an Flügen in alle Welt war leider weder groß noch günstig. Nach einigem Hin und Her buchte ich ein Sonderangebot: mit Quantas nach Hawaii und dann nach Deutschland zurück. Jeder weitere Stopover in Los Angeles oder in London hätte den gleichen Flug auf das Dreifache verteuert – eine sonderbare Preispolitik.

Die Tickets in der Tasche, reisten wir schnell zu den kleineren Inseln weiter. Nun begann der eigentliche Südseetraum. Unser erstes Ziel waren die Yasawas. Die Bootsfahrt nach Tavewa führte uns bereits an vielen Eilanden vorbei – wunderschön. Einige Flecken sind nicht viel größer als ein Fußballfeld, umrundet von feinem Sand. „Castaway", das Robinsondrama mit Tom Hanks, wurde dort gedreht. Der Film endet ja etwas traurig. Falls er in Teil II wieder mit einigen Postpaketen stranden sollte, müsste das Drehteam an vielen Stränden noch nicht einmal die Touristen verscheuchen, denn viele Inseln sind einfach leer.

Nie hätte ich geglaubt, jemals im Südseeparadies zu sein. Ich dachte, dies sei nur etwas für die Superreichen. Aber nun waren wir dort und mir wurde wiederholt eines deutlich: was ich alles nicht sehen würde. Es gibt ja so viele Inseln im Pazifik! Bis zu hunderttausend nennen die Statistiker. Die Fidschis

*bestehen aus 320 Eilanden. Die überwiegende Mehrheit der Einwohner lebt
aber auf der Hauptinsel Viti Levu. Weiße Sandstrände lassen die meisten Fi-
dschianer ohnehin kalt. Ich dagegen empfand natürlich wie alle anderen Touristen auch: Sie waren einfach ein zauberhafter Anblick, diese weiß gesäum-
ten, knallgrünen Erdflecken, die sich aus dem türkisblau schimmernden Meer
erheben. Die Kinder und Alexander reizte der Besuch auf einer der Miniin-
seln. Ich lehnte ab, denn spätestens jetzt kamen mir wieder die Tsunamis in
den Sinn, die mich vor einer kleinen wasserumspülten Fläche bar jeder Erhe-
bung zurückschrecken ließen.*

*Auf Tavewa in „Otto und Fanny's" ging es sehr familiär zu. Das Ressort be-
stand aus nur sechs Hütten. Ertönte ein Gong, so nahmen wir an einer langen
Tafel das Essen ein, gemeinsam mit allen anderen Gästen, die aus den verschiedensten Ecken der Welt kamen. Einigen war die Südsee ein Stopover im
Rahmen einer Weltumrundung und die Pazifik-Anrainer befanden sich aufgrund der geographischen Nähe auf einer kleinen Kurzreise. Unter letzteren
befand sich ein Paar aus Neuseeland. Schade, dass wir Malcolm und Rhona
nicht schon in ihrer Heimat getroffen hatten. Sie waren die ersten Neuseelän-
der, die wir problemlos verstanden. Rhona war schwanger und beide äußerten
sich sehr angetan von unserer langen Reise mit den Kindern. „You give us
hope!", meinte Malcolm mit Blick auf die Zukunft als Kleinfamilie. Ein Jahr
später besuchten sie uns in Berlin. Das neunmonatige Töchterchen hatte in
seinem kurzen Leben bereits mehr Nächte irgendwo anders auf der Welt verbracht als zuhause in Auckland.*

Auf Nanuya Balavu, ebenfalls zu den Yasawas zählend, war das Mantaray-
Ressort die einzige Ferienanlage. Der 26-jährige australische Pächter der
kompletten Insel hatte sie erst fünf Monate zuvor in Betrieb genommen. Alles
verlief nach Fidschi-Time: gemütlich und gelassen. Bei unserer Ankunft empfing uns die Belegschaft mit Südseeklängen. Jan und Felix waren die allerersten Gastkinder. Um sie kümmerten sich die Angestellten besonders nett.
Sie bastelten mit ihnen Armreifen aus Kokosnüssen und zeigten, wie man
Palmen hinaufklettert. Nach kurzem Üben schaffte es Jan, bis ganz nach oben
zu gelangen. Stolz warf er einige Kokosnüsse hinunter. Mit Kajaks paddelten
wir zu den Nachbarstränden, aber auch direkt vor unserer Hütte konnten wir
die Taucherbrillen aufsetzen, ein paar Schritte ins warme Wasser laufen und in
eine andere Welt gleiten. Jan und Felix wurde das Schnorcheln nicht langweilig. Jetzt faszinierten die prächtigen Korallenlandschaften, in denen unterschiedlichste Fische schwärmten.

Als wir Nanuya Balavu verließen, überraschte mich die Herzlichkeit der Menschen, mit der sie uns verabschiedeten. Jeden Tag kommen und gehen die

Touristen und dennoch hatte ich den Eindruck, bei den Umarmungen einige feuchte Augen zu sehen. Als Gäste in einer Ferienunterkunft lernten wir natürlich nicht das wahre Leben der Inselbewohner kennen, aber einen kleinen Eindruck von der Art der Menschen bekamen wir schon. Hinter der vorherrschenden Fröhlichkeit ließen sich auch einige Probleme erahnen. Die Abwanderung hielt schon seit Jahren an. Verkörpern für uns die Inseln das Paradies, so sind es für die Einheimischen die Großstädte, allerdings aus gegensätzlichen Motiven. 160 € monatlich verdiente der Chefkoch des Mantaray-Ressorts, bei höherem Preisniveau als beispielsweise in Asien. Frau und Kinder lebten wie die Angehörigen seiner Kollegen auf der Nachbarinsel Naviti. Nur einmal in der Woche konnte er sie sehen.

Mit der Zeit wurde es auf den Yasawas zu teuer. Erstaunlich, dass wir trotz der hohen Preise wenige Touristen über Dreißig trafen. Vielleicht ist das Publikum auf jenen Inseln, wo die Übernachtung einige tausend Euro kostet, etwas älter. Zurück auf Viti Levu, fuhren wir im Hinterland von Nadi zum Stoney-Creek-Ressort. Dort war die Unterkunft weit günstiger, das Essen viel besser und die Atmosphäre war sehr nett und gemütlich. Nach dem Unterrichtsprogramm, das wir auch auf Fidschi meist täglich einhielten, fanden Susanne und ich Zeit zum Lesen und Schreiben – mit einem wunderbaren Blick auf die grünen Berge. Jan und Felix konnten kickern, Billard spielen oder im Pool baden. Jan war begeistert von einem großen Fahrrad, mit dem er im Stehen über die Wiese holperte. Auf einem Drahtesel war er schließlich seit einem dreiviertel Jahr nicht mehr gewesen. Felix dagegen schmollte. Für ihn war die Querstange einfach zu hoch.

Für drei Tage mieteten wir einen Geländewagen. Ab ins Inselinnere zu den Nachfahren der Kannibalen. Die Kinder fanden den Wagen, einen Mitsubishi Pajero, sehr cool. Leider hatte er einen ungeheuren Benzinverbrauch: über 20 Liter auf 100 Kilometer. Mit ihm kamen wir aber in Gegenden, in die sich offenbar nicht viele Touristen verirrten. Entlang endloser Zuckerrohrplantagen fuhren wir in das grüne Hochland. Das Leben in den Dörfern erinnerte an Asien: grob gezimmerte Hütten und offenbar viele Menschen auf engem Raum. Die Freundlichkeit, der wir begegneten, war umwerfend. Von allen Seiten winkten die Menschen uns zu und riefen das Begrüßungswort: „Bula!" Einmal hielt ich, um einer gestikulierenden Frau am Straßenrand eine Mitfahrgelegenheit zu bieten. Sie sprach kein Englisch. Nach wenigen Metern stieg sie wieder aus, denn dort wohnte sie. Susanne war schon vorher der Meinung, die Frau habe lediglich grüßen wollen. Sie fuhr wohl bloß deshalb bei uns mit, weil sie nicht unfreundlich sein wollte. Unvorstellbar, dass manch Europäer auf Fidschi noch vor 140 Jahren verspeist wurde und auch die Einwohner untereinander sich aufs Brutalste bekriegten. Aber auch die viel beschriebene sexuelle Freizügigkeit haben die Missionare den Menschen in der Südsee offenbar ausgetrieben. Angeblich kam mancher bärbeißige Seemann mit der ihm präsentierten Frau nicht klar, wenn der Akt in aller Öffentlichkeit auf dem Dorfplatz zu vollziehen war.

Nachdem wir im Museum der Hauptstadt Suva einiges über den Kannibalismus früherer Tage erfahren konnten, gaben wir den Wagen vorübergehend ab, denn ein dritter Inselbesuch wartete. Nach langer Taxifahrt gelangten wir verspätet zum telefonisch vereinbarten Treffpunkt. An einer unscheinbaren Brücke warteten zwei Bootsfahrer auf uns und andere Gäste. Die Überfahrt führte durch das weite Flussdelta aufs offene Meer. Es regnete in Strömen. Das kleine Boot schlug so hart auf das Wasser, dass wir um unseren Laptop bangten. Als wir nach einer Stunde mit einem Willkommenslied auf Caqalai empfangen wurden, strahlte wieder die Sonne.

Im Besitz der methodistischen Kirche, wurde Caqalai von einer vielköpfigen Fidschi-Familie betrieben. Unsere Hütte stand unter vielen Palmen. Manchmal hörten wir einen dumpfen Knall, wenn eine Kokosnuss auf den Boden schlug. In unserer schlichten Behausung gab es keinen Spiegel, womit ich ohne Probleme leben konnte, und auch keinen Strom. Am Abend spielten wir mit den Kindern im Schein der Petroleumlampe Bauernskat. Es wimmelte von kleinen Ameisen. Die Mücken stachen regelmäßig zu. Regenwasser zum Duschen und Meerwasser für die Plumpsklos schöpften wir aus Tonnen.

Die kleine Insel umrundeten wir zu Fuß in nur fünfzehn Minuten: ein sattgrüner Fleck dichten Dschungels, gesäumt von weichem, hellem Sand. Bei Ebbe wateten wir zur benachbarten Snake-Island, immer auf der Hut vor den schwarz-weiß gestreiften, hochgiftigen Seeschlangen, die sich dort konzentrierten. Tatsächlich hat sich auch Alexander ziemlich erschrocken, als er zu einem späteren Zeitpunkt solch einem scheuen Wesen beim Schnorcheln begegnete. Dafür konnte er aber nun ordentlich mithalten, wenn am Essenstisch die neusten Schauergeschichten zum Besten gegeben wurden. Auch auf Caqalai nahmen alle Gäste gemeinsam an einer langen Tafel Platz. Am Abend sorgte dort ein Generator für Licht. Gegessen wurde, was auf den Tisch kam, und das war alles andere als schmackhaft. Felix und Jan rührten das zermanschte Fleisch und den grätigen Fisch gar nicht erst an und aßen nur die Reisbeilage.

Zur Inselfamilie gehörten auch viele Kinder. Englisch sprachen sie nicht, aber mit Gesten forderten sie Jan und Felix gleich am ersten Abend auf, mit ihnen Carrom zu spielen. Die Kinder beobachteten kichernd, wie die fremden Jungen die Schussssteine über das Brett schnipsten. Später spielten sie Fangen und fuhren sich gegenseitig mit einer Schubkarre über das Gelände. Wurde es dunkel, so zogen sich die Inselkinder zurück in ihre Hütten. Eines Abends überraschte mich eine der Frauen mit der Frage, ob Jan und Felix einen Film sehen dürften. Eine solche Möglichkeit hatte ich an diesem Ort wahrlich nicht vermutet. Die Kinder verschwanden mit der Frau. Als ich sie später – ich war natürlich neugierig – aufsuchte, bot sich ein lustiges Bild: ein großer, möbelloser Raum, auf dessen Boden Jan und Felix gemeinsam mit den anderen Kindern und den älteren, wohl beleibten Frauen der Familie lagen. Die Jüngsten waren bereits eingeschlafen. Alle anderen schauten in dieselbe Richtung. Dort lief das Video „Kevin allein in New York". Dieses Großstadtkind passte so gar nicht zum schlichten Leben in der Südsee.

Solange die Inselkinder in der Schule waren, wiederholte sich bei uns ein immer gleiches Programm: Unterricht, Schnorcheln, Lesen, Spielen, Schnorcheln. Das Lehren wurde für Alexander wie für mich immer nerviger. Kinder gehören eben in einen Klassenverband. Wir alle waren froh, wenn Jan und Felix ihre Aufgaben absolviert hatten und wir uns wieder dem gemeinsamen Genuss widmen durften, indem wir in das wohl temperierte Wasser vor der Tür glitten. Schon in Thailand waren die Blicke in die Welt der Meeresbewohner grandiose Momente, in der Südsee eröffnete sich unter der Wasseroberfläche eine vergleichsweise noch größere Farbenpracht und Vielfalt. Die vielen verschiedenartigen Korallenformationen erinnerten an einen üppigen Blumengarten. Dazwischen schimmerten im Sonnenlicht die buntesten Fische, einzeln und in Schwärmen, größere und kleinere. Als wir mal wieder alle im Wasser dahintrieben und ich gerade so bei mir dachte, trotz der vielen Schnorchelgänge kein einziges Mal einem richtig großen Fisch begegnet zu sein, tauchte einer vor mir auf: silbrig glänzend, kugelbauchig, bestimmt 1,30 Meter lang. Ich glaubte in dem durch Bewegung leicht trüben Wasser zuerst an eine Halluzination. Als ich Jan, der in meiner Nähe schwamm, das Tier zeigen wollte, sahen wir beide einen weiteren sehr großen Fisch, wenige Meter entfernt. Schmal und lang, dunkel- bis hellbraun, mit Dreiecksflossen. „Hai!", rief Jan in den Schnorchel und beide jagten wir spontan auf das vielleicht 15 Meter entfernte Ufer zu. Als wir uns vom ersten Schreck erholt hatten, lugten wir noch einmal unter die Wasseroberfläche, aber die beiden Großfische waren weg.

Nach dem Abendessen holten die Männer der Familie ihre diversen Saiteninstrumente hervor und trällerten fröhliche Südseesongs. Einige der Männer hatten wunderschöne Stimmen. Nach einigen Abenden waren uns die Lieder schon sehr vertraut. Gespielt wurde, bis der letzte Gast gegangen war. Das hatte ich aber erst erfahren, als ich eines Abends nur noch alleinc da saß, mich wunderte, dass einige Musiker schon fast einschliefen und nachfragte, wie lange sie noch spielten. Fester Bestandteil des Musikprogramms war die Ka-va-Zeremonie. Kava ist eine mit einem Holzmörser zerstoßene Wurzel, der Wasser beigemischt wurde. Im Wechsel beschäftigte sich immer einer der Musiker mit dem Zerstampfen. Das Familienoberhaupt prüfte kritisch, ob auch alles richtig gemacht wurde. Das fertige Getränk wurde in ein spezielles Holz-gefäß gegossen. Nach jedem Lied reichte einer der jüngeren Männer reih-um den Gästen und Inselbewohnern in einer Kokosnussschale die leicht be-rauschende Flüssigkeit. Nach der Annahme wurde man beklatscht. Und auch man selbst klatschte einmal vor und dreimal nach dem Trinken. Das Gesöff sah aus wie Wischwasser und es schmeckte auch so. Im Mund entwickelte sich ein Geschmack wie nach einer Zahnarztspritze. Susanne verzichtete gleich nach dem ersten Schluck. Ich dachte, mit der Zeit käme der Genuss. Aber die fünfzehnte Schale schmeckte genauso schrecklich wie die erste. Ob es den Einheimischen wohl genauso ging? Für weitere Unterhaltung sorgten die Frauen, die die Gäste zu den Südseeklängen zum Tanz aufforderten. Hinter dem Rücken Händchen haltend ging es im Wiegeschritt um den großen Ess-tisch herum.

Zurück auf der Hauptinsel, holten wir unseren Geländewagen wieder ab und fuhren auf der Nordroute zurück nach Nadi. Im Stoney-Creek-Ressort hieß es am Telefon diesmal leider „Fully booked". Als wir trotzdem hinfuhren, um unsere deponierte Reisetasche abzuholen, waren jedoch nur wenige Gäste dort und wir konnten bleiben. Zweifelsohne hatten sich die Angestellten am Tele-fon etwas Arbeit vom Hals halten wollen. Während die Kinder in der vertrau-ten Umgebung spielten, konnten wir die letzten Eindrücke niederschreiben. Unseren Abflugtag, den 15. Mai, rückten wir den Kindern besonders ins Be-wusstsein, denn wir näherten uns der Datumsgrenze. Um 22:50 Uhr hoben wir ab.

Hawaii – glühende Lava und viel Zeit

Nach sechseinhalb Stunden Flugzeit landeten wir in Honolulu. Auf Hawaii war früher Morgen, und schon wieder begann der 15. Mai. Es war gar nicht so leicht, Jan und Felix diesen mysteriösen Zustand zu erklären. Auf Fidschi waren wir der Zeitrechnung zehn Stunden voraus gewesen, nun lagen wir zwölf Stunden zurück.

Am Flughafen beeindruckte Jan und Felix die moderne Technik, mit Hilfe derer blitzschnell unsere Porträts und Fingerabdrücke auf dem Monitor des Grenzbeamten erschienen. Anschließend studierte der nette Mann eingehend unsere bunt gespickten Pässe. Als ich einen alten Stempel mit arabischen

Schriftzeichen nicht gleich einordnen konnte, wurde ich leicht nervös. Wir durften dennoch ohne Probleme in die USA einreisen.

Noch am selben Tag wollten wir von Honolulu auf Ohau zur eigentlichen Insel Hawaii, bekannter als Big Island. Obwohl sich die acht Hauptinseln in einer 600 Kilometer langen Kette aneinanderreihen, gab es bis dato keinen nennenswerten Fährverkehr. Wir mussten fliegen – ein teures Vergnügen. Die kleine Propellermaschine hatte 20 Sitzplätze. Beim Landen blickten wir auf schwarzen Lavastein, soweit das Auge reichte. Erst drei Stunden später erreichte mit einer anderen Maschine auch unser Gepäck die Insel Hawaii. Jan und Felix langweilten sich in der sengenden Hitze, während Alexander und mich die Preise der am Flughafen angebotenen Hotels und Autovermietungen schockierten.

Unser Taxifahrer empfahl uns Uncle Billy´s in Kailua-Kona als günstige Unterkunft. Auch Susanne erschien die Miete für zwei Übernachtungen annehmbar. Leider war sie einem Missverständnis erlegen, wie sich am nächsten Tag herausstellte, denn sie hatte lediglich für eine Nacht bezahlt. Nicht bloß die Quartiere, auch Mietwagen, Lebensmittel und Getränke waren auf den ersten Blick extrem teuer. Für die bevorstehenden sechs Wochen drohte ein finanzielles Desaster. Wir mussten Wege finden, dies zu verhindern! Einer planschte mit Jan und Felix im Pool, der andere recherchierte per Internet und Telefon. Im Zimmer stapelten sich die Couponheftchen. Die Schnäppchenjagd kostete viel Zeit, aber davon hatten wir schließlich genug.

Drei Tage später waren wir Mieter eines günstigen Autos, mit dem wir in die riesigen Einkaufszentren am Rande der Stadt zum preiswerten Lebensmittelkauf gelangten, und außerdem hatten wir für die nächsten Wochen bezahlbare Unterkünfte in Nationalparks und bei Privatleuten reserviert. Halbwegs beruhigt wollten wir nun die schönen Seiten Hawaiis erkunden. Im sehr touristischen Kailua-Kona besuchten wir nur noch schnell den legendären Startpunkt des alljährlichen Hawaii-Ironman-Triathlons, ansonsten hatte dieser Ort wenig für uns zu bieten.

In der Kealakekua Bay wurde 1779 der legendäre Captain Cook erschlagen und zum Teil aufgegessen. Vor dem in der Ferne weiß aufragenden Gedenkstein tummelte sich eine Gruppe munterer Delfine und in unmittelbarer Ufernähe beobachten wir einige Grüne Meeresschildkröten. Die Bucht gilt als Schnorchelparadies. Trotzdem waren nur wenige Menschen dort. Wir waren die einzigen, die über die kopfgroßen, glitschigen Lavabrocken in der Uferzone kraxelten. Endlich im Wasser, wurden wir mit einem klaren, weiten Blick belohnt. Unter uns erhob sich in großer Tiefe ein prächtiges Korallenriff aus dem schwarzgrauen Sand der vom Ozean zerriebenen Lava. Viele der großen, bunten Fische waren uns bislang unbekannt.

Auf dem Namakani Campground im Volcanoe-Nationalpark hatten wir für drei Nächte eine schlichte Holzhütte reserviert. Abends grillten wir am Lagerfeuer. Am Tage besuchten wir die Ausstellungen in den Visitorzentren und durchstreiften sukzessive per Auto und zu Fuß die bizarre, karge, schwarzgraue, von Dampf- und Rauchsäulen durchsetzte Landschaft, die dort, wo sie von Lavaströmen verschont blieb, dank des subtropischen Klimas von üppigem Regenwald durchbrochen war. Wir liefen um Krater herum und durch sie hindurch. Und wir waren, wie schon in Australien, in einem Lavatunnel. Obgleich längst nicht so lang wie jener, war er für uns persönlich weit beeindruckender. Am unbeaufsichtigten Eingang lagen Taschenlampen zur freien Verfügung – auf Hawaii basierte so manches auf Vertrauen. Nur mit der kleinen Funzel und ohne andere Besucher gelangten wir über mehrere hundert Meter durch das absolute Dunkel.

Die größte Verlockung im Volcanoe-Nationalpark war die Möglichkeit, glühende Lava zu erblicken. Für Jan und Felix war dies das zentrale Motiv, überhaupt nach Hawaii zu reisen. Vom Baden, tollen Wellen und Sonnenschein hatten sie schon lange genug. Seit 1983 ergießt sich die Lava des Pu'u O'os bis in das Meer – das Werk der Göttin Pele, wie die Ureinwohner es betrachten. Alexander und ich waren aber skeptisch, ob wir dieses Spektakel tatsächlich zu Gesicht bekämen. Schließlich wurden für sehr viel Geld Helikopterflüge angepriesen, die den Eindruck vermittelten, man könne nur aus der Luft die richtigen Punkte erblicken. Wir dagegen zahlten für uns alle lediglich zehn Dollar Eintritt und das Ticket galt ganze sieben Tage. Wir stapelten den Kindern gegenüber also ordentlich tief, um ihre Erwartungen abzuschwächen, bevor wir uns am späten Nachmittag auf den Weg machten. Zunächst liefen wir ganz gewöhnlich auf dem Asphalt der ehemaligen Küstenstraße. Schilder warnten vor giftigen Gasen und erinnerten an die Mitnahme von Wasser und Taschenlampen. Langsam kamen wir dem surrealen Bild näher. Erkaltete Lava bedeckte die Straße und beraubte sie ihrer Funktion. Autos kamen dort nicht mehr weiter. Über eine Stunde kraxelten wir über das viele Meter hohe, unwegsame junge Gestein. Die Sonne schien trotz fortgeschrittener Stunde noch intensiv und auch von der Erde her wurde es zunehmend warm. Als wir wiederholt eine Trinkpause einlegten, zeigte Felix landeinwärts und meinte trocken: „Da ist Lava." Deutlich sahen wir sie in der beginnenden Dämmerung den entfernten Hang hinunterkriechen. Motiviert und neugierig sprangen wir weiter über die schwarzen Höhen und Tiefen, die weiße Dampfwolke im Blick, die weit sichtbar den Kontakt der heißen Lava mit dem Meerwasser markierte. Während sich die Sonne dem Horizont entge-

genneigte, verwandelte sich der weiße Dampf in leuchtendes Rosa. Vom Vul-
kanhang im Landesinnern hoben sich nun vom Dunkel des Berges immer wei-
tere Flächen glutrot ab. Dort erreichte die Lava die Erdoberfläche, um sich
sodann unterirdisch Bahn zu brechen und erst am Rande der Insel wieder
nach außen zu treten. Nach fast zwei Stunden hatten wir schließlich die Stelle
erreicht, an der wir dem Naturschauspiel ganz nahe waren. Wir nahmen Platz
auf den zwar oberflächlich gehärteten, aber von der Tiefe her Hitze tragenden
Lavasteinen. Stundenlang hätte ich den Urkräften der Natur zuschauen mö-
gen, dem kontinuierlichen Strom aus dem Erdinneren, der sich in den Ozean
ergoss und neues Land entstehen ließ – ein gleißendes Spektakel, vom Zischen
und Brodeln des aufgewühlten Meeres begleitet. Ungleichmäßig entstanden
Dampf, dunkle Gase, Funken und doch ergab das Ganze eine vollendete Har-
monie. Bei aller Faszination hatte Felix leider nicht ganz soviel Sitzfleisch wie
ich. Im Nu war beinahe eine Stunde vergangen. Es war schon nach 20 Uhr
und er drängte zur Rückkehr – eigentlich vernünftig, denn immerhin mussten
wir noch einmal zwei Stunden über die schwarze, von jähen Rissen und Spal-
ten unterbrochene Gesteinsmasse gelangen, diesmal im Mondschein. Ohne
Probleme hielten Jan und Felix die lange, beschwerliche Abendwanderung
über die Geröllhalde durch. Sie hatten ein sehr günstiges Reisealter erreicht.

Von den Erlebnissen im Volcanoe Park waren wir dermaßen begeistert, dass
wir zum nächstmöglichen Zeitpunkt noch einmal eine Hütte im Campground
reservierten. Zunächst fuhren wir aber nach Hilo an der Ostküste, wo wir über
ein Zeitungsinserat für eine Woche ein kleines Apartment gefunden hatten.
Als Sicherheit hatten wir der Vermieterin vorab, als wir noch in Kailua-Kona
waren, eine Anzahlung geleistet. Da es Bankanweisungen wie bei uns in den
USA noch immer nicht gab, liefen Geldgeschäfte ziemlich kompliziert. Auf
der Post stellte Susanne einen so genannten Pay-Cheque aus: Sie zahlte den
Betrag und schickte der Vermieterin einen Scheck, den diese wiederum auf
einer anderen Post einlösen konnte. Ich fühlte mich erinnert an die Zeit, als
wir in Texas gearbeitet hatten. Unser Geld bekamen wir damals auch nicht
aufs Konto, sondern per Handschlag mit einem ebensolchen Pay-Cheque von
der Schulleiterin. Und als wir mal vergessen hatten, das Geld für den Strom
pünktlich am Schalter einzuzahlen, lief uns am Abend, als wir in unser Häuschen kamen, das Wasser aus dem Gefrierschrank.

Das Privat-Apartment in Hilo war hübsch gelegen am Banyan-Drive, an dem
riesige Exemplare der gleichnamigen Bäume mit ihren üppigen Luftwurzeln
märchenhafte Skulpturen formten. Den versprochenen Meeresblick hatten wir
nur in einer klitzekleinen Ecke unseres Balkons. Frontal schauten wir auf einen siebenstöckigen Betonklotz. Ansonsten war die Bude klein, aber fein. Vor
allem hatte sie einen riesigen Kühlschrank und eine gut ausgestattete Küchen-

zeile. Auf die Frage, worauf Jan und Felix denn Appetit hätten, antworteten sie regelmäßig: „Nudelauflauf!" Damit meinten sie einen ganz speziellen nach dem Rezept meiner Großmutter. Erst nach 10-monatiger Reise konnte ich ihren Wunsch endlich erfüllen, denn nun verfügten wir über einen Herd mit Backofen. Ein Festessen!

Nachdem Jan und Felix den Unterricht abgehakt hatten, versanken sie in ihrer Fantasiewelt. Da wir eine ganze Woche blieben, bauten Jan und Felix ihr Spielzeug auf, ohne dass sie es schon bald wieder abräumen mussten. Es war schwer, sie aus der Wohnung zu locken. Das Argument, es sei doch so schönes Wetter, zog bei dauerndem Sonnenschein nicht mehr. Auch vom Baden hatten sie langsam genug. Zuhause spielen bedeutete ihnen mehr. Einmal ließen Susanne und ich die beiden weiterbauen und gingen selbst schnorcheln. Susanne bekam Probleme mit der Strömung. Da ich mit Flossen schwamm, konnte ich sie aber leicht durch den schwierigen Bereich ziehen und doch mal wieder ein bisschen bei ihr punkten. Am späten Nachmittag spielte ich mit den Kindern oft Fußball und versuchte auf diesem Wege, auch meine eigene Kondition zu verbessern. Ja, das Leben in den Tropen machte mich schlapp. Einen Abend war ich mit Susanne in einem stilvollen Kino aus den 20er Jahren. Wir wussten zuvor nicht, was lief, und konnten es kaum fassen, dass es ein deutschsprachiger Film mit englischen Untertiteln war: „Downfall" über den Untergang Hitlers.

Zu viert auf 30 Quadratmetern kann es ziemlich eng werden. Meine Vorfreude auf die Wohnung in Berlin wuchs täglich. Mir war es lieb, wenn Alexander mit den Kindern Fußball spielte und ich in Ruhe unsere Fotos sortierte oder wenn zuhause Unterricht stattfand, während ich alleine den Einkauf erledigte. Downtown Hilo gab es sogar einen Bioladen, aber ansonsten konzentrierten sich die Waren us-typisch in den Shopping-Malls am Rande der Stadt. Die geographische Zugehörigkeit Hawaiis zu Polynesien spiegelte sich aber immerhin wider im „Aloha" und „Mahalo" und in den exotischen Ortsnamen. Auch wirkte der gesamte Lebensstil lockerer und weniger gleichförmig als in vielen anderen Teilen der Vereinigten Staaten. Die Bevölkerung präsentierte sich bunt gemischt, denn von den wenigen polynesischen Ureinwohnern abgesehen stammen die Zuwanderer aus verschiedensten Gebieten der Welt. Die USA haben den Flecken im Pazifik dennoch unverkennbar ihren Stempel aufdrücken können. Wie auf dem Festland sind auch dort auffallend viele Menschen ziemlich übergewichtig. Musste ich in Asien, wo ich mich neben den drahtigen kleinen Menschen häufig als zu kompakt geraten fühlte, nach L-Klamotten suchen, so war nun S angesagt. Überrascht war ich aber doch, als ich neben den bekannten XXL-Größen auch noch bis zu 7 x X entdeckte – kein Wunder: bei dem Bewegungsmangel! Wir sahen kaum einen Fußgänger, alle fuhren Auto und wenn Jan und Felix auf eine Palme kletterten, kam meist jemand angelaufen und unterband es mit dem Hinweis auf mögliche Schadensersatzansprüche. Da können dann auch die unzähligen fett- und zuckerfreien Produkte nicht mehr viel ausrichten.

Einen Familienausflug unternahmen wir zum Mauna Kea, den mit 4.200 Metern weltweit höchsten Vulkanberg. Einzigartig ist auch, dass man innerhalb von nur zwei Stunden vom Meeresspiegel bis auf diese Höhe fahren kann. Auf dem Weg entdeckten wir am Straßenrand zwei Exemplare des vom Aussterben bedrohten Staatsvogels. Nene heißen die hübsch gezeichneten Gänse, die in den kargen Lavaregionen einiger Hawaii-Inseln zuhause sind. Mit unserem Auto hätten wir aus Versicherungsgründen gar nicht auf den Mauna Kea fahren dürfen. Der Grund dafür blieb uns schleierhaft, denn bis zum Visitor Center verlief die Saddle Road als breite, sehr gut ausgebaute Straße. Erst oberhalb des Besucherzentrums auf den letzten zehn Kilometern wurde sie zur Schotterpiste. Personen unter 16 Jahren durften an dieser Stelle wegen der schnell dünner werdenden Luft jedoch nicht weiter. Also war für uns nicht nur des Autos, sondern auch der Kinder wegen kurz vor dem Gipfel Schluss und wir wanderten stattdessen durch die aus zahllosen kleinen Vulkankegeln bestehende Landschaft, die von der Abendsonne in ein warmes Rot getaucht wurde. Nach Sonnenuntergang wartete eine weitere Kostbarkeit auf uns: Auf dem Mauna Kea gibt es eines der weltweit besten astronomischen Observatorien, denn aufgrund der Höhe und der klaren Luft inmitten des Pazifiks sind die Forschungsbedingungen optimal. Durch die Superfernrohre der Wissenschaftler durften wir zwar nicht schauen, aber auch die Geräte, die wie jeden Abend vor dem Visitor Center aufgebaut wurden, waren für uns Laien sehr beeindruckend. Deutlich erkannten wir die vier hellsten Monde des Jupiters und den Ring des Saturns. Auch viele Sternbilder wurden uns erklärt – alles kostenlos. Wir trugen extra alle wärmeren Kleidungsstücke, die wir hatten, und es gab auch reichlich heißen Tee und Kakao. Aber es war dort oben so bitterkalt, dass wir es trotzdem nicht bis zum Ende der Veranstaltung aushielten und stattdessen bei voll aufgedrehtem Gebläse schnell zurück an die warme Küste fuhren.

Nach der Woche in Hilo bezogen wir in dem kleinen Städtchen Pahoa im kaum von Touristen besuchten Puna District für fünf Tage ein nett restauriertes Häuschen aus den 20er Jahren. Die bunten Holzfassaden entlang der Hauptstraße erinnerten an alte Westernfilme. Ökoläden, urige Kneipen und Restaurants reihten sich dort aneinander – alle sehr gut besucht. Sonderbarerweise schlossen mit Ausnahme einer Bar aber sämtliche Einrichtungen selbst am Wochenende schon um 21 Uhr. Von diesem Lebensrhythmus abgesehen wirkte Pahoa wie ein Konzentrat aus der Hippie-Ära. Auch die älteren und ganz alten Menschen – alle waren flippig. Nach kurzer Zeit kannte man sich zumindest vom Sehen und grüßte einander freundlich. In der lokalen Tageszeitung entdeckte ich in der Kriminalstatistik, dass in Pahoa besonders viele Personen, namentlich aufgelistet, im Zusammenhang mit Drogen auffällig geworden waren. An einem Abend besuchten Susanne und ich ein Straßentheater. Ein Zuschauer ging seinem Bedürfnis nach, sich nackt auszuziehen. Von anderen Freaks wurde er aber daran erinnert, dass dies verboten sei. Am Schluss der Vorstellung bildeten Zuschauer und Künstler, an die Hände gefasst, einen großen Kreis. Das spirituelle Ende war ein langes "Ommmmm". Als ich dagegen ein NBA-Playoff-Spiel am Fernseher miterleben wollte – immerhin waren wir in den USA – und eine dafür geeignete Kneipe suchte, stellte ich fest, dass die Basketballer auf dem Festland in Pahoa offenbar keinen interessierten.

Zu viert schauten wir uns an, wie Macadamias wachsen. Auf Big Island befindet sich das weltweit größte Anbaugebiet dieser anspruchsvollen Nussart. Einmal badeten wir gemeinsam im Hot Pool, wo sich in einem aus Lavastein geformten Naturbecken warme Quellen mit dem hereinschwappenden kalten Meerwasser vermischten. Weil sich der Himmel bedeckt zeigte, war das Schnorcheln im warmen Wasser sehr behaglich. Abgesehen von diesen gemeinsamen Unternehmungen blieb Susanne nun häufiger allein, während ich mit Jan und Felix erst das Unterrichtsprogramm absolvierte und dann verschiedene Ausflüge unternahm. Bei einem Rodeo begeisterte sie insbesondere das Bullenreiten. Kein Cowboy schaffte es, bis zum Erklingen der Hupe oben zu bleiben. Einige Stürze waren spektakulär, richtig schlimm verletzte sich aber niemand. Gerne gingen wir auch, ohne Eintritt, ins Freibad von Pahoa. Am Meer waren wir ebenfalls einige Male. Am schwarzsandigen Kehena Beach brachen die Wellen jedoch so gewaltig, dass ein Badegast gegen einen Felsen gespült wurde und sich eine blutige Rückenverletzung zuzog. Schnell verließ ich mit Jan und Felix das Wasser, zum Glück unbeschadet. Die meisten Besucher der etwas versteckt unterhalb der Klippen liegenden palmengesäumten Bucht waren nackt. Das war erstaunlich, denn außerhalb des islamischen Einflussgebietes sind die Menschen wohl in keinem Land so prüde und verklemmt wie in den USA. Viele sprangen sogar mit Hemd und Bermuda-Shorts ungeduscht in einen Pool. Und an den Stränden entdeckten wir niemanden, der sich direkt dort umgezogen hätte. Gab es keine Umkleidekabinen, dann stiegen die Leute mit ihren nassen Klamotten ins Auto. Wir machten das anders und prompt vermutete einmal eine Kalifornierin, wir kämen aus Europa. „Good job!", meinte sie mit aufgerichtetem Daumen. Die illegale Freiheit am Kehena Beach war auch nicht ganz ungefährlich, wie wir in der Zeitung lasen, denn in jüngster Vergangenheit waren die Nacktbadenden mehrfach von den Klippen her mit einem Luftgewehr beschossen worden. Als die Kinder und ich den Strand wieder verließen, vergewisserte sich ein Mann ganz aufgeregt, ob dort unten wirklich nackt gebadet werde. Nach meiner Antwort sah ich schon die ersten Speicheltropfen an seinen Mundwinkeln.

In Pahoa begann ich, aus unseren vielen Mails einen fortlaufenden Text zu basteln. Unsere Gedanken und Beschreibungen sollten ineinander greifen, um verschiedene Schwerpunkte und die persönliche Sicht auf manche Dinge deutlich zu machen. Waren Alexander und die Kinder in unserer Unterkunft, ging ich in ein Café. Ich genoss es, allein zu sein und mich ungestört meiner Aufgabe zu widmen. Hätte mir vor der Reise jemand gesagt, dass uns weit mehr als die Hälfte des Jahres nur ein Zimmer zur Verfügung stünde – ich weiß nicht, ob ich losgefahren wäre. Ständig waren wir gegenseitig all unseren Eigenarten ausgesetzt und es war selten mal Ruhe. Jan und Felix hatten zwar einerseits ein ideales Reisealter, andererseits reichten ihnen mittlerweile acht Stunden Schlaf. Am Abend spielten sie fast so lange wie Alexander und ich etwas lasen. Und morgens war Jan in der Regel als erster wieder wach. Einmal erwiderte Felix auf Alexanders Bemerkung, es sei bereits 23 Uhr und die Kinder sollten sich schlafen legen: „Immer müssen wir ins Bett, wenn du müde bist!"

Auch der zweite Besuch im Volcanoe-Nationalpark war beeindruckend schön. Wir marschierten entlang einiger uns noch unbekannter Wanderwege. Für die Abende vor unserer Hütte waren wir diesmal besser mit Grillkohle, Fleisch und Kartoffeln ausgerüstet. Erneut machten wir uns auf den langen Weg zur glühenden Lava. Diesmal war nicht Voll-, sondern Neumond. Die Lava hatte, wie immer, ihren Weg verändert. Auch der Wind stand anders. Dort, wo wir das erste Mal gesessen hatten, zogen nun giftige Gase entlang. Von unserem neuen Aussichtspunkt konnten wir die Lava nicht so gut ins Meer fließen sehen, dafür leuchtete direkt unter uns ein breiter, brodelnder Lavafluss. Ein knackendes Geräusch lag in der Luft, verursacht durch das stete Erstarren der heißen Masse.

Mittlerweile war ich ganz froh über den langen Aufenthalt auf Hawaii. Unser Reisejahr fand auf diese Weise einen geruhsamen Abschluss. Wir hatten Zeit für Orte, die ausländische Touristen nur selten besuchen. Die Landschaft des Kalopa State Parks erinnerte an ein deutsches Mittelgebirge. Dort oben in der kühleren Höhenluft war es wie in einem Schullandheim, bloß die Klassen fehlten. Als einzige Gäste breiteten wir uns in der Gemeinschaftsküche und dem angrenzenden Speisesaal ordentlich aus. Jan und Felix forderten meinen erschlafften Körper wieder häufig beim Fußballspielen. Ansonsten bestanden die Tage aus intensivem Schulunterricht – bis zum Ende der Reise sollten sämtliche Aufgaben in den Heften und Büchern bearbeitet sein. Felix war gut im Plan, Jan musste noch einige Unterrichtseinheiten abschließen. Da er sich aber an seinem kleinen Bruder orientierte, schimpfte er über die ihm auferlegte Mehrarbeit. Einige Male schaute der Parkhüter nach dem Rechten und unterhielt uns mit allerlei Ansichten über die Welt im Allgemeinen und die USA im Besonderen. Auch über das absurde Schadensersatzsystem ließ er sich aus. Er erzählte von dem aktuellen Fall eines Mannes, der in ein Hochhaus eingebrochen war. Zur Tatzeit sei Nacht gewesen, eine Reinigungsfirma habe in dem Gebäude sauber gemacht. Der Einbrecher sei ausgerutscht und habe sich schwer verletzt. Nun verklage er den Hausbesitzer, weil kein Warnhinweis aufgestellt worden war. Für uns Europäer sei diese Art von Regressansprüchen amüsant, bestätigte der Parkhüter, aber die Gesellschaft der USA sei durch sie bereits grundlegend verändert. Die Menschen lauerten einerseits ständig auf potentiell fehlerhaftes Verhalten ihrer Mitmenschen und andererseits sicherten sie sich permanent ab für den Fall eigenen Fehlverhaltens.

Auch nach Kapa´au ganz im Norden von Big Island verirrten sich nur wenige Touristen. Abermals durch ein Zeitungsinserat fanden wir dort für eine Woche die kleine Einliegerwohnung eines älteren Ehepaares. Hauptattraktion des verschlafenen Ortes war die Statue des dort beheimateten Kamehamea I. Der mehr als 200 Jahre zurückliegende Geburtstag des als Napoleons der Südsee titulierten Königs wurde gerade mit einer Parade gefeiert, auf der Hula-Tänzerinnen, Reiter und reich verzierte Wagen über die Hauptstraße zogen. Susanne feilte weiter an unseren Texten. Ich ging mit Jan und Felix nach zehntägiger Badepause mal wieder an einen Strand. In den tollen Wellen am hellsandigen Hapuna Beach kamen auch endlich die Boogyboards zum Einsatz, die wir Jan und Felix schon beim ersten Einkauf auf Big Island spendiert hatten. In Waimea besuchten wir die drittgrößte Privatranch der USA. Schon vor 200 Jahren heiratete John Parker eine Tochter des polynesischen Königs und betrieb auf dem sodann erworbenen Land Rinderzucht in großem Stil. Viele Einheimische wurden Paniolos – hawaiische Cowboys.

Die meiste Zeit der Reise hatten wir uns in den Tropen bewegt. Obwohl wir uns gelegentlich in höheren Lagen etwas Abkühlung verschaffen konnten, hatte ich langsam genug von der schwülen Hitze. Anderseits tat es gut, ein Jahr lang viel Sonne zu tanken. Nur selten regnete es und dies nur kurz. Die ewige Packerei ödete mich dagegen eindeutig an. Wie freute ich mich in diesen Momenten auf das dauerhafte Einrichten in unserer Wohnung zuhause. Wenn aber alles wieder in den Taschen und Koffern verstaut war und die Reise weiterging, dann waren diese nervigen Momente passé und sie war wieder da, jene Spannung, einen weiteren Flecken auf der persönlichen Weltkarte mit Leben und Erinnerungen zu füllen.

Auch als Paar zogen wir langsam Bilanz. Wie zuhause war auch während des Reisejahres unsere Stimmung regelmäßig getrübt. Es hatte sich bestätigt, dass wir In einigen grundsätzlichen Dingen alles andere als harmonisch waren. Dass wir durch die räumliche Enge einander kaum ausweichen konnten, war nicht immer leicht. Jan und Felix waren der Ansicht, wir hätten auf der Reise häufiger gestritten als zuvor in Berlin. Sie hatten uns schließlich ein Jahr lang rund um die Uhr erlebt. Glücklicherweise waren wir uns aber über die Reiseroute und den Ablauf unserer Tage immer einig und letztlich konnten uns die Abenteuerlust und das Interesse am Neuen immer wieder zusammen- und weiterführen.

Nach über einem Monat auf Big Island flogen wir weiter nach Maui. Zu unserer Überraschung holte uns der Autovermieter ohne Aufpreis vom Flughafen ab. Wir mieteten einen billigen Nissan. Die Innenverkleidung hielt zwar nur noch ein breiter Klebestreifen, aber die alte Gurke führte uns überall hin. Über den Hana Highway, eine kurvenreiche Küstenstraße entlang der üppig grünen Ostseite Mauis, erreichten wir jene Adresse, die mir ein Arbeitskollege vermittelt hatte. Glücklicherweise war das Wetter trocken, sonst hätten wir mit unserem normalen Pkw die kilometerlange, unbefestigte Stichstraße zum Haus unserer deutschen Gastgeberin nicht bewältigt. Wir waren sehr gespannt auf den Besuch bei der uns noch unbekannten Susanne. Herzlich lachend empfing sie uns mit breitem Berlinern an der Einfahrt ihres großen Holzhauses, das versteckt in einem tropischen Garten lag. Die Kinder bekamen sogar ein eigenes Zimmer. Wäre der Naturpool hinter dem Haus nicht ausgetrocknet gewesen, hätten sie von ihrem Balkon hineinspringen können. In der Nähe des Hauses gab es herrliche Wasserfälle, wo wir uns das kühle Nass auf den Kopf prasseln ließen, während der Blick über das tosende Meer schweifte. Die Abende verbrachten wir, die donnernde Brandung im Ohr, bei Kerzenschein. Einen Stromanschluss hatte Susanne nicht. Jan und Felix waren beeindruckt von den großen Eisblöcken, mit denen sie ihre Lebensmittel kühlte. Und nachdem die beiden viel von ihrem Kampf gegen die Kakerlaken und Mäuse gehört hatten, lauschten sie besonders aufmerksam dem Knacken im Gebälk. Sieben Jahre zuvor hatte Susanne einen US-Amerikaner geheiratet und seither auf Maui gelebt. Die Ehe scheiterte, aber die Liebe zur Insel blieb. Mit ihrem neuen Partner erledigte Susanne nun Arbeiten auf den Grundstücken reicher Leute. Durch die beiden bekamen wir einen neuartigen Eindruck vom Leben auf Hawaii. Die Vorfahren von Susannes Freund waren polynesische Ureinwohner und Portugiesen von der Insel Madeira, die einst in großer Zahl als Zuckerrohrarbeiter auf die Insel gekommen waren. Mit anderen kämpft er nun für ein von den USA unabhängiges Hawaii.

Nach zwei Tagen verabschiedeten wir uns wieder und passierten den Pilani Highway an der trockenen Westseite Mauis. Die Straße war schmal, sehr kurvenreich und teilweise ungeteert – nicht typisch für die USA. Einen Jeep, der uns forsch überholte, sahen wir wenig später, die Räder oben, an einem steilen Abhang liegen. Der Fahrer war zum Glück unverletzt. Auf andere Art schockierend war der Stopp an einem kleinen Imbiss. Susanne bestellte, was es gab: für die Kinder zwei Hotdogs, für uns eine kleine Pizza. Erst beim Bezahlen achtete sie auf die Preise. Alleine die Pizza kostete 30 Dollar.

In Lahaina hatten wir vier Nächte vorgebucht. In dem großen Apartment-Komplex erwartete uns ein kleines, teures Zimmer. Lahaina war schon seit Jahrzehnten ein Lieblingsreiseziel innerhalb der USA. Seit den Anschlägen vom 11. September hatte sich die Zahl der US-Touristen in diesem Städtchen noch deutlich erhöht. Ein paar alte Holzhäuser aus der Walfängerzeit bedeuten dort schon große Geschichte. Da in den USA mittlerweile die Sommerferien begonnen hatten, schnellten die Preise noch stärker in die Höhe. Wir kochten selbst. Mit Susanne ging ich ins Kino, in einige nette Kneipen und interessante Kunstgalerien. Jan und Felix bekamen wir aber kaum aus dem Haus. Sie hatten genug von neuen Eindrücken und beschäftigten sich viel lieber stundenlang mit dem großen Puzzle, das Susanne in der Unterkunft entdeckt hatte. „Wir wollen nicht mehr an den Strand, wir haben doch schon viel schönere gesehen", argumentierten sie – und das auf Maui, laut amerikanischen Reisemagazinen immerhin die schönste Insel der Welt.

Als wir doch endlich mal wieder gemeinsam zum Schnorcheln aufbrachen, war die als spektakulärer Schnorchelgrund bekannte Honolua Bay gesperrt. Viele Schaulustige blickten von den Steilklippen in die Bucht. Neun Tigerhaie hatte man dort unten einen Tag zuvor gesichtet. Ein einziger drehte noch immer seine Runden. Mit einem kleinen Boot versuchte man ihn zu vertreiben. Ich fragte einen Polizisten, wo wir stattdessen baden könnten. Wir sollten doch einfach eine Bucht weiter gehen, an den Slaughterhouse Beach. Falls dort noch Warnhinweise wegen der Haie stünden, sollten wir sie missachten, denn die seien ja nun woanders. Diese Antwort verblüffte mich im übervorsichtigen Amerika. Seine Vorfahren, so erzählte der Polizist, seien Deutsche gewesen.

Unser letzter Aufenthaltsort auf Maui war das Städtchen Paia. Über das Schwarze Brett eines Ökoladens fanden wir eine private Ferienwohnung. Weil keine anderen Gäste kamen, hatten wir die drei Zimmer für uns alleine. Ähnlich wie Pahoa auf Big Island präsentierte sich auch Paia als Aussteigerort für viele Festlandamerikaner. In der kleinen Stadt empfand ich die Atmosphäre weit angenehmer als im kommerziellen Lahaina. Wir besuchten auch die bekannten Surferstrände, aber es war Sommer und die Wellen waren daher nicht besonders hoch. Eine letzte große Attraktion war aber der Haleakala Krater. Der 3.055 Meter hohe Gipfel des ruhenden Vulkans, dessen letzte Tätigkeit 200 Jahre zurückliegt, war über eine Serpentinenstraße schnell erreichbar. Den ersten Besuch brachen wir ab. Dichter Nebel ließ uns keine sechs Meter Sicht. Auch am nächsten Tag fuhren wir auf halber Strecke in eine graue Wolkenschicht hinein. Weiter oben klarte es aber etwas auf und wir wagten, mit viel Wasser und Verpflegung ausgerüstet, die mehrstündige Wanderung in den riesigen Haleakala-Kessel. Wir hatten Glück. Die Wolken verzogen sich im Laufe der Zeit und in absoluter Stille und Einsamkeit konnten wir die vielen Farbschattierungen der rot-schwarzen Mondlandschaft auf uns wirken lassen. Sogar einige der seltenen Silberschwert-Pflanzen bekamen wir in voller Blüte zu Gesicht.

Am nächsten Tag flogen wir zurück nach Ohau. Wie jedes Mal beim Insel-Hopping unterzog man uns einer Sonderüberprüfung – langsam schien Absicht dahinter zu stecken. Wieder hieß es Schuhe ausziehen und nachschauen lassen, ob wir etwas unter den Fußsohlen versteckt hielten. Jedes Gepäckstück wurde nach dem Durchleuchten auch noch manuell untersucht. Hatten die Kontrolleure Probleme, einen Gegenstand auseinanderzunehmen, so durften wir nur verbale Hilfestellung leisten, aber unsere Sachen dabei keinesfalls berühren. Nun gut, im Zeitalter des Terrorismus hatten wir dafür natürlich Verständnis, aber wir fragten uns schon, was uns verdächtiger machte als andere.

Auf dem Flughafen von Honolulu wollten wir in einen der öffentlichen Busse steigen – eine Einzigartigkeit auf Hawaii. Gepäckstücke waren jedoch kurioserweise untersagt. Die kleineren Shuttlebusse gewährten keine Kinderermäßigung, also bestellten wir telefonisch ein Taxi. Wir alle waren mächtig überrascht, als eine riesige Stretch-Limousine anrollte. Die Fahrt nach Waikiki, im komfortablen Leder uns gegenübersitzend und die Beine ausgestreckt, zählte für Jan und Felix zu den coolsten Erlebnissen der ganzen Reise.

Ganz Honolulu war brechend voll. Immerhin konzentrieren sich dort 80 Prozent der rund 1,2 Millionen Einwohner Hawaiis. Dazu kamen die vielen japanischen Touristen, die in großen Gruppen die Straßen bevölkerten. Während unserer ganzen Reise hatten wir keinen auch nur annähernd menschenüberfüllten Strand gesehen wie nun in Waikiki. Die deutliche Mehrheit aller Hawaiiurlauber belegte dort ein Hotel. Wahrscheinlich lagen in Waikiki mehr Menschen am Strand als auf den gesamten Fidschi-Inseln. An der Strandpromenade wurde mit Shows, Bars, und Diskotheken für Unterhaltung gesorgt. Felix sagte schon im Vorfeld: „Das ist doch nicht schlimm, dann können wir uns schon wieder an Berlin gewöhnen." Die Kinder mochten den Trubel und auch ich war nicht unzufrieden. Überall gab es Leute zu beobachten, die gezielt oder beiläufig etwas zur Schau stellten. Am Strand nahmen einige Jugendliche mit ihren Boogyboards zwischen den vielen Badehandtüchern Anlauf, sprangen vor der ankommenden Welle im flachen Wasser auf die Bretter und schlugen, wenn sie sich brach, hoch über ihr einen Salto. Ein Mann ließ sich vor der untergehenden Sonne wieder und wieder mit seinem Brett auf den sanft auslaufenden Wellen in Richtung Strand gleiten, auf dem nach oben gestreckten Arm eine Frau in Schwanenpositur balancierend.

In den unzähligen Einkaufszentren erhöhte sich unser Gepäck durch einige US-Markenartikel wieder auf das Ausgangsgewicht. Hosen, T-Shirts, Turnschuhe – alles war nun neu. Auch Sandalen kaufte ich. Susanne war schon vor der Reise der Meinung, dass ich meine alten hätte wegwerfen müssen. Einige Male musste etwas repariert werden, aber ansonsten hatten sie mich trotz täglicher Beanspruchung wunderbar durch die Welt geführt.

Für einen Tag mieteten wir auch auf Ohau ein Auto. Pearl Harbour war der erste Stopp. Da wir bei schweißtreibender Hitze nicht stundenlang anstehen wollten, um in die Gedenkstätte zu gelangen, beließen wir es bei einem kostenlosen Spaziergang durch den Park des Museums. Auch die dort ausgestellten U-Boote, die Kamikaze-Torpedos und andere Kriegsgeräte boten genügend Anlässe, um mit unseren Kindern über den Zweiten Weltkrieg zu sprechen. Ein weiteres Ziel waren die weltberühmten Strände im Westen Oahus. Es war Sommer und das Wasser friedlich. Die berüchtigten Wellen konnten wir nur erahnen. Am Nachmittag gingen wir ein letztes Mal schnorcheln. Die Hanauma Bay, in der ein erloschener kleiner Vulkankrater liegt, war zwar gut besucht, aber es war längst nicht so voll wie im Reiseführer beschrieben. Zwischen den Lavabrocken sogen wir noch einmal den Anblick unzähliger tropischer Fische in uns auf.

Den Freunden mailte ich einen letzten Rundbrief. Bald sah ich sie wieder und zuhause lag auch der Telefonhörer näher als der Computer. Der Kontakt über die Mails hatte besser funktioniert als vor der Reise vermutet. Wir kehrten daher nicht völlig ahnungslos nach Berlin zurück. So schön und ereignisreich das zurückliegende Jahr auch war, jetzt freute ich mich wieder richtig darauf, bald zuhause zu sein.

Am Tag vor dem Heimflug griff ich noch einmal tief in die Tasche und fuhr mit Jan und Felix in den Hawaiian Waters Adventure Park. Wie frappierend die Diskrepanz zwischen dem wirklichen Leben und jenem war, das die Amerikaner in ihren Freizeitparks erschufen. Der Alltag war durch zahlreiche Vorsichtsmaßnahmen reglementiert, in den Freizeitparks dagegen trieb man unsere Adrenalinspiegel in die Höhe. Auf Reifen und Wassermatten jagten wir durch Wasserlandschaften und auf manchen Rutschen rasten wir fast senkrecht in die Tiefe. Jan und Felix machte das riesigen Spaß, mir aber rutschte manches Mal das Herz in die Badehose. Vor den Kindern kneifen – das wollte ich aber nicht.

Obwohl ich die Packerei schon lange leid war, kamen mir beim letzten Mal dann doch die Tränen. Ein letztes Bad im Pazifik, ein letzter Sonnenuntergang, der wegen der vielen Hochhäuser von Waikiki mit so vielen anderen eigentlich nicht konkurrieren konnte. Unsere Reise fand ein Ende. Trotz aller Sentimentalität kam es aber gerade recht. Schon seit zwei, drei Wochen war die Luft raus. Wir hatten zwar noch einige schöne Erlebnisse, aber die Kinder blieben oft lieber zuhause und wandten bei Stadt-Land-Fluss ihr erworbenes Wissen an, als noch weitere Ausschnitte des Globus kennenzulernen. Beim Buchstaben H nannte Jan nicht wie ich die Stadt Hamburg oder als Tier den Hasen, sondern Hilo und Hanoman-Languren. Trotz solcher Spiele stellte Felix immer häufiger die Frage: „Was soll ich machen?" Durch die Antwort „Kopfstehen und lachen!" war er inzwischen ein kleiner Bodenakrobat geworden. Unser Familienleben konnte die kontinuierliche Anregung durch andere Kinder nicht ersetzen. Auch ich hatte vom Reisen genug und zog mich lieber zurück und schrieb, als eine weitere Attraktion dieser Welt zu sehen. Der Kanal war voll. So schön die Zeit auch gewesen war, so sehr freuten wir uns nun alle auf das, was zuhause auf uns wartete.

Für den Weg zum Flughafen bestellten wir uns wieder eine große Stretch-Limousine und die Reise erhielt einen stilvollen Abschluss. Via Los Angeles und London flogen wir zurück nach Deutschland. Im Flugzeug galt mitteleuropäische Zeit. Die Nacht wurde zum Tag. Während der 26-stündigen Reise schlief Felix immerhin fünf Stunden. Jan, Alexander und ich drückten kaum ein Auge zu. Von unserer Müdigkeit spürten wir trotzdem wenig, als wir nach einem Jahr wieder in Berlin landeten.

Kiwi-Plantage in Neuseeland

Rotorua, der fürchterlich stinkende Platz

Roadtrain im australischen Outback

Im Crowdy-Nationalpark

Carrom mit Inselkindern, Fidschi

Sonnenuntergang auf Caquelai

Ehemalige Küstenstraße, Hawaii

Ins Meer fließende Lava

RÜCKBLICK, TIPPS und ANHANG

Wieder zuhause

Unsere Familie und Freunde warteten mit Blumen und offenen Armen hinter der Gepäckkontrolle. Wie glücklich ist der Moment, in dem man nach langer Zeit die Menschen wiedersieht, die einem viel bedeuten! Einige Freunde von Jan und Felix waren ebenfalls gekommen und auch die Gesichter der beiden strahlten. Blitzschnell wurden unsere vielen Gepäckstücke und auch wir auf die verschiedenen Autos verteilt. Plötzlich lag die komplette Logistik nicht mehr in unseren Händen. Im Nu standen wir vor unserer Haustür. Über dem Eingang hing eine Girlande: Herzlich Willkommen. Die Nachbarn hatten alle eingeladen, die nicht verreist waren, und auch für Essen und Getränke hatten sie gesorgt. In unserer Wohnung überschlugen sich noch lange die verschiedensten Gespräche.

Ein Freund der Kinder blieb gleich über Nacht. Die drei vereinbarten einen Weckdienst, wie sie uns später erzählten. Als Jan und Felix um 4 Uhr morgens nicht mehr schlafen konnten, weckten sie auch Ben auf, um gemeinsam auf der Spielstraße Fußball zu spielen. Abgesehen von dieser frühen Aktivität der Kinder steckten wir die zwölf Stunden Zeitdifferenz aber schnell weg.

Nach dem überraschenden Empfang am Flughafen und der kleinen Party bei uns zuhause stillte ich am späten Abend, als alle gegangen waren, noch lange meinen Informationshunger am Fernseher. Beim ersten Einkauf am nächsten Tag erschienen mir dann gleich wieder einige Klagen über den Dienstleistungsbereich als durchaus berechtigt. Die gekünstelte, überfreundliche Art der Verkäufer in den USA vermisste ich nicht, auch sollte mir kein alter, schlecht bezahlter Mann die Einkaufstüten zum Auto schleppen, aber in einem belebten Supermarkt war ich überrascht, als es nur vier Einkaufswagen gab. Wie die anderen Kunden packte ich meine Waren in einen großen Pappkarton und schleppte diesen durch die Gänge. An der Kasse wurde ich gleich angemault: „Alles aufs Band legen!" Die Kassiererin zog die Lebensmittel schneller am Scanner vorbei als ich sie aus- und wieder einpacken konnte. Alle warteten auf mich und mir trat der Schweiß auf die Stirn. „Das nächste Mal nehmen Sie aber einen Einkaufswagen!", wurde ich zurechtgewiesen. „Ja, aber wenn es hier doch keine gibt", erwiderte ich. „Die stehen hinter dem Gebäude auf dem Parkplatz, und das wissen Sie ganz genau!", bekam ich darauf zu hören. Ich war ein Jahr lang weg, nun wusste auch ich es.

Ich war plötzlich wieder voller Elan. In den ersten Tagen nach der Rückkehr war das Wetter warm. In der Luft lag ständiges Vogelgezwitscher. Einmal sah ich hoch oben in den Wolken einen Raubvogel erhaben gleiten. Auch in Berlin mussten wir also nicht ganz ohne Wildlife leben. Viel Mobiliar und sämtliche Schrank- und Regalinhalte waren bei Freunden verstaut. Wir hatten ohnehin einen halben Einzug vor uns, nun führten wir gleich noch einige Renovierungsarbeiten durch. Bis zum Schulbeginn waren noch fünf Wochen Zeit. Mit Jan und Felix ging ich alsbald zum Zahnarzt. Nach über einem Jahr waren beide noch immer kariesfrei – eine echte Erfolgsmeldung. Ich genoss es, mich wieder richtig einzurichten, nicht bloß für einige Tage. Die Kinder freuten sich über ihre Spielsachen, die sie nach und nach aus den Kisten packten. Manches erschien aber Felix mit einem Jahr Abstand zu babyhaft. Auch insgesamt sortierten wir eine Menge aus – viele Dinge erschienen nach der Reise, wo wir auf wenig beschränkt gewesen waren, als vollkommen überflüssig. Einige Tage war es regnerisch und trübe. Mich störte das nicht. Sonne hatte ich genug getankt. Dann wurde es richtig heiß. Die Leute waren schlapp. Ich nicht, denn von den Tropen war ich anderes gewohnt. Nun joggte ich auch endlich wieder zweimal wöchentlich. Mit den Gleichgesinnten und festen Terminen war dies ganz leicht. Außerdem musste ich fünf Kilogramm weniger mit mir herumschleppen als vor der Reise, wie die Waage nun bestätigte. Vermutlich hatte ich sie hauptsächlich in Asien und auf Fidschi verloren.

Etwas wehmütig brachte ich die Schnorchelausrüstung in den Keller. Die Berliner Seen waren zwar auch warm, aber ein tropisches Meer blieb interessanter. Jan und Felix absolvierten ihre Schwimmprüfung im Freibad. Natürlich, wie gewohnt, im Kraulstil. Da gab es tatsächlich einen Badegast, der sich darüber beschwerte, weil er der Meinung war, eine Schwimmprüfung sei auf diese Weise unzulässig. Das passte zum Bild des von Vorschriften überladenen Deutschlands, dachte ich bei mir. Selbst der freundliche Bademeister war irritiert und schaute in seinen Unterlagen nach. Aber es gibt keine derartige Einschränkung – Hauptsache, die geschwommene Zeit stimmte. Vielleicht traf es mittlerweile auch gar nicht mehr zu, dass Deutschland im internationalen Vergleich übermäßig reglementiert sei. Wenn ich an manche seltsamen Formulare dachte, die wir im Laufe der Reise hatten ausfüllen müssen…

Ich selbst hatte sportlich ein wenig Probleme, den Anschluss zu finden. Viel Schwimmen, Gepäck tragen, mit den Kindern Fußball spielen war doch zu wenig. Nach dem ersten Training konnte ich tagelang kaum normal gehen, so stark war der Muskelkater.

Die Sommerferien waren eine Schonfrist. Der richtige Alltag begann erst mit dem neuen Schuljahr. Felix kam in die zweite Klasse, Jan in seine alte, die nun eine vierte Klasse war. Beide waren von der Schule erst einmal positiv überrascht. Jan fand seine neuen Lehrer viel netter als die früheren. Felix hatte sich die Schule durch die Schilderungen seines Bruders wohl schlimmer ausgemalt. Plötzlich fünf Stunden mit 29 anderen Kindern zu verbringen, das war aber dennoch eine große Umstellung für ihn. Die Ordnungsregeln, an die seine Mitschüler sich bereits ein Jahr hatten gewöhnen können, waren für Felix noch komplett neu. Jan bekam nun auch die ersten Noten seines gesamten Schullebens und musste erkennen, dass er mehr tun sollte, als es ihm die Lehrer direkt auftrugen. Dennoch stellte sich im Laufe der Zeit heraus, dass die durchschnittlich halbe Stunde Unterricht am Tag ausgereicht hatte und die beiden ohne inhaltliche Lücken den Anschluss an den Leistungsstand ihrer Klassen finden konnten. An die Reise dachten sie in den ersten Monaten kaum. Manchmal zeigten sie ihren Freunden Bilder auf dem Laptop, vor allem von den Tieren, die wir gesehen hatten. Ansonsten zählte bei ihnen die Gegenwart.

Häufig wurden wir gefragt, ob wir uns denn wieder eingelebt hätten, immer untermalt von einem bangen Zweifel. Ich selbst hatte derartige Bedenken jedoch zu keiner Zeit. Die nächste Frage war die nach dem schönsten Land, dem schönsten Ort. Diesen Ort gibt es für mich aber nicht. Jedes Land hatte seine eigenen Reize, jede Menschengruppe ihre besonderen Qualitäten. Gerade in den vielen Kontrasten, die unsere Route mit sich brachte, lag für mich das ganz Besondere. Und auch wenn das, was wir sahen, traurig und problematisch war, so bedeutet es doch ein Stück der Realität unserer Erde.

Das Einleben verlief schnell, vielleicht sogar zu schnell. Susanne und ich kehrten an unsere alten Arbeitsplätze zurück. War ich in der Schule und die Stunden rasten förmlich an mir vorbei, dann kam es mir fast irreal vor, ein Jahr lang nicht dort gewesen zu sein. Drei Monate waren wir im südlichen Afrika. Was hatten wir dort alles erlebt, wie intensiv war jeder Moment. Jetzt verging die gleiche Zeit in Berlin über die Routine wie ein Wimpernschlag. Bloß mein nervöses Kopfzucken, über das sich vor unserer Abreise mancher meiner Schüler lustig gemacht hatte, war noch nicht wieder aufgetaucht. Ich hoffte, dies würde so bleiben.

Dem Wunsch auszuwandern hat mich die lange Reise nicht näher gebracht. Ohnehin war die Weltreise nie aus dem Gefühl heraus entstanden, in Deutschland sei alles so mies. Im Gegenteil – die Familie, die Freunde, die Sprache, die Gewohnheiten, das Essen (ich habe nach unserer Rückkehr gleich ein paar Kilo zugelegt), unsere Wohnung, der Sportverein, ja selbst die Arbeit – nur in Deutschland kann ich auf Dauer abdecken, was mir wichtig ist. Vom kulturellen Angebot, das sich uns täglich in Berlin bietet, nehmen wir nur Bruchteile wahr. Vieles davon ist kostenlos. Wenn ich vergleiche, was sich uns in manchen Reiseländern als kulturelle Veranstaltung darbot… Es gibt eine Menge, mit dem wir Deutsche sehr zufrieden sein können.

Manchmal erreicht uns eine Mail aus Myanmar oder aus anderen Teilen der Erde, von Menschen, die wir vielleicht nie wieder sehen. In solchen Momenten rückt die weite Welt wieder ganz nah. Die 25.000 digitalen Fotos haben wir auf ein erträgliches Maß reduziert und an langen Winterabenden den Freunden gezeigt. Noch immer erinnern sie uns regelmäßig als Bildschirmschoner an viele eindrückliche Erlebnisse. Auch bei Jan und Felix bleiben große wie kleine Begebenheiten erstaunlich präsent. Spielen wir „Weltreise", so sind sie in vielen Städten, deren Namen auf den Kärtchen stehen, in ihrem kurzen Leben bereits gewesen. Noch immer werden wir gefragt, ob wir das Jahr noch einmal wiederholen werden. Aber nein, es bleibt einzigartig.

Meine vielen Ängste und Zweifel vor der Reise erwiesen sich im Nachhinein als weitgehend unbegründet. In erster Linie hatten wir natürlich großes Glück, dass – abgesehen von Jans Knieinfektion – keiner von uns ernsthaft krank geworden ist. Auch mögliche Probleme rund um das Essen hielten sich in Grenzen. Jan und Felix kehrten schlank, aber nicht abgemagert zurück. Und zuhause vor dem gut gefüllten Kühlschrank wurde nun manchmal wieder mehr genörgelt als in Myanmar, wenn es außer einem Schälchen Reis nichts gab. Auch haben wir es trotz der räumlichen Enge einigermaßen gut miteinander ausgehalten. Vor allem aber haben wir ein Jahr lang unsere Kinder in einer Intensität erlebt, wie es im Alltag zuhause nicht möglich ist. Ein Jahr lang haben wir gemeinsam ein großes Stück der Welt in uns aufgenommen. Es war ein Jahr fast ohne Fernsehen, ohne Terminplan, ohne einen Tagesablauf, der von außen unweigerlich diktiert wird, ein Jahr des Neuen und Unbekannten. Viele Bilder und Erlebnisse kommen aus der Ferne immer wieder in den Sinn. Dieser Speicher ist ein kostbarer Schatz.

Die Art des Reisens unterschied sich letztlich auch mit den Kindern gar nicht so sehr von der früheren. Wir buchten meist nur die Flüge und schauten vor Ort, wie und wohin es weiterging. Natürlich muss man Kompromisse schließen. Die Kinder brauchen Struktur. Sie mäkeln vielleicht am Essen. Man kann nicht jeden Tempel besuchen. Und man braucht mehr Ruhephasen. Aber eine Reise mit Kindern verschafft auch einen besonderen Blickwinkel. Erlebnisse in der Natur werden besonders intensiv, wenn die Kinder mit unendlicher Begeisterung immer wieder neuartige exotische Tiere entdecken und stundenlang beobachten. In manchen fernen Ländern erleichtern Kinder das Reisen sogar. Ist man einander auch noch so fremd, die meisten Menschen öffnen sich schnell, sobald sie ein Kind sehen.

Rund ums Gepäck

Auf fünf Taschen, vier Rucksäcke und zwei Koffer verteilten wir:
- leichte Kleidung für bis zu zehn Tage
- Regenjacken
- Spielsachen (Reisespielmagazin, Karten, Gameboys, Stofftiere)
- vier leichte Schlafsäcke, Moskitonetze, zwei Garnituren Bettwäsche
- Digitalkamera, zwei Sätze Akkubatterien mit Ladegerät inklusive Batterieanzünder-Kabel, Laptop, Steckdosenadapter, Ferngläser
- Schnorchelausrüstung
- Arznei- und Mückenschutzmittel
- Kosmetikartikel
- Schulbücher, Arbeitshefte, Reiseführer, Unterhaltungslektüre für das erste halbe Jahr.

Die Steckdosenadapter und die Moskitonetze hätten wir zuhause lassen können. Erstere gab es günstig und ohne Probleme vor Ort zu kaufen, letztere waren in gutem Zustand in den Unterkünften vorhanden.

Zuhause deponierten wir Lektüre für die zweite Jahreshälfte, die wir uns nachsenden ließen. Für die Reise kauften wir uns erstmals eine Digitalkamera. Zum Glück ließen wir uns im Zuge dessen auch zum Kauf eines Laptops hinreißen, den wir für monatlich 5 € für den Fall eines Diebstahls oder Bruchs versicherten. Er wurde weder gestohlen noch ging er kaputt. Auf der Festplatte sammelten sich im Laufe der Reise 25.000 Bilder. Sicherungskopien schickten wir regelmäßig nach Hause. Der Laptop diente aber auch unserer vielen Korrespondenz, die wir gemütlich an einem schönen Ort verfassten. Kamen wir in ein Internetcafé, schickten wir die fertigen E-Mails bloß noch ab und luden unsere neue Post herunter. Der Preis in den Internetcafés, wo zwischen 1-20 €/Stunde verlangt wurde, hielt sich auf diese Weise in Grenzen und der Aufenthalt in den oftmals stickigen, ungemütlichen Lokalitäten ebenso. Allerdings war der Anschluss des Computers an das Internet häufig schwieriger als erwartet. In Kapstadt, in Goa und auf Hawaii steckten wir lediglich ein Kabel in die Buchse. An vielen anderen Orten waren die Geräte aber so alt, dass man einen Laptop noch gar nicht anschließen konnte, von einem USB-Stick ganz zu schweigen. War ein Anschluss vorhanden, musste aber auch noch eine Netzwerkverbindung hergestellt werden. Manche Angestellten schafften dies mühelos, andere kapitulierten von vornherein. Regelmäßig hörten wir die irrige Behauptung, der Laptop müsse bloß richtig eingestellt werden, dann werde er überall auf der Welt eine Internetverbindung bekommen. Spätestens im nächsten Land standen wir wieder vor dem gleichen Problem.

Geld und Dokumente

Zuhause hinterließen wir Kopien aller wichtigen Dokumente, aller Geheimzahlen und natürlich eine Bankvollmacht. Im Wert von 1.000 € nahmen wir diebstahlversicherte Reiseschecks mit, 1.500 € in bar, außerdem 70 US-Dollar-Noten. Die kleinen Scheine waren bei der Einreise als erstes Zahlungsmittel häufig nützlich. War der Umtausch von Bargeld unvermeidbar, verglichen wir die teils horrenden Gebühren in den Wechselstuben. Wenn möglich, zahlten wir per Visa- oder Mastercard bargeldlos – die günstigste Variante, da Währungsverluste entfielen. Auch im Internet konnten wir per Kreditkarte bezahlen, nicht jedoch ein günstiges Flugangebot auf Hawaii, da unsere Reiseanschrift nicht identisch war mit der Kreditkartenauslieferungsadresse. Bargeld per Kreditkarte abheben ist unverschämt teuer. Am günstigsten bezogen wir es per EC-Karte an einem der Geldautomaten, die es inzwischen auch an vielen entlegenen Orten gab. Ob man 400 € oder 50 € abhebt, die Auszahlungsgebühr liegt generell bei knapp 5 €. Wir suchten also Banken, bei denen wir möglichst viel Geld auf einen Schlag bekamen.

Ausnahmen von der Regel bildeten Simbabwe und Myanmar. In Simbabwe tauschten wir bei einem Nachtwächter US- in Simbabwe-Dollar. In Myanmar besorgten wir in einem großen Hotel per Kreditkarte US-Dollar. Die Unterkünfte zahlten wir in US-Dollar, kleinere Summen mit der einheimischen Währung, dem Kyat. Gegen US-Dollar oder, sogar günstiger, gegen Euro erhielten wir auf dem Schwarzmarkt die dreifache Summe des offiziellen Wechselkurses.

Jan und Felix erhielten eigene Reisepässe, zusätzlich ließen wir sie in unsere Pässe eintragen. In einigen Ländern erhielten die Kinder ein eigenes Visum, in anderen reichte der Eintrag im Visum eines Elternteils. Die Visumsgebühr für die Kinder sparten wir auf diese Weise. Wir durften bei der Ausreise bloß nicht versehentlich mit den Pässen der Kinder wedeln, wie es uns in Indien passierte. Die Grenzbeamten sahen die Dokumente ein, witterten Verfahrensfehler und vergewisserten sich bei ihren Vorgesetzten, ob Jan und Felix überhaupt berechtigt waren, das Land zu verlassen.

Was das Ganze kostete

Gesamtkosten

Wesentlich bei jeder Reiseplanung sind die zu erwartenden Kosten. Wir verzichten auf Begriffe wie „günstig" oder „teuer", unter denen jeder etwas anderes versteht, sondern nennen konkrete Zahlen. Uns kostete das Reisejahr 64.000 € inklusive aller Impfungen, Flüge und der privaten Krankenversicherung. Die Fixkosten zuhause liefen gegen Null: Die Betreuung für Jan und Felix entfiel, das Auto war verkauft und die Wohnung vermietet.

Impfungen

Für das Notfallpräparat gegen Malaria und unser aller Immunisierung gegen Hepatitis, Tollwut, Typhus und Japanische Enzephalitis zahlten wir 1.500 €. Japanische Enzephalitis stellte, im Nachhinein betrachtet, wohl doch keinerlei Gefahr für uns da – die 600 € hätten wir uns sparen können.

Flüge

Die gesamten Flugkosten, vom Insel-Hopping auf Hawaii abgesehen, beliefen sich auf 13.200 €. Im Vorfeld liebäugelten wir mit günstigen Angeboten für Round-the-world-tickets. Sie stimmten jedoch nie mit unseren Routenvorstellungen überein. Wir wollten nicht in der Regenzeit nach Indien und im Winter nach Neuseeland. Und schließlich gab es auf die Round-the-world-tickets auch kaum eine Kinderermäßigung, auf Einzelflüge dagegen 30 Prozent. Letztendlich kauften wir für 6.900 € inklusive Reiserücktrittsversicherung die Tickets für das erste halbe Jahr: Berlin-Durban, Durban-Mumbai, Kolkata-Yangon-Bangkok.

Insbesondere in Indien sparten wir das erforderliche Geld für weitere Flugtickets, die wir in Bangkok kauften. Für 2.400 € hätten wir nach Australien und dann über Bangkok zurück nach Deutschland fliegen können. Wir aber zahlten 2.800 € für die Route Bangkok-Singapur-Bali-Auckland, Christchurch-Cairns und Sydney-Nadi. Die Information, auf Fidschi gebe es günstige Flüge nach Deutschland, erwies sich als falsch. Ein Einfachflug nach Deutschland für einen Erwachsenen über die USA oder Kanada sollte 3.000 € kosten. Die Rückreise über Südamerika, unser eigentlicher Wunsch, war erst recht unbezahlbar. Nur über Südkorea gab es für 2.300 € eine akzeptable Möglichkeit, die uns aber nicht reizte. Schließlich buchten wir bei Quantas ein Sonderangebot: für 3.500 € über Hawaii. Ein weiterer Stopover hätte den Flug auf das Dreifache verteuert.

Telefonieren

Vor der Abreise kauften wir zwei Mobiltelefone mit einem Partnervertrag. Die Freieinheiten konnten wir während der Reise nicht nutzen, denn sie galten im Ausland nicht. In den meisten Ländern kauften wir für eines der beiden Handys eine einheimische SIM-Karte, die wir anstelle der deutschen in das Gerät legten. Diese Karte kostete in Südafrika 63 €, in Thailand 20 €, in Neuseeland 40 €, auf Hawaii 63 € und in Australien war sie kostenlos. Mit der Vorwahl eines Billiganbieters konnten unsere Freunde und Verwandten uns nun für wenige Cent pro Minute aus Deutschland anrufen. Uns entstanden gar keine Kosten. Preiswerter ging es nicht, Kontakt nach Hause zu halten. Auch vor Ort war uns das Handy bei Vorbuchungen sehr nützlich. Ohne eine eigene Telefonnummer, unter der man zurückgerufen werden konnte, war manche Reservierung gar nicht möglich. Die Gespräche zahlten wir mit Prepaid-Karten.

In einigen Ländern war das Telefonieren im Festnetz praktischer, da es mobil auch gar nicht überall Empfang gab. In Neuseeland, Australien und in den USA zahlten wir 10 € für eine Telefonkarte, tippten ellenlange Zahlenreihen in das Telefon und konnten dann stundenlang telefonieren, auch im Hotelzimmer oder in der Privatunterkunft. In Indien gab es günstige Telefonkabinen, in denen es allerdings meist sehr stickig war. Zum Geburtstag war ausnahmsweise unser Handy an – mit deutscher SIM-Karte. Die Gratulanten zahlten nur die Gebühren bis zur deutschen Grenze, wir den Rest: Für keine 15 Minuten 130 €. Dagegen war das teuerste Gespräch aus dem Festnetz geradezu günstig: In Myanmar zahlten wir für vier Minuten 20 €.

Unterkünfte und Fortbewegung

Bei der Unterkunftssuche war generell die Frage entscheidend, wie Jan und Felix berechnet wurden. Die Bandbreite zog sich im Verlauf unserer Reise von gar nicht bis voll. Ein gutes Hotel, in dem die Kinder nicht zählten, war manchmal günstiger als eine einfache Unterkunft, in der jedes Bett voll berechnet wurde.

Auch bei der Fortbewegung war die Frage ausschlaggebend, ob die Kinder voll bezahlen mussten. Ein Mietwagen war häufig günstiger als vier Tickets für einen Bus. Wir haben alle Autos bei lokalen Anbietern gebucht, deren Konditionen weit günstiger waren als die der großen, bekannten Firmen. Vor dem Kauf eines Autos schreckten wir zurück. In Südafrika sprachen Sicherheitsaspekte und Grenzformalitäten dagegen, in Neuseeland und Australien in erster Linie die Zeit, die wir mit Kauf und Verkauf vertrödelt hätten.

Reiseabschnitt Afrika

Die Ausgaben in Südafrika, Swasiland, Simbabwe und Namibia waren im Wesentlichen ähnlich. Bei einer Aufenthaltsdauer von 92 Tagen ergab sich ein durchschnittlicher Tagesetat von 119 €.

- Fortbewegung: Für die gesamte Dauer ein Mietauto von Berea Car & Bakkie Hire: zuerst ein Opel Astra, nach Einbruch der Fensterscheiben Umtausch in einen Nissan Almera. 12.000 gefahrene Kilometer, 3.100 €.
- Verpflegung: Im Restaurant zahlten wir 20 bis 40 € für uns alle. An manchen Orten war die Restaurantauswahl sehr begrenzt. Ärgerlich waren Buffets, an denen Jan und Felix mit je 8 € berechnet wurden, sich aber nur eine Mohrrübe und ein Stück Kuchen nahmen. Blieben wir längere Zeit an einem Ort, der über eine Küche verfügte, kochten wir häufig selbst. Lebensmittel waren billiger als in Deutschland, die Produkte vergleichbar.
- Aktivitäten: Hluhlwe/Umfolozi National Park 10 €/Tag, Krüger Nationalpark 15 €/Tag, Kinder jeweils die Hälfte; Tauchgänge 40 bis 60 €/Person; Viktoriafälle 45 €/Familie; Two Ocean Aquarium, Kapstadt, 22 €/Familie; Gondel auf den Tafelberg 16 €/Familie; Robben Island 56 €/Familie, Walbeobachtung mit Schnellboot 125 €/Familie, Reiten in den Drakensbergen 10 €/Stunde.
- Einkäufe: In Simbabwe schöne Holzschnitzereien, die in Südafrika für ein Vielfaches verkauft werden. In Namibia und Südafrika hochwertige Outdoor-Kleidung.
- Unterkünfte: Nützliche Adressen fanden wir im Büchlein "Coast to Coast", kostenlos erhältlich in den Backpackerhostels. In den Hostels zahlten wir für uns vier 25 bis 50 € ohne Frühstück. In einer Gemeinschaftsküche konnten wir uns selbst versorgen. Das Publikum war jung, andere Familien trafen wir nicht, aber die Atmosphäre war meist locker und nett. Einmal allerdings wurden wir der Kinder wegen abgewiesen. In kleineren Hotels und Pensionen zahlten wir für ein Familienzimmer zwischen 40 und 70 € inklusive Frühstück. In den Nationalparks kostete eine gut ausgestattete Selbstversorgerhütte 44 bis 110 €. Wir hatten Glück und konnten dort spontan buchen. Sicherer ist die Reservierung unter www.places.co.za.

Reiseabschnitt Asien

Unsere Ausgaben in Indien, Myanmar, Thailand, Singapur und Bali wichen sehr stark voneinander ab. Während der 42 Tage in Indien sparten wir bei einem durchschnittlichen Tagesetat von 58 € am meisten Geld für die weiteren Flüge. Jeweils durchschnittlich kosteten die 22 Tage in Myanmar 104 €, die 62 Tage in Thailand 95 €, die 2 Tage in Singapur 227 € und die 7 Tage auf Bali 85 €.

- Fortbewegung: In Indien und Thailand fuhren wir an die 4.000 Kilometer mit der Eisenbahn, meist im Schlafwagen 2. Klasse. Für uns alle zahlten wir insgesamt rund 200 €. Tageweise mieteten wir in Indien wie in Thailand und auf Bali privat oder in kleinen Reisebüros ein Auto für weniger als 10 €. Eine Versicherung war in diesem Preis nicht inbegriffen. Verursachte Schäden hätten wir selbst bezahlen müssen. In Indien legten wir außerdem auch sehr lange Strecken mit dem Taxi zurück. Der Tagespreis lag zwischen 20 und 25 €. Abgesehen von einer Boots- und einer Busfahrt bewegten wir uns auch in Myanmar per Taxi. Für die 12-tägige Rundfahrt zahlten wir 25 €/Tag. Die Preise ändern sich schnell in Abhängigkeit vom Benzin. Unser Taxifahrer Mg Mg Khin ist über einen Verwandten erreichbar unter der Tlf.-Nr. 0095-1-580124.

- Verpflegung: Vom Kauf einiger Getränke, Obst und Keksen abgesehen war eine Selbstversorgung in Asien nicht möglich. Ein umfangreiches Abendessen inklusive aller Getränke kostete für uns alle in Indien um die 10 €, in Thailand um die 15 €. In Myanmar zahlten wir für einheimisches Essen maximal 5 €. Wir gaben aber des Öfteren mehr aus als nötig, denn insbesondere wegen Jan suchten wir, wenn möglich, Restaurants auf, in denen es auch "international food" gab. Dort zahlten wir alle dann zwischen 15 und 20 €. In Singapur zahlten wir die aus Deutschland gewohnten Preise.

- Aktivitäten: Obwohl im Vergleich zu Deutschland und unseren anderen Reiseländern alles so günstig war, gaben wir dennoch eine Menge Geld für Extras aus, vor allem in Thailand. Dort nahmen wir viele Angebote wahr, die wir uns anderswo nicht hätten leisten können wie zum Beispiel: Tauchgang 20 bis 38 €/Person, Massage 4 €/Stunde, einstündiger Elefantenritt 25 €/Familie, eintägige Rafting-Tour 50 €/Familie. In Singapur war das lockere Geldausgeben wieder vorbei. Auf einem Rummelplatz zahlten wir für eine dreiminütige Autoscooterfahrt 7 €.

- Einkäufe: In Indien und vor allem in Thailand Kleidung, auch maßgeschneiderte, in Myanmar und auf Bali dekorative Kunst- und Gebrauchsgegenstände.

- Unterkünfte: In Indien zahlten wir für zwei Zimmer oder Hütten pro Nacht um die 10 €, für das Familienzimmer im Sealord (Mumbai) 17 € und das im Fairlawn (Kolkata) mit Vollpension 61 €. In Kerala auf der Reisbarke mit zwei Schlafzimmern und Vollverpflegung zahlten wir 90 €/Tag. In Myanmar lagen die Übernachtungspreise höher als in Indien.

Im Durchschnitt zahlten wir inklusive Frühstück 25 € für ein großzügiges Familienzimmer mit zwei Doppelbetten und viel Komfort. In Thailand waren viele Unterkünfte ähnlich günstig wie schon in Indien, jedoch weit behaglicher. Auf Bali lockten am Flughafen viele Sonderangebote in die unterbelegten Ferienanlagen. Wir zahlten für ein großes Familienzimmer inklusive Frühstück 48 €. In Singapur war es dann wieder richtig teuer. Selbst im YMCA kostete ein kleines Familienzimmer 68 €.

Reiseabschnitt Ozeanien

Das letzte Drittel strapazierte deutlich stärker die Finanzen. Die 26 Tage in Neuseeland kosteten im Tagesdurchschnitt 169 €, die 37 Tage in Australien 159 €. Auf den Fidschis wurde es wieder günstiger: An 23 Tagen gaben wir im Durchschnitt 126 € aus. Auf Hawaii war es schließlich am teuersten. 47 Tage ergaben durchschnittliche Ausgaben von 178 €.

- <u>Fortbewegung:</u> In Neuseeland ein Toyota-Campingbus von dem kleinen Anbieter Getaway NZ, 56 €/Tag. Die Fähre zwischen der Nord- und Süd-insel kostete 150 €. In Australien mieteten wir einen ähnlichen Toyotabus von All Seasons Campervans für 42 €/Tag. Benzin kostete in beiden Ländern zwischen 0,60 und 0,80 €/Liter. Der Geländewagen auf Fidschi von Sharmas Rent-A-Car Fidschi kostete 48 €/Tag, die Fahrten per Schnellboot auf die Inseln Tavewa und Nanuya Balavu 280 €. Die Fähren in Thailand, die uns auf die Inseln Koh Samui, Koh Phangan und Koh Tao brachten, kosteten zusammengerechnet keine 50 €. Auf Hawaii gab es keine Fähren, wir mussten fliegen: Ohau-Big Island 330 € (regulärer Preis), Big Island-Maui-Ohau 480 € (mit Ermäßigungscoupon, den wir in einem der vielen Werbeheftchen fanden). Am Flughafen gab es ein Auto ab 600 Euro/Woche. Bei einem kleinen Anbieter in Kailua Kona fanden wir bei Affordable Rent A Car eines für 620 € Monatsmiete inklusive Standardversicherung. Auf Maui kostete ein alter Nissan von Kihai Rent A Car für neun Tage 142 € inklusive Versicherung und Transfer vom und zum Flughafen. In Waikiki fanden wir bei einem der großen Anbieter, die ständig ihre Angebote änderten, einen Wagen für 36 € Tagesmiete.
- <u>Verpflegung:</u> In Australien und Neuseeland waren die Restaurantpreise vergleichbar mit den deutschen, aber im Wohnmobil kochten wir ohnehin meist selbst. Die Lebensmittel waren günstiger als in Deutschland und wir fanden viele uns bekannte Markenprodukte. Auf Fidschi waren wir wieder auf Restaurants angewiesen, wo insbesondere auf den kleinen In-seln bis zu 100 € am Tag zusammenkamen. Auch auf Hawaii war das Es-sengehen deutlich teurer als in Deutschland. Für eine kleine vegetarische

Pizza in einer Imbissstube zahlten wir 25 €. Das weit verbreitete Rabatt- und Couponsystem brachte manchmal Vorteile. Bei einem Italiener konnten zuerst Jan und Felix kostenlos speisen, weil gerade Kinder-Happy-Hour war und dann konnten wir noch die Zettel für den Gratis-Käsekuchen einlösen. Meist deckten wir uns aber in den Einkaufszentren mit Lebensmitteln ein und kochten selbst. Auch im Supermarkt hieß es Aufpassen. Manchmal zahlte man für die doppelte Menge weniger als für die einfache.

- Aktivitäten: Auf kostspielige Vergnügen wie Bungyjumping, Rafting und Abseiling verzichteten wir, aber auch der Spaziergang durch eine schöne Landschaft war in Neuseeland meist mit einem Eintrittsgeld verbunden. Wanderungen im Vulkangebiet von Rotorua kosteten 16 bis 30 €/Familie. Eine Halbtages-Tour auf den Fox-Gletscher kostete 50 €/2 Personen, die Besichtigung einer Kiwiplantage 18 €/Familie, das Antarktis Museum 27 €/Familie. In Australien mussten wir nicht an jeder Sehenswürdigkeit Eintritt zahlen, teurere Unternehmungen blieben die Ausnahme: Schiffsfahrt nach Green Island am Great Barrier Reaf 150 €/Familie, ein Tauchgang 40-50 €/Person, Tjapukai Cultural Parks 43 €/Familie, Zoobesuch 40 €/Familie, Krokodilfarm 40 €/Familie. Auf den Fidschis ließen wir gar kein Geld für besondere Aktivitäten und auf Hawaii lediglich für den Eintritt zum Volcanoe National Park (8 €/Woche/Auto). Boogyboards kauften wir selbst für 8 €, die Leihgebühr hätte schnell weit über 80 € betragen.
- Einkäufe: US-Markenkleidung auf Hawaii.
- Unterkünfte: Außer am Anfang und Ende des Aufenthalts lebten wir in Neuseeland im Campingbus. Gelegentlich übernachteten wir kostenfrei am Straßenrand, meistens aber auf privaten Campingplätzen für 20 bis 25 € oder auf staatlichen für 10 bis 15 €. Letztere sind schlichter ausgestattet, dafür aber meist sehr schön gelegen. Auch in Australien hatten wir nur zwei Unterkünfte, die meiste Zeit lebten wir auch dort im Wohnmobil. Wegen der Hitze waren wir meist auf Strom für den Kühlschrank angewiesen, nur manchmal schliefen wir kostenlos auf einem der Parkplätze für Durchreisende. Die Campingplätze kosteten 10 bis 30 €. Auf den kleinen Fidschi-Inseln buchte man jede Unterkunft mit Vollpension. Wir zahlten zwischen 50 und 80 €. Auf der Hauptinsel Viti Levu waren die Unterkünfte weit günstiger, für die Familienzimmer mit Bad zahlten wir durchschnittlich 25 €. Auf Hawaii waren wir zunächst geschockt von den Hotelpreisen, nach einiger Suche fanden wir über Lokalzeitungen und Branchenbücher private Apartments für rund 50 €, eines sogar für 27 €/Tag. Auch in den Nationalparks konnten wir für weniger als 50 € übernachten.

Hawaii-Inseln (Inset)

Oahu
Honolulu
Maui
Hilo
Hawaii

Oahu
Maui

nach
Los Angeles

Hawaii-Inseln
(zu den USA)
Honolulu

Japan

Pazifischer Ozean

anmar
Thailand
Bangkok

Malaysia

Philippinen

Indonesien

Papua-
Neuguinea

Bali

Daintree
NP
Cairns
Great
Barrier
Reef
Atherton Tableland

Rainbow Beach
Brisbane

Australien

Sydney

Fidschi

Auckland

Christchurch

Neuseeland

Neuseeland (Inset)

Coromandel

Auckland
Rotorua
Nordinsel
NP
Tongariro
NP
Taupo
Picton
Franz-Josef-
Gletscher
Wellington
Fox Gletscher
NP
3.764 m
Mount Cook
Christchurch
Südinsel

Legende

→ Route Flug
Route PKW
Route Campingbus
Route Bus
Route Taxi
Route Boot
.... Route Zug
NP Nationalpark

KARTE: www.cartomedia-karlsruhe.de

Bis ans Ende der Träume

Für die Erfüllung ihres Traumes geben die beiden Journalisten in Deutschland alles auf. In einem umgebauten Möbelwagen wollen sie von Hamburg nach Indien.

Doch schon in der Türkei werden ihre Pläne in Frage gestellt. Jessica ist schwanger. Das Ende der Träume schon am Bosporus? Nein, sie setzen ihren Weg fort, bringen ihre Tochter Pooja in Thailand zur Welt und erreichen mit ihr nach 2 Jahren Reise ihre neue gemeinsame Heimat: Goa in Indien.

Erhältlich im Buchhandel und bei www.traveldiary.de